今注本二十四史

晉書

二〇

傳〔一〇〕

唐 房玄齡等 撰

梁滿倉 主持校注

中国社会科学出版社

晋書　卷八六

列傳第五十六

張軌 子寔 寔弟茂 寔子駿 駿子重華 重華子耀靈 耀靈伯父祚 耀靈弟玄靚 玄靚叔天錫[1]

張軌

張軌，字士彦，安定烏氏人，[2]漢常山景王耳十七代孫也。[3]家世孝廉，[4]以儒學顯。父温，爲太官令。[5]軌少明敏好學，有器望，姿儀典則，與同郡皇甫謐善，[6]隱于宜陽女几山。[7]泰始初，受叔父錫官五品。中書監張華與軌論經義及政事損益，[8]甚器之，謂安定中正爲蔽善抑才，[9]乃美爲之談，以爲二品之精。衛將軍楊珧辟爲掾，[10]除太子舍人，[11]累遷散騎常侍、征西軍司。[12]

[1]原本目録附傳人名簡作：子寔、寔弟茂、寔子駿、駿子重華、華子耀靈、靈伯父祚、靈弟玄靚、靚叔天錫。據正文人名及中華本目録補。

［2］安定：郡名，西漢置，治所在高平縣（今寧夏回族自治區固原市），東漢治所在臨涇縣（今甘肅省鎮原縣東南），東晋改治安定縣（今甘肅省涇川縣北）。　烏氏：縣名，治所在今寧夏回族自治區固原市東南。

［3］耳：張耳，戰國末魏大梁（今河南省開封市西北）人，少時爲信陵君門客。秦末參加陳勝、吴廣起義，起義失敗後與陳餘共立武臣爲趙王。後與陳餘交惡，從項羽入關，被封爲常山王。後歸附劉邦，西漢建立後被封代王。　十七代：代，宋本作“世”。

［4］孝廉：漢代選拔人才的科目。

［5］太官令：官名，亦作“大官令”。漢魏屬少府，兩晋隸屬光禄勳，掌宫廷飲食。七品。太，殿本作“大”。

［6］皇甫謐：字士安，本書卷五一有傳。

［7］宜陽：縣名，治所在今河南省宜陽縣西。　女几山：位於今河南省宜陽縣西南。

［8］中書監：官名，中書省長官之一。三國魏文帝初年分秘書置中書省，長官爲中書監、中書令。掌收納奏章、草擬詔令。平常不分高下，入朝時監略高於令。三品。　張華：字茂先，本書卷三六有傳。

［9］中正：魏晋時期評定士人品第的官員。郡設中正，州設大中正。朝廷根據中正所評士人的品第授予官職。

［10］衛將軍：官名，魏晋時位在名號將軍之上，多爲軍府名號，加給大臣、重要州郡長官。二品，開府位從公者一品。　楊珧：字文琚，本書卷四〇有傳。

［11］太子舍人：官名，掌行書令、表啓等。初隸太子太傅、太子少傅，後隸太子詹事。七品。太，宋本作“大”。

［12］散騎常侍：官名，三國魏文帝黄初年間置，侍從皇帝左右，諫諍得失，顧問應對，與侍中等共平尚書奏事。也用作宰相、諸公等加官，入宫議政。三品。　征西軍司：官名，即征西將軍府軍師。軍司，官名，即軍師，因避司馬師諱，故改。爲軍府主要屬

僚，佐主帥統軍隊，負有匡正監察主帥之責，地位很高，常繼任主帥。

軌以時方多難，陰圖據河西，[1]筮之，遇《泰》之《觀》，[2]乃投筴喜曰："霸者兆也。"於是求爲涼州。[3]公卿亦舉軌才堪禦遠。[4]永寧初，出爲護羌校尉、涼州刺史。[5]于時鮮卑反叛，[6]寇盜從横，軌到官，即討破之，斬首萬餘級，[7]遂威著西州，化行河右。[8]以宋配、陰充、氾瑗、陰澹爲股肱謀主，徵九郡胄子五百人，立學校，始置崇文祭酒，[9]位視別駕，[10]春秋行鄉射之禮。[11]秘書監繆世徵、少府摯虞夜觀星象，[12]相與言曰："天下方亂，避難之國唯涼土耳。張涼州德量不恒，殆其人乎！"及河間、成都二王之難，[13]遣兵三千，東赴京師。初，漢末金城人陽成遠殺太守以叛，[14]郡人馮忠赴尸號哭，嘔血而死。[15]張掖人吴咏爲護羌校尉馬賢所辟，[16]後爲太尉龐參掾，[17]參、賢相誣，罪應死，各引咏爲證，咏計理無兩直，遂自刎而死。參、賢慚悔，自相和釋。軌皆祭其墓而旌其子孫。[18]永興中，鮮卑若羅拔能皆爲寇，軌遣司馬宋配擊之，[19]斬拔能，俘十餘萬口，威名大振。[20]惠帝遣加安西將軍，[21]封安樂鄉侯，邑千户。於是大城姑臧。[22]其城本匈奴所築也，南北七里，東西三里，地有龍形，故名卧龍城。初，漢末博士敦煌侯瑾謂其門人曰：[23]"後城西泉水當竭，有雙闕起其上，與東門相望，中有霸者出焉。"至魏嘉平中，郡官果起學館，築雙闕于泉上，與東門正相望矣。至是，張氏遂霸河西。

[1]河西：地區名，今甘肅、青海二省之間黄河南段以西地區，即河西走廊、湟水流域一帶。

[2]《泰》：六十四卦之一，乾下坤上，爲上下交通之象。《易·泰·象辭》："天地交，泰。"王弼注："泰者，物大通之時也。"　《觀》：六十四卦之一，坤下巽上。《易·觀·象辭》："風行地上，觀，先王以省方觀民設教。"

[3]凉州：東漢治所在隴縣（今甘肅省張家川回族自治縣），三國魏移治姑臧縣（今甘肅省武威市）。

[4]才堪禦遠：禦，宋本、殿本作"御"。

[5]護羌校尉：官名，監護内附羌人，戍衛邊塞，領羌人軍隊作戰。四品。

[6]鮮卑：我國古代北方少數民族，有拓拔、宇文、慕容、禿髮、乞伏、段諸部。此爲禿髮部。西晋初禿髮樹機能殺秦州刺史胡烈於萬斛堆，敗凉州刺史蘇愉於金山，盡有凉州之地。

[7]萬餘級：級，宋本作"給"。

[8]河右：即河西，今甘肅、青海二省之間黄河南段以西地區，即河西走廊、湟水流域一帶。

[9]崇文祭酒：官名，十六國前凉、前趙均置，掌教授儒學。

[10]别駕：官名，别駕從事、别駕從事史省稱。州部佐官，因從刺史行部，别乘傳車，故稱。位居州吏之右。

[11]鄉射之禮：古代禮儀。《周禮·地官·鄉大夫》："退而以鄉射之禮五物詢衆庶。"孫詒讓正義："退，謂王受賢能之書事畢，鄉大夫與鄉老則退各就其鄉學之庠而與鄉人習射，是爲鄉射之禮。"秦漢以後，亦有仿行。

[12]秘書監：官名，秘書省長官，掌管藝文圖籍、課試署吏，統著作局，掌國史修撰並管理中外三閣圖書。三品。　摯虞：字仲洽，本書卷五一有傳。

[13]河間：河間王司馬顒，字文載，本書卷五九有傳。　成都：成都王司馬穎，字章度，本書卷五九有傳。

[14]金城：郡名，治所原來在允吾縣（今甘肅省永靖縣西北），曹魏時移治榆中縣（今甘肅省榆中縣西北黄河南岸）。

[15]嘔血：嘔，宋本作“歐”。

[16]張掖：郡名，西漢置，治所在觻得縣（今甘肅省張掖市西北），晋改觻得縣名永平縣（今甘肅省張掖市西北）。

[17]太尉：官名，曹操爲丞相後，太尉府屬官歸相府，晋時太尉雖爲八公之一、三公之首，實爲名譽宰相，多爲大臣加官。一品。

[18]祭其墓：祭，宋本作“慾”。

[19]司馬：官名，府署高級幕僚。掌參讚軍務、管理府内武職，位僅次於長史。魏晋南北朝時王府、公府、軍府、邊郡均置。八至六品。

[20]大振：振，宋本、殿本作“震”。

[21]安西將軍：官名，東漢建安年間置，與安東、安南、安北將軍合稱四安將軍，爲出鎮某一地區的軍事長官，或作爲刺史等兼理軍務的加官，權任頗重。三品，加持節都督者二品。

[22]大城姑臧：大建姑臧城。

[23]博士：學官，即國子博士，教授儒學。六品。　敦煌：郡名，西漢武帝置，治所在敦煌縣（今甘肅省敦煌市西）。

永嘉初，會東羌校尉韓稚殺秦州刺史張輔，[1]軌少府司馬楊胤言於軌曰：[2]“今稚逆命，擅殺張輔，明公杖鉞一方，宜懲不恪，此亦《春秋》之義，諸侯相滅亡，桓公不能救，則桓公耻之。”軌從焉，遣中督護氾瑗率衆二萬討之，[3]先遺稚書曰：“今王綱紛撓，牧守宜戮力勤王。適得雍州檄，云卿稱兵内侮。吾董任一方，義在伐叛，武旅三萬，駱驛繼發，伐木之感，心豈可言！古之行師，全國爲上，卿若單馬軍門者，當與卿共平世難也。”稚得書而降。遣主簿令狐亞聘南陽王模，[4]模甚悦，遺軌以帝所賜劍，謂軌曰：“自隴以西，征伐斷割悉以相委，如此劍矣。”俄而王彌寇洛陽，[5]軌遣北宫純、張纂、馬魴、陰濬等率州軍擊破之，又敗劉聰于河東，[6]京師歌之曰：“凉州大馬，横行天下。凉州鴟苕，[7]寇賊消；鴟苕翩翩，怖殺人。”帝嘉其忠，進封西平郡公，不受。張掖臨松山石有“金馬”字，[8]磨滅粗可識，而“張”字分明，又有文曰：“初祚天下，西方安萬年。”姑臧又有玄石，白點成二十八宿。于時天下既亂，所在使命莫有至者，軌遣使貢獻，歲時不替。朝廷嘉之，屢降璽書慰勞。

[1]永嘉初：中華本校勘記：“《斠注》：《惠紀》事在永興二年六月。按：《通鑑》八六擊拔能、討韓稚亦繫永興二年。《傳》文上出‘永興中’，此‘永嘉初’三字疑誤駁。”　東羌校尉：官名，亦稱護東羌校尉，掌管雍、秦、梁等州内羌族事務，領兵，下設東羌督、東羌獵將等部屬。四品。　秦州：治所在冀縣（今甘肅省甘谷縣東）。　張輔：字世偉，本書卷六〇有傳。

[2]少府：官名，掌管宫廷手工業。三品。

[3]中督護：官名，西晋末凉州張軌置，爲統兵主將，地位高於一般州所置督護。

[4]主簿：官名，開府屬官，典領文書籍簿、省録衆事，職權甚重。　南陽王模：司馬模，字元表，本書卷三七有傳。

[5]王彌：本書卷一〇〇有傳。　洛陽：古都名，位於今河南省洛陽市東北。

[6]劉聰：字玄明，一名載，本書卷一〇二有載記。　河東：指今甘肅、青海二省黄河以東地區。

［7］鴟苕：威猛的鴟鳥。

［8］臨松：縣名，治所在今甘肅省肅南裕固族自治縣東南馬蹄鎮。

軌後患風，口不能言，使子茂攝州事。酒泉太守張鎮潛引秦州刺史賈龕以代軌，[1]密使詣京師，請尚書侍郎曹祛爲西平太守，[2]圖爲輔車之勢。[3]軌别駕麴晁欲專威福，又遣使詣長安，[4]告南陽王模，稱軌廢疾，以請賈龕，而龕將受之。其兄讓龕曰：[5]“張涼州一時名士，威著西州，汝何德以代之!”龕乃止。更以侍中爰瑜爲涼州刺史。[6]治中楊澹馳詣長安，[7]割耳盤上，訴軌之被誣，模乃表停之。

［1］酒泉：郡名，西漢武帝置，治所在福禄縣（今甘肅省酒泉市）。

［2］尚書侍郎：官名，即尚書郎。東漢之制，取孝廉中之有才能者入尚書臺，在皇帝左右處理政務，初入臺稱守尚書郎中，滿一年稱尚書郎，滿三年稱侍郎。魏晋以後尚書各曹有侍郎、郎中等官，綜理職務，通稱爲尚書郎。六品。　西平：郡名，治所在西都縣（今青海省西寧市）。

［3］輔車之勢：互相依存互相配合態勢。輔車，即頰輔與牙床。

［4］長安：古都名，位於今陜西省西安市西北。

［5］讓：責備，指責。

［6］侍中：官名，東漢建安中與給事黄門侍郎出入禁中，省尚書事。曹魏時爲門下之侍中省長官，常侍衛皇帝左右，掌顧問應對、諫諍糾察、平議奏事、駁奏異議等，權力甚重。三品。　爰瑜：中華本校勘記：“《通鑑》八六作‘袁瑜’。袁瑜又見《文選·

謝平原内史表》及注引王隱《晉書》。"

[7]治中：官名，治中從事史、治中從事的省稱。州之佐吏，掌選署及文書案卷。魏晉之世，身份雖低，職權極重。

晋昌張越，[1]凉州大族，讖言張氏霸凉，自以才力應之。從隴西内史遷梁州刺史。[2]越志在凉州，遂託病歸河西，陰圖代軌，乃遣兄鎮及曹祛、麴佩移檄廢軌，以軍司杜耽攝州事，使耽表越爲刺史。軌令曰："吾在州八年，不能綏靖區域，又值中州兵亂，秦隴倒懸，加以寢患委篤，實思斂迹避賢。但負荷任重，未便輒遂。不圖諸人横興此變，是不明吾心也。吾視去貴州如脱屣耳！"欲遣主簿尉髦奉表詣闕，便速脂轄，[3]將歸老宜陽。長史王融、參軍孟暢蹹折鎮檄，[4]排閣入諫曰："晋室多故，人神塗炭，實賴明公撫寧西夏。張鎮兄弟敢肆凶逆，宜聲其罪而戮之，不可成其志也。"軌嘿然。融等出而戒嚴。武威太守張琠遣子坦馳詣京，[5]表曰："魏尚安邊而獲戾，[6]充國盡忠而被譴，[7]皆前史之所譏，今日之明鑒也。順陽之思劉陶，[8]守闕者千人。[9]刺史之莅臣州，若慈母之於赤子，百姓之愛臣軌，若旱苗之得膏雨。伏聞信惑流言，當有遷代，民情嗷嗷，如失父母。今戎夷猾夏，不宜擾動一方。"尋以子寔爲中督護，率兵討鎮。遣鎮外甥太府主簿令狐亞前喻鎮曰：[10]"舅何不審安危，明成敗？主公西河著德，兵馬如雲，此猶烈火已焚，待江漢之水，溺於洪流，望越人之助，其何及哉！今數萬之軍已臨近境，今唯全老親，存門户，輸誠歸官，必保萬全之福。"鎮流涕曰："人誤我也！"乃委罪功曹魯連而斬之，[11]詣寔歸罪。南討曹祛，走之。張坦至自京師，帝優詔勞軌，依模所表，命誅曹祛。軌大悦，赦州内殊死已下。命寔率尹員、宋配步騎三萬討祛，别遣從事田迴、王豐率騎八百自姑臧西南出石驢，[12]據長寧。[13]祛遣麴晁距戰于黄阪。[14]寔詭道出浩亹，[15]戰于破羌。[16]軌斬祛及牙門田囂。[17]

[1]晋昌：郡名，治所在冥安縣（今甘肅省瓜州縣東南鎖陽城）。

[2]隴西：郡名，治所原在狄道縣（今甘肅省臨洮縣），曹魏時徙治襄武縣（今甘肅省隴西縣東南）。 内史：官名，西晋武帝太康十年（289）改諸王國相爲内史，掌管民政。五品。周家禄《晋書校勘記》認爲："晋制，以郡爲國，内史治民事，若郡太守。國除爲郡，復稱太守。然二名往往混淆，史家亦互稱之。" 梁州：三國曹魏治所在沔陽縣（今陝西省勉縣東），西晋移治南鄭縣（今陝西省漢中市東）。梁，原本、殿本作"凉"，據宋本改。

[3]脂轄：將車軸加好油。即收拾行裝準備遠行之意。

[4]長史：官名，掌顧問參謀，爲所在官署掾屬之長。魏晋南北朝時王府、公府、軍府、邊郡均置。八至六品。 參軍：官名，亦作參軍事，謂參謀軍事。兩晋公府、軍府皆置。 蹋折鎮檄：把張鎮的討伐檄文用脚踩壞。

[5]武威：郡名，西漢武帝置，治所在姑臧縣（今甘肅省武威市）。

[6]魏尚安邊而獲戾：魏尚，西漢時任雲中郡守，戍衛漢朝北邊。其優撫士卒，深得軍心，士兵效命，所以匈奴遠避，不近雲中之塞。魏尚終日力戰，斬首捕虜，上報功勞時因多報了六個敵人的首級，被削爵罰作苦役。

[7]充國盡忠而被譴：充國，趙充國，西漢隴西上邽（今甘肅

省天水市）人，字翁叔。武帝時爲騎士，以善騎射補羽林。從李廣利擊匈奴有功，遷車騎將軍長史。昭帝時歷任水衡都尉、後將軍、衛尉等職。宣帝神爵年間，羌人反叛，趙充國率軍平定。他主張以威信招降猶豫不定者，分化羌人，然後擊之。酒泉太守辛武賢主張大舉出擊全殲叛羌。公卿都讚成武賢主張，結果趙充國受到宣帝下詔責備。

［8］順陽之思劉陶：劉陶，東漢潁川潁陰（今河南省許昌市）人，一名偉，字子奇。少受業洛陽太學，後舉孝廉，歷任侍御史、尚書令、京兆尹、諫議大夫等職。其任順陽縣長時，宣募吏民有氣力勇猛、能以死易生者，不論亡命還是奸臧，一概録用。於是剽輕劍客之徒皆來應募。劉陶責其先過，要以後效，使各結所厚少年，得數百人，皆嚴兵待命。於是覆案奸軌，所發若神。後因病免官，吏民思而歌之曰："邑然不樂，思我劉君。何時復來，安此下民。"語見《後漢書》卷五七《劉陶傳》。思，殿本作"爲"。

［9］守闕者千人：千，原本、宋本、殿本作"十"，據中華本校勘記改。

［10］太府：都督府别稱。爲十六國前凉、西凉、南凉等國最高權力機構。設長史、司馬、主簿、參軍等官署。太，宋本作"大"。

［11］功曹：官名，即功曹史。郡縣屬官，執掌人事，參與郡縣政務。兩晋時，不開府將軍、太子二傅、特進、郡縣皆置。

［12］石驢：石驢山，位於今青海省門源回族自治縣境。

［13］長寧：縣名，治所在今青海省大通回族土族自治縣東南。

［14］黄阪：《北堂書鈔》卷一五七《阪》注引《西征記》："黄阪去終南六十里，少華山西。"

［15］浩亹：縣名，治所在今甘肅省永登縣西南大通河東岸。

［16］破羌：縣名，治所在今青海省海東市樂都區東南。

［17］牙門：官名，牙門將簡稱，三國魏晋南北朝皆置，統兵武職，位在裨將軍下、郡守上。五品。

遣治中張閬送義兵五千及郡國秀孝貢計、器甲方物歸于京師。[1]令有司可推詳立州已來清貞德素，嘉遁遺榮；高才碩學，著述經史；臨危殉義，殺身爲君；忠諫而嬰禍，專對而釋患；權智雄勇，爲時除難；諂佞誤主，傷陷忠賢；具狀以聞。州中父老莫不相慶。光禄傅祗、太常摯虞遺軌書，[2]告京師飢匱，軌即遣參軍杜勛獻馬五百匹、毲布三萬匹。帝遣使者進拜鎮西將軍、都督隴右諸軍事，[3]封霸城侯，進車騎將軍、開府辟召、儀同三司。[4]策未至，而王彌遂逼洛陽，軌遣將軍張斐、北宫純、郭敷等率精騎五千來衛京都。及京都陷，斐等皆没於賊。中州避難來者日月相繼，分武威置武興郡以居之。[5]太府主簿馬魴言於軌曰："四海傾覆，乘輿未反，[6]明公以全州之力徑造平陽，[7]必當萬里風披，有征無戰。未審何憚不爲此舉？"軌曰："是孤心也。"又聞秦王入關，[8]乃馳檄關中曰："主上遘危，遷幸非所，普天分崩，率土喪氣。秦王天挺聖德，神武應期。世祖之孫，王今爲長。凡我晋人，食土之類，龜筮克從，幽明同款。宜簡令辰，奉登皇位。今遣前鋒督護宋配步騎二萬，[9]徑至長安，翼衛乘輿，折衝左右。[10]西中郎寔中軍三萬，[11]武威太守張琠胡騎二萬，駱驛繼發，仲秋中旬會于臨晋。"[12]

［1］秀孝：秀才和孝廉。察舉科目，州舉秀才，郡舉孝廉。

［2］光禄：官名，即光禄勛，侍從皇帝左右，掌宫廷宿衛。西晋時兼掌原屬少府的一部分宫廷供御事務。三品。　傅祗：字子莊，本書卷四七有傳。　太常：官名，漢代稱奉常，本掌禮樂宗

廟、社稷祭祀，魏晋時此職掌歸尚書裁定，太常成爲閑職。三品。

[3]鎮西將軍：官名，與鎮東、鎮南、鎮北將軍合稱四鎮將軍。多爲持節都督，出鎮方面。曹魏二品。晋改三品，加持節都督者二品。　都督隴右諸軍事：隴右地區最高軍事行政長官。

[4]車騎將軍：官名，魏晋南北朝時位次於驃騎將軍，在諸名號將軍之上，多作爲軍府名號，以加授大臣及重要州郡長官。二品，開府位從公者一品。宋本作“車騎大將軍”。　儀同三司：官名，即開府儀同三司。三國魏始置。爲大臣加號，意謂與太尉、司徒、司空三司待遇相同，許開設府署，任命僚屬。

[5]武興郡：治所在晏然縣（今甘肅省武威市西北）。

[6]乘輿：皇帝所乘之車。此代指皇帝。

[7]平陽：郡名，治所在平陽縣（今山西省臨汾市西南）。

[8]秦王：司馬鄴，字弘度，本書卷六四有傳。

[9]前鋒督護：統率前鋒的主將，地位高於諸州所置的一般都護。

[10]折衝：護衛。

[11]西中郎：官名，即西中郎將，東漢末所置四中郎將之一。帥師征伐或鎮守。曹魏、西晋多兼涼州刺史，東晋多兼豫州刺史。四品。

[12]臨晋：臨晋城，位於今陝西省大荔縣東南朝邑鎮西南。

俄而秦王爲皇太子，遣使拜軌爲驃騎大將軍、儀同三司，[1]固辭。秦州刺史裴苞、東羌校尉貫與據險斷使，命宋配討之。西平王叔與曹袪餘黨麴儒等劫前福禄令麴恪爲主，[2]執太守趙彝，東應裴苞。寔回師討之，斬儒等。左督護陰預與苞戰狹西，[3]大敗之，苞奔桑凶塢。是歲，北宫純降劉聰。皇太子遣使重申前授，固辭。左司馬竇濤言於軌曰：[4]“曲阜周旦弗辭，[5]營丘齊望承命，[6]所以明國憲，厲殊勛。天下崩亂，皇輿遷幸，州雖僻遠，不忘匡衛，故朝廷傾懷，嘉命屢集。宜從朝旨，以副群心。”軌不從。

[1]驃騎大將軍：官名，魏晋制度，驃騎將軍爲重號將軍，僅次於大將軍，高於諸名號將軍，本不需加“大”字。然兩晋時將軍名號越授越濫，遂又增置此號，居諸名號將軍之首。多加於權臣元老，以示尊崇。開府置僚屬，不領兵。二品，開府位從公者一品。

[2]福禄：縣名，治所在今甘肅省酒泉市。

[3]左督護：官名，西晋末涼州張軌置，統兵武職，地位較一般州所置的督護高。

[4]左司馬：官名，府署高級幕僚。魏晋南北朝時王府、公府、軍府、邊郡均置司馬，有時分左、右，掌參讚軍務、管理府内武職，位僅次於長史。八至六品。

[5]曲阜周旦弗辭：武王滅商後，封功臣謀士，封弟周公旦於曲阜，曰魯。

[6]營丘齊望承命：武王滅商後，封功臣謀士，封尚父於營丘，曰齊。

初，寔平麴儒，徙元惡六百餘家。治中令狐瀏曰：“夫除惡人，猶農夫之去草，令絶其本，勿使能滋。今宜悉徙，以絶後患。”寔不納。儒黨果叛，寔進平之。

愍帝即位，進位司空，[1]固讓。太府參軍索輔言於軌曰：“古以金貝、皮幣爲貨，息穀帛量度之耗。二漢制五銖錢，通易不滯。泰始中，[2]河西荒廢，遂不用錢，裂匹以爲段數。縑布既壞，市易又難，徒壞女工，不任衣用，弊之甚也。今中州雖亂，此方安全，宜復五銖以濟通變之會。”軌納之，立制準布用錢，錢遂大行，人賴其利。是時劉曜寇北地，[3]軌又遣參軍麴陶領三千人衛長安。帝遣大鴻臚辛攀拜軌侍中、太尉、涼州牧、西平公，軌又固辭。

[1]司空：官名，魏晋南北朝爲名譽宰相，多爲大臣加官。晋八公之一，位在三公之末。一品。

[2]泰始中：始，原本作“治”，宋本、殿本作“始”，據宋本、殿本改。

[3]劉曜：字永明，劉淵族子，本書卷一〇三有載記。　北地：郡名，三國魏治所在祋祤城（今陝西省銅川市耀州區城東），西晋移治泥陽縣（今甘肅省寧縣東南）。

在州十三年，寢疾，遺令曰：“吾無德於人，今疾病彌留，殆將命也。文武將佐咸當弘盡忠規，務安百姓，上思報國，下以寧家。素棺薄葬，無藏金玉。善相安遜，以聽朝旨。”表立子寔爲世子。卒年六十。謚曰武公。

寔，字安遜，學尚明察，敬賢愛士，以秀才爲郎中。[1]永嘉初，固辭驍騎將軍，[2]請還涼州，[3]許之，改授議郎。[4]及至姑臧，以討曹祛功，封建武亭侯。尋遷西中郎將，進爵福祿縣侯。建興初，除西中郎將，領護羌校尉。軌卒，州人推寔攝父位。愍帝因下策書曰：“維乃父武公，著勋西夏。頃胡賊狡猾，侵逼近甸，義兵鋭卒，萬里相尋，方貢遠珍，府無虚歲。方委專征，蕩清九域，昊天不吊，凋余藩后，朕用悼厥心。維爾俊劭英毅，宜世表西海。今授持節、都督涼州諸軍事、西中郎將、涼州刺史、領護羌校尉、西平公。[5]往欽哉！其闡弘先緒，俾屏王室。”

[1]郎中：官名，魏晋時秀才、孝廉多先授此職，然後再出補長史。

[2]驍騎將軍：官名，三國魏爲内軍將領，統營兵。兩晋與領軍、護軍、左右衛、游擊諸將軍合稱六軍，擔當宿衛之任，是護衛宫廷的主要將領。四品。

[3]請還：還，原本、殿本作“遷”，宋本作“還”，據宋本改。

[4]議郎：官名，西漢始置。魏晋時品秩雖低，名義清高。七品。

[5]持節：官員外出持有皇帝授予的節杖，代表高等權威，常用於軍事長官出征。　都督涼州諸軍事：涼州最高軍事行政長官。

蘭池長趙奭上軍士張冰得璽，[1]文曰“皇帝璽”。群僚上慶稱德，寔曰：“孤常忿袁本初擬肘，[2]諸君何忽有此言！”因送于京師。下令國中曰：“忝紹前踪，庶幾刑政不爲百姓之患，而比年饑旱，殆由庶事有缺。竊慕箴誦之言，以補不逮。自今有面刺孤罪者，酬以束帛；翰墨陳孤過者，答以筐篚；謗言於市者，[3]報以羊米。”賊曹佐高昌隗瑾進言曰：[4]“聖王將舉大事，必崇三訊之法，[5]朝置諫官以匡大理，疑承輔弼以補闕拾遺。[6]今事無巨細，盡决聖慮，興軍布令，朝中不知，若有謬闕，則下無分謗。竊謂宜偃聰塞智，開納群言，政刑大小，與衆共之。若恒内斷聖心，則群僚畏威而面從矣。善惡專歸於上，[7]雖賞千金，終無言也。”寔納之，增位三等，賜帛四十匹。遣督護王該送諸郡貢計，獻名馬方珍、經史圖籍于京師。

[1]蘭池：縣名，治所在今甘肅省山丹縣境。

[2]袁本初：袁紹，東漢汝南汝陽（今河南省商水縣西北）人，字本初。出身世家大族，靈帝時歷任侍御史、虎賁中郎將等職。董卓進京，廢少帝立獻帝，袁紹不滿董卓專横，起兵討伐，並任討董聯盟盟主。後據有青、冀、幽、并四州。與曹操决戰於官渡，兵敗，病死。　擬肘：指袁紹對曹操舉印向肘事。《三國志》卷一《魏書·武帝紀》：“袁紹與韓馥謀立幽州牧劉虞爲帝，太祖拒之。紹又嘗得一玉印，於太祖坐中舉向其肘，太祖由是笑而惡焉。”

[3]謗言於市者：在鬧市中公開指責、批評（張寔）的人。

[4]賊曹佐：西晋末凉州張寔所置官。　高昌：郡名，治所在高昌城（今新疆維吾爾自治區吐魯番市東南高昌廢址）。

[5]三訊：《孔子家語·刑政》：“大司寇正刑明辟以察獄，獄必三訊焉。”王肅注：“一曰訊群臣，二曰訊群吏，三曰訊萬民也。”意爲慎重行事。

[6]疑承輔弼：中華本校勘記：“周校：‘承’當作‘丞’。”疑丞，古代官名。《禮記·文王世子》：“虞夏商周，有師保，有疑丞。”

[7]善惡：善，原本、殿本作“若”，宋本作“善”，據宋本改。

會劉曜逼長安，寔遣將軍王該率衆以援京城。帝嘉之，拜都督陜西諸軍事。[1]及帝將降于劉曜，下詔于寔曰：“天步危運，[2]禍降晋室，京師傾陷，先帝晏駕賊庭。朕流漂宛許，爰暨舊京。群臣以宗廟無主，歸之於朕，遂以冲眇之身託于王公之上。[3]自踐寶位，四載于兹，不能翦除巨寇以救危難，元元兆庶仍遭塗炭，[4]皆朕不明所致。羯賊劉載僭稱大號，[5]禍加先帝，肆殺藩王，深惟仇耻，枕戈待旦。劉曜自去年九月率其蟻衆，乘虚深寇，劫質羌胡，攻没北地。麴允總戎在外，[6]六軍敗績，侵逼京城，矢流宫闕。胡崧等雖赴國難，殿而無效，圍塹十重，外救不至，糧盡人窮，遂爲降虜。仰慚乾靈，俯痛宗廟。君世篤忠亮，勛隆西夏，[7]四海具瞻，朕所憑賴。今進君大都督、凉州牧、侍中、司空，[8]承制行事。[9]琅邪王宗室親賢，[10]遠在江表。[11]今朝廷播越，[12]社稷倒懸，朕以詔王，時攝大位。君其挾贊琅邪，共濟艱運。若不忘主，宗廟有賴。明便出降，故夜見公卿，[13]屬以後事，密遣黄門郎史淑、侍御史王冲賫詔假授。[14]臨出寄命，公其勉之！"寔以天子蒙塵，冲讓不拜。

[1]都督陝西諸軍事：陝西地區最高軍事行政長官。

[2]危運：危，宋本作"厄"。

[3]冲眇：幼小。

[4]元元兆庶：黎民百姓。

[5]劉載：即劉聰，字玄明，一名載，本書卷一〇二有載記。

[6]麴允：本書卷八九有傳。

[7]勛隆：隆，宋本作"降"。

[8]大都督：官名，高級軍事長官。三國初作爲加官於戰時臨時設置，後逐漸成爲常設加官官職，地位極高。

[9]承制行事：秉承皇帝旨意便宜行事。

[10]琅邪王：晉元帝司馬睿，本書卷六有紀。

[11]江表：江外，指長江以南地區。

[12]播越：顛沛流離。

[13]故夜見公卿：見，宋本作“召”。

[14]黄門郎：官名，黄門侍郎或給事黄門侍郎的省稱。五品。　侍御史：官名，簡稱御史、侍御。御史臺屬官，曹魏時分掌治書、課第等八曹，尚書、符節等三臺。西晉時分掌吏、課第、直事、印、中都督、外都督、媒、符節、水、中壘、軍營、法、算十三曹。六品。

建威將軍、西海太守張肅，[1]寔叔父也，以京師危逼，請爲先鋒擊劉曜。寔以肅年老，弗許。肅曰：“狐死首丘，心不忘本；鍾儀在晉，[2]楚弁南音。肅受晉寵，剖符列位。羯逆滔天，朝廷傾覆，肅宴安方裔，難至不奮，何以爲人臣！”寔曰：“門户受重恩，自當闔宗效死，忠衛社稷，以申先公之志。但叔父春秋已高，[3]氣力衰竭，軍旅之事非耆耄所堪。”乃止。既而聞京師陷没，肅悲憤而卒。

[1]建威將軍：官名，領兵征戰，曹魏、孫吴、西晉皆置。四品。　西海：郡名，治所在居延縣（今内蒙古自治區額濟納旗東南）。

[2]鍾儀：又稱鄖公鍾儀，春秋時楚國人。楚共王七年（前584）隨子重伐鄭被俘，又被送到晉國囚禁。在晉國九年始終戴楚冠，爲晉景公演奏時也操南音。晉范文子以其不背本忘舊，建議將他釋放。晉景公以禮相待，放鍾儀回楚國。

［3］但：宋本作“伹”。

寔知劉曜逼遷天子，大臨三日。[1]遣太府司馬韓璞、滅寇將軍田齊、撫戎將軍張閬、前鋒督護陰預步騎一萬，[2]東赴國難。命討虜將軍陳安、故太守賈騫、隴西太守吴紹各統郡兵爲璞等前驅。[3]戒璞曰：“前遣諸將多違機信，所執不同，致有乖阻。且内不和親，焉能服物！今遣卿督五將兵事，當如一體，不得令乖異之問達孤耳也。”復遺南陽王保書曰：[4]“王室有事，不忘投軀。孤州遠域，首尾多難，是以前遣賈騫，瞻望公舉。中被符命，敕騫還軍。忽聞北地陷没，寇逼長安，胡崧不進，麴允持金五百請救於崧，是以决遣騫等進軍度嶺。會聞朝廷傾覆，爲忠不達於主，遣兵不及於難，痛慨之深，死有餘責。今更遣韓璞等，唯公命是從。”及璞次南安，[5]諸羌斷軍路，相持百餘日，糧竭矢盡。璞殺駕牛饗軍，泣謂衆曰：“汝曹念父母乎？”曰：“念。”“念妻子乎？”曰：“念。”“欲生還乎？”曰：“欲。”“從我令乎？”曰：“諾。”乃鼓譟進戰。會張閬率金城軍繼至，夾擊，大敗之，斬級數千。

［1］大臨：聚哭告哀。

［2］滅寇將軍：官名，領兵武職，三國孫吴與十六國前凉政權均曾設置。　撫戎將軍：官名，領兵武職，三國蜀漢和十六國前凉均曾設置。

［3］討虜將軍：官名，領兵武職，東漢建安五年（200），曹操表孫權任之。蜀漢、西晋、十六國前凉均曾設置。　故太守賈騫：

中華本校勘記："《通鑑》九〇作'安故太守賈騫'，胡注云：安故郡，張氏分金城、西平二郡置。'故'上疑脱'安'字。"

[4]南陽王保：司馬保，字景度，司馬模之子，本書卷三七有傳。

[5]南安：郡名，治所在獂道縣（今甘肅省隴西縣東南）。

時焦崧、陳安寇隴右，[1]東與劉曜相持，雍秦之人死者十八九。初，永嘉中，長安謡曰："秦川中，血没腕，惟有涼州倚柱觀。"[2]至是，謡言驗矣。焦崧、陳安逼上邽，[3]南陽王保遣使告急。以金城太守竇濤爲輕車將軍，[4]率威遠將軍宋毅及和苞、張閬、宋輯、辛韜、張選、董廣步騎二萬赴之。[5]軍次新陽，[6]會愍帝崩問至，素服舉哀，大臨三日。

[1]隴右：地區名，指甘肅省隴山以西地區。

[2]惟有涼州：惟，宋本、殿本作"唯"。

[3]上邽：縣名，治所在今甘肅省天水市。

[4]輕車將軍：官名，東漢末一度地位較高，在九卿及衛將軍之上。三國魏以後地位稍降，爲將軍名號。五品。

[5]威遠將軍：官民，屬將軍名號，三國吴時權任很重，三國魏、兩晋時地位稍低。五品。

[6]新陽：縣名，治所在今甘肅省天水市西北渭河北岸。

時南陽王保謀稱尊號，破羌都尉張詵言於寔曰：[1]"南陽王忘莫大之耻，而欲自尊，天不受其圖籙，[2]德不足以應運，終非濟時救難者也。晋王明德昵藩，[3]先帝憑屬，宜表稱聖德，勸即尊號，傳檄諸藩，副言相府，則欲競之心息,[4]未合之徒散矣。”從之。於是馳檄天下，推崇晋王爲天子，遣牙門蔡忠奉表江南，勸即尊位。是歲，元帝即位于建鄴,[5]改年太興，寔猶稱建興六年，不從中興之所改也。

[1]破羌都尉：官名，西晋末凉州刺史張軌置，掌管凉州地區羌族事務。

[2]天不受其圖籙：中華本校勘記：“《通志》一八六、《册府》二三二‘受’作‘授’。”

[3]晋王：指元帝。

[4]欲競：争競之欲望。

[5]建鄴：東晋國都，即今江蘇省南京市。

保聞愍帝崩，自稱晋王，建元，署置百官,[1]遣使拜寔征西大將軍、儀同三司,[2]增邑三千户。俄而保爲陳安所叛，氐羌皆應之。[3]保窘迫，遂去上邽，遷祁山,[4]寔遣將韓璞步騎五千赴難。陳安退保綿諸,[5]保歸上邽。未幾，保復爲安所敗，使詣寔乞師。寔遣宋毅赴之，而安退。會保爲劉曜所逼，遷于桑城,[6]將謀奔寔。寔以其宗室之望,[7]若至河右，必動物情，遣其將陰監逆保，聲言翼衛，實禦之也。會保薨，其衆散奔凉州者萬餘人。寔自恃險遠，頗自驕恣。

[1]署置：宋本乙作“置署”。

[2]征西大將軍：官名，屬將軍名號，多授予統兵出鎮在外、都督數州諸軍事者。位在征西將軍之上。二品，開府位從公者一品。

[3]氐羌：氐族和羌族，生活在我國古代西北地區的少數民族。

[4]祁山：山名，位於今甘肅省禮縣東北。

[5]綿諸：縣名，治所在今甘肅省清水縣西南。

[6]桑城：位於今甘肅省臨洮縣西南洮河西岸。

[7]寔以其宗室之望：宋本無“寔”字。

初，寔寢室梁間有人像，無頭，久而乃滅，寔甚惡之。京兆人劉弘者，[1]挾左道，客居天梯第五山，然燈懸鏡於山穴中爲光明，以惑百姓，受道者千餘人，寔左右皆事之。帳下閻沙、牙門趙仰皆弘鄉人，弘謂之曰：“天與我神璽，應王涼州。”沙、仰信之，密與寔左右十餘人謀殺寔，奉弘爲主。寔潛知其謀，收弘殺之。沙等不之知，[2]以其夜害寔。在位六年。私謚曰昭公，元帝賜謚曰元。子駿，年幼，弟茂攝事。

[1]京兆：郡名，治所在長安縣（今陝西省西安市西北）。

[2]不之知：之知，殿本乙作“知之”。

茂，字成遜，虚靖好學，不以世利嬰心。建興初，南陽王保辟從事中郎，[1]又薦爲散騎侍郎、中壘將軍，[2]皆不就。二年，徵爲侍中，以父老固辭。尋拜平西將軍、秦州刺史。[3]太興三年，寔既遇害，州人推茂爲大都督、太尉、涼州牧，茂不從，但受使持節、平西將軍、涼州牧。[4]乃誅閻沙及黨與數百人，赦其境内。復以兄子駿爲撫軍將軍、武威太守、西平公。[5]

[1]從事中郎：官名，東漢時爲大將軍屬官，地位較高。魏晋時爲將軍府或公府屬官。六品。

[2]散騎侍郎：官名，三國魏置。隸屬散騎省，侍從皇帝左右，顧問應對，諫諍拾遺，與散騎常侍、侍中等共平尚書奏事。五品。　中壘將軍：官名，三國魏置。初領中壘營兵，正始六年（245）曹芳解散中壘營後，僅作爲名號。四品。

[3]平西將軍：官名，與平北、平南、平東將軍合稱四平將軍，權任很重，多持節都督或監某一地區的軍事，有時亦作爲刺史等地方官員兼理軍務的加官。三品，加持節都督者二品。

[4]但：宋本作"但"。　使持節：漢朝官吏奉使外出時，或由皇帝授予節杖，以提高其權力。魏晋以後，凡重要軍事長官出征或出鎮，加使持節，可誅殺二千石以下官員。

[5]撫軍將軍：官名，三國蜀漢、孫吴皆置，爲加官，以示權重。晋沿置，與中軍將軍、鎮軍將軍並爲三名號將軍。三品。

歲餘，茂築靈鈞臺，周輪八十餘堵，[1]基高九仞。[2]武陵人閻曾夜叩門呼曰：[3]"武公遣我來，曰：何故勞百姓而築臺乎？"姑臧令辛巖以曾妖妄，請殺之。茂曰："吾信勞人。曾稱先君之令，何謂妖乎！"太府主簿馬魴諫曰："今世難未夷，唯當弘尚道素，不宜勞役崇飾臺榭。且比年已來，轉覺衆務日奢於往，每所經營，輕違雅度，實非士女所望於明公。"茂曰："吾過也，吾過也！"命止作役。

[1]堵：古代築墻的計量單位名。古以版築法築土墻，一版之長，五版之高，爲堵。《詩·大雅·緜》："百堵皆興，鼛鼓弗勝。"鄭玄箋："五版爲堵。"《公羊傳·定公十二年》："五板而堵，五堵

而雉，百雉而城。”

[2]仞：古代長度單位。七尺爲一仞。一説八尺爲一仞。

[3]武陵：郡名，治所在臨沅縣（今湖南省常德市）。

明年，劉曜遣其將劉咸攻韓璞於冀城，[1]呼延寔攻寧羌護軍陰鑒于桑壁。[2]臨洮人翟楷、石琮等逐令長，[3]以縣應曜，河西大震。參軍馬岌勸茂親征，長史氾禕怒曰：“亡國之人復欲干亂大事，宜斬岌以安百姓。”岌曰：“氾公書生糟粕，刺舉近才，不惟國家大計。且朝廷旰食有年矣，[4]今大賊自至，不煩遠師，遐邇之情，實繫此州，事勢不可以不出。且宜立信勇之驗，以副秦隴之望。”茂曰：“馬生之言得之矣。”乃出次石頭。[5]茂謂參軍陳珍曰：“劉曜以乘勝之聲握三秦之鋭，[6]繕兵積年，士卒習戰，若以精騎奄克南安，席卷河外，長驅而至者，計將安在？”[7]珍曰：“曜雖乘威怙衆，恩德未結於下，又其關東離貳，[8]内患未除，精卒寡少，多是氐羌烏合之衆，終不能近舍關東之難，增隴上之戍，[9]曠日持久與我争衡也。若二旬不退者，珍請爲明公率弊卒數千以擒之。”茂大悦，以珍爲平虜護軍，[10]率卒騎一千八百救韓璞。曜陰欲引歸，聲言要先取隴西，[11]然後回滅桑壁。珍募發氐羌之衆，擊曜走之，克復南安。茂深嘉之，拜折衝將軍。[12]

[1]冀城：冀縣城，位於今甘肅省甘谷縣東。

[2]呼延寔：寔，殿本作“晏”。　寧羌護軍：官名，十六國前凉置，統兵，管理羌族事務。　桑壁：桑壁鎮，即今山西省永和

縣東南桑壁鎮。

[3]臨洮：縣名，治所在今甘肅省岷縣。

[4]旰食：忘食，不按時吃飯。

[5]石頭：石頭城，位於今甘肅省武威市東。

[6]三秦：項羽三分關中，封章邯爲雍王、司馬欣爲塞王、董翳爲翟王，合稱三秦。其地相當於今陝西省關中地區及甘肅省東部。

[7]計將安在：安在，宋本作“何出”。

[8]關東：地區名，指函谷關或潼關以東地區。

[9]隴上：泛指今陝北、甘肅及其以西一帶地方。

[10]平虜護軍：官名，三國魏、吴及西晋皆置。時常隨征伐目的，置諸雜號護軍，如征蜀護軍、平虜護軍、揚威護軍等，職如將軍，而地位稍遜同號將軍，資歷稍淺之統帥常授此。五品。

[11]先取：取，原本、殿本作“收”，宋本作“取”，據宋本改。

[12]折衝將軍：官名，屬將軍名號，爲雜號將軍中地位較高者。五品。

未幾，茂復大城姑臧，修靈鈞臺，别駕吴紹諫曰：“伏惟修城築臺，蓋是懲既往之事。愚以爲恩德未洽於近侍，雖處層樓，適所以疑諸下，徒見不安之意而失士民繫託之本心，示怯弱之形，乖匡霸之勢。遐方異境窺我之齷齱也，[1]必有乘人之規。嘗願止役省勞，與下休息。而更興功動衆，百姓豈所望於明君哉！”茂曰：“亡兄怛然失身於物。[2]王公設險，武夫重閉，亦達人之至戒也。且忠臣義士豈不欲盡節義於亡兄哉？直以危機密發，雖有賁育之勇，[3]無所復施。今事未靖，不可以拘繫常言，以太平之理責人於迍邅之世。”[4]紹無以對。

[1]齷齪：拘謹偏促狹小。

[2]怛然：怛，宋本作“恒”。

[3]賁育：古代的勇士孟賁和夏育。《漢書》卷五七《司馬相如傳下》：“臣聞物有同類而殊能者，故力稱烏獲，捷言慶忌，勇期賁育。”顏師古注：“孟賁，古之勇士也，水行不避蛟龍，陸行不避豺狼，發怒吐氣，聲響動天。夏育，亦猛士也。”

[4]迍邅之世：艱難動亂的時代。

茂雅有志節，能斷大事。涼州大姓賈摹，寔之妻弟也，勢傾西土。先是，謡曰：“手莫頭，圖涼州。”茂以爲信，誘而殺之，於是豪右迹屏，[1]威行涼域。永昌初，茂使將軍韓璞率衆取隴西南安之地，以置秦州。

[1]迹屏：宋本乙作“屏迹”。

太寧三年卒，[1]臨終，執駿手泣曰：[2]“昔吾先人以孝友見稱。自漢初以來，世執忠順。今雖華夏大亂，皇輿播遷，汝當謹守人臣之節，無或失墜。吾遭擾攘之運，承先人餘德，假攝此州，以全性命，上欲不負晋室，下欲保完百姓。然官非王命，位由私議，苟以集事，豈榮之哉！氣絶之日，白帢入棺，無以朝服，以彰吾志焉。”年四十八。在位五年。私謚曰成。茂無子，駿嗣位。

[1]太寧三年卒：《資治通鑑》卷九三《晋紀》明帝太寧二年載，張茂卒於是年五月甲申。未知孰是。

[2]執駿手泣曰：宋本無“駿”字。

駿，字公庭，幼而奇偉。建興四年，封霸城侯。十歲能屬文，卓越不羈，而淫縱過度，常夜微行于邑里，國中化之。及統任，年十八。先是，愍帝使人黄門侍郎史淑在姑臧，[1]左長史氾禕、右長史馬謨等諷淑，[2]令拜駿使持節、大都督、大將軍、凉州牧、領護羌校尉、西平公。[3]赦其境内，置左右前後四率官，繕南宫。[4]劉曜又使人拜駿凉州牧、凉王。

[1]黄門侍郎：官名，魏晋時爲侍中省或門下省次官。侍從皇帝，顧問應對，多以重臣或外戚子弟擔任，位頗重要。五品。　姑臧：縣名，治所在今甘肅省武威市。

[2]左長史：官名，太府屬官，與右長史共領相府諸曹。六品。　馬謨：謨，殿本作“模”。

[3]大將軍：官名，高級軍事統帥。曹魏時多以之屯駐長安，對付蜀漢，蜀漢以其爲最高軍事長官，孫吴則别置上大將軍居其上。西晋時爲八公之一，位居上公、大司馬下，三公之上。東晋時常專擅軍政事務。一品。　領：以地位較高的官員兼理較低的職務。

[4]繕南宫：繕，宋本作“譱”。

時辛晏阻兵於枹罕，[1]駿讌群寮于閑豫堂，命竇濤等進討辛晏。從事劉慶諫曰：[2]“霸王不以喜怒興師，不以乾没取勝，[3]必須天時人事，然後起也。辛晏父子安心凶狂，[4]其亡可待，奈何以饑年大舉，猛寒攻城！昔周武回戈以須亡殷之期，[5]曹公緩袁氏使自斃，[6]何獨殿下以旋兵爲耻乎！”駿納之。

[1]枹罕：縣名，治所在今甘肅省臨夏縣西南。

[2]從事：官名，亦稱别駕從事、别駕從事史。州部佐官，因從刺史行部，别乘傳車，故稱。位居州吏之右。

[3]乾没取勝：靠敵人淪落敗亡取勝。

[4]安心凶狂：心，宋本、殿本作“忍”。

[5]周武回戈以須亡殷之期：《史記》卷四《周本紀》載，周武王九年，“東觀兵，至於盟津”。“渡河，中流，白魚躍入王舟中，武王俯取以祭。既渡，有火自上復於下，至于王屋，流爲烏，其色赤。”“諸侯不期而會盟津者八百諸侯。諸侯皆曰：‘紂可伐矣。’武王曰：‘女未知天命，未可也。’乃還師歸。”

[6]曹公緩袁氏使自斃：官渡之戰後，曹操北征烏丸，大獲全勝後，有人勸曹操趁勢征伐公孫康，以擒拿逃入遼東的袁尚、袁熙兄弟。曹操説：“吾方使康斬送尚、熙首，不煩兵矣。”果然，曹操回軍後，公孫康即斬袁尚、袁熙，傳其首級至洛陽。語見《三國志》卷一《魏書·武帝紀》。

遣參軍王騭聘于劉曜。曜謂之曰：“貴州必欲追踪竇融，[1]款誠和好，卿能保之乎？”騭曰：“不能。”曜侍中徐邈曰：“君來和同，而云不能，何也？”騭曰：“齊桓貫澤之盟，[2]憂心兢兢，諸侯不召自至。葵丘之會，[3]驕而矜誕，叛者九國。趙國之化，常如今日可也，若政教陵遲，[4]尚未能察邇者之變，况鄙州乎！”曜顧謂左右曰：“此凉州高士，使乎得人！”禮而遣之。

[1]竇融：東漢初扶風平陵（今陝西省咸陽市西北）人，字周公。世代仕宦河西。新莽末任波水將軍。後歸降更始，任張掖屬國都尉。更始敗，又聯合酒泉、金城、張掖、敦煌、武威五郡，割據河西，稱行河西五郡大將軍事。東漢建武五年（29）歸附光武帝，歷任涼州牧、冀州牧、大司空、行衛尉事，並兼領將作大匠。

[2]齊桓貫澤之盟：《春秋公羊傳·僖公九年》："桓之盟不日，此何以日？危之也。何危爾？貫澤之會，桓公有憂中國之心。不召而至者，江人、黃人也。"

[3]葵丘之會：《春秋公羊傳·僖公九年》："葵丘之會，桓公震而矜之，叛者九國。"

[4]陵遲：敗壞。

太寧元年，駿猶稱建興十二年，駿親耕籍田。[1]尋承元帝崩問，駿大臨三日。會有黃龍見于揟次之嘉泉，[2]右長史氾禕言於駿曰："案建興之年，是少帝始起之號。帝以凶終，理應改易。朝廷越在江南，音問隔絕，宜因龍改號，以章休徵。"不從。初，駿之立也，姑臧謠曰："鴻從南來雀不驚，誰謂孤鶵尾翅生，高舉六翮鳳皇鳴。"至是而復收河南之地。[3]

[1]籍田：皇帝親耕之田，每逢春耕前，皇帝躬耕籍田，以示對農業的重視。籍，殿本作"耤"。

[2]揟次：古縣名，治所在今甘肅省武威市東南。揟，原本、宋本、殿本作"揖"，據中華本改。　嘉泉：位於今甘肅省武威市東南。

[3]河南：指今青海省黃河以南地區。

咸和初，駿遣武威太守竇濤、金城太守張閬、武興太守辛巖、揚烈將軍宋輯等率衆東會韓璞，[1]攻討秦州諸郡。曜遣其將劉胤來距，屯于狄道城。韓璞進度沃干嶺。[2]辛巖曰："我握衆數萬，藉氐羌之鋭，宜速戰以滅之，不可以久，久則變生。"璞曰："自夏末以來，太白犯月，[3]辰星逆行，[4]白虹貫日，皆變之大者，不可以輕動。輕動而不捷，爲禍更深。吾將久而斃之。且曜與石勒相攻，[5]胤亦不能久也。"積七十餘日，軍糧竭，遣辛巖督運於金城。胤聞之，大悦，謂其將士曰："韓璞之衆十倍於吾，羌胡皆叛，不爲之用。吾糧廩將懸，難以持久。今虜分兵運糧，可謂天授吾也。若敗辛巖，璞等自潰。彼衆我寡，宜以死戰。戰而不捷，當無匹馬得還，宜厲爾戈矛，竭汝智力。"衆咸奮。於是率騎三千，襲巖于沃干嶺，敗之，璞軍遂潰，死者二萬餘人。面縛歸罪，駿曰："孤之罪也，將軍何辱！"皆赦之。胤乘勝追奔，濟河，攻陷令居，[6]入據振武，[7]河西大震。駿遣皇甫該禦之，赦其境内。

[1]揚烈將軍：官名，統軍出鎮地方，或爲刺史加官。五品。

[2]沃干嶺：一作沃干阪，位於今甘肅省蘭州市西南。干，原本作"于"，宋本、殿本作"干"，據宋本、殿本改。本卷下同。

[3]太白犯月：金星靠近月亮。

[4]辰星逆行：水星反向運動。

[5]石勒：字世龍，本書卷一〇四有載記。

[6]令居：縣名，治所在今甘肅省永登縣西北。

[7]振武：振武城，位於今甘肅省永登縣北。

会劉曜東討石生，長安空虛。大蒐講武，[1]將襲秦雍，理曹郎中索詢諫曰：[2]“曜雖東征，胤猶守本。險阻路遥，爲主人甚易。胤若輕騎憑氐羌以距我者，則奔突難測；輟彼東合而逆戰者，則寇我未已。頃年頻出，戎馬生郊，外有飢羸，内資虚耗，豈是殿下子物之謂邪！”[3]駿曰：“每患忠言不獻，面從背違，吾政教缺然而莫我匡者。卿盡辭規諫，深副孤之望也。”[4]以羊酒禮之。

[1]大蒐講武：閱兵，練兵。

[2]理曹郎中：官名，十六國前凉所置，尚書省諸曹之一，掌司法刑獄。

[3]子物：愛民如子。

[4]孤之望也：望也，宋本作“所望”。

西域諸國獻汗血馬、火浣布、犎牛、孔雀、巨象及諸珍異二百餘品。[1]西域長史李柏請擊叛將趙貞，爲貞所敗。議者以柏造謀致敗，[2]請誅之。駿曰：“吾每以漢世宗之殺王恢，[3]不如秦穆之赦孟明。”[4]竟以減罪論，[5]群心咸悦。駿觀兵新鄉，[6]狩于北野，因討軻没虜，破之。下令境中曰：“昔鯀殛而禹興，芮誅而缺進，[7]唐帝所以殄洪災，晋侯所以成五霸。[8]法律犯死罪，期親不得在朝。今盡聽之，唯不宜内參宿衛耳。”於是刑清國富，群僚勸駿稱凉王，[9]領秦凉二州牧，置公卿百官，如魏武、晋文故事。駿曰：“此非人臣所宜言也。敢有言此者，罪在不赦。”然境内皆稱之爲王。

群寮又請駿立世子，駿不從。中堅將軍宋輯言於駿曰：[10]“禮急儲君者，蓋重宗廟之故。周成、漢昭立於繦褓，誠以國嗣不可曠，儲宫當素定也。昔武王始有國，元王作儲君。建興之初，先王在位，殿下正名統，况今社稷彌崇，聖躬介立，大業遂殷，繼貳闕然哉！臣竊以爲國有累卵之危，而殿下以爲安逾泰山，非所謂也。”駿納之，遂立子重華爲世子。

[1]西域：古代對玉門關以西地區的總稱。狹義西域指葱嶺以東玉門關以西地區，廣義則指通過狹義西域所到達的地區。　汗血馬：西域良馬。《漢書》卷六《武帝紀》：“四年春，貳師將軍廣利斬大宛王首，獲汗血馬來。”顔師古注引應劭曰：“大宛舊有天馬種，蹋石汗血，汗從前肩髆出，如血。號一日千里。”汗，殿本作“汚”。　火浣布：即石棉布。《列子·湯問》：“火浣之布，浣之必投於火。”　犎牛：犎，原本作“幇”，宋本、殿本作“犎”，據宋本、殿本改。

[2]造謀：設計謀劃。

[3]漢世宗之殺王恢：王恢，西漢人，數爲邊吏，熟習匈奴情况，被漢武帝任爲大行。匈奴請求和親，王恢力排衆議，堅决反對。元光二年（前133），雁門馬邑豪聶壹通過王恢奏言，以利誘致單于，然後伏兵擊之。因匈奴單于察覺，未果。王恢則因首謀不進下獄自殺。

[4]秦穆之赦孟明：孟明，春秋時秦國人，名視，字孟明。秦穆公三十二年（前628），帥秦軍襲擊鄭國，得知鄭國有備，便滅滑國之後退兵反秦，途經殽山遭晋軍伏擊被俘。後被晋國釋放回到秦國，秦穆公説：“孤違蹇叔以辱二三子，孤之罪也。不替孟明，孤之過也。大夫何罪？且吾不以一眚掩大德。”語見《左傳·僖公三十三年》。

[5]減罪論：罪，宋本、殿本作“死”。

[6]新鄉：縣名，治所在今甘肅省瓜州縣東南。

[7]芮誅而缺進：芮，郤芮，春秋時期晉國大夫，曾擁立晉惠公即位。後重耳回國，郤芮又倒戈擁立重耳。後怕被重耳懲罰，又密謀殺害重耳。計畫失敗後逃亡秦國，後被秦穆公誘殺。缺，郤缺，爲郤芮之子，因是罪臣之子，不得入仕，躬耕於冀野。後被胥臣推薦被晋文公任用。

[8]晋侯：晋文公，春秋時晋國國君，名重耳。爲公子時，因獻公欲立寵妾之子奚齊而遭迫害，流亡於外十九年。後由秦軍護送返晋登王位。在位期間改革内政，擴建軍隊，幫助周王室平叛，大敗楚軍於城濮，主持踐土之盟，成爲齊桓公之後的又一霸主。

[9]群僚：僚，宋本、殿本作“寮”。

[10]中堅將軍：官名，東漢建安初曹操置。領營兵，掌侍衛。魏晋時均爲四品。

先是，駿遣傅穎假道于蜀，通表京師。李雄弗許。[1]駿又遣治中從事張淳稱藩于蜀，[2]託以假道焉。雄大悦。雄又有憾於南氐楊初，[3]淳因説曰：“南氐無狀，屢爲邊害，宜先討百頃，次平上邽。二國并勢，席卷三秦，東清許洛，[4]掃氛燕趙，拯二帝梓宫於平陽，[5]反皇輿於洛邑，此英霸之舉，千載一時。寡君所以遣下臣冒險通誠，不遠萬里者，以陛下義聲遠播，必能愍寡君勤王之志。天下之善一也，惟陛下圖之。”雄怒，僞許之，將覆淳於東峽。[6]蜀人橋贊密以告淳。淳言於雄曰：“寡君使小臣行無迹之地、通百蠻之域、萬里表誠者，[7]誠以陛下義矜戮力之臣，能成人之美節故也。若欲殺臣者，當顯於都市，宣示衆目，云涼州不忘舊義，通使琅邪，[8]爲表忠誠，假途於我，主聖臣明，發覺殺之。當令義聲遠著，天下畏威。今盗殺江中，威刑不顯，何足以揚休烈，示天下也！”雄大驚曰：“安有此邪！當相放還河右耳。”雄司隸校尉景騫言於雄曰：[9]“張淳壯士，宜留任之。”雄曰：“壯士豈爲人留，且可以卿意觀之。”騫謂淳曰：“卿體大，暑熱，可且遣下吏，少住須涼。”淳曰：“寡君以皇輿幽辱，梓宫未反，天下之耻未雪，蒼生之命倒懸，故遣淳來，表誠大國。所論事重，非下吏能傳。若下吏所了者，則淳本亦不來。雖有火山湯海，無所辭難，豈寒暑之足避哉！”雄曰：“此人矯矯，不可得用也。”厚禮遣之。謂淳曰：“貴主英名蓋世，土險兵盛，何不稱帝自娱一方？”淳曰：“寡君以乃祖乃父世濟忠良，未能雪天人之大耻，解衆庶之倒懸，日昃忘食，[10]枕戈待旦。以琅邪中興江東，[11]故萬里翼戴，將成桓文之事，[12]何言自娱邪！”雄有慚色，曰：“我乃祖乃父亦是晋臣，往與六郡避難此都，爲同盟所推，遂有今日。琅邪若能中興大晋於中州者，亦當率衆輔之。”淳還至龍鶴，[13]募兵通表，後皆達京師，朝廷嘉之。

[1]李雄：字仲儁，李特之子，本書卷一二一有載記。

[2]治中從事：官名，亦稱治中從事史，省稱治中。州之佐吏，掌選署及文書案卷。魏晋之世，身份雖低，職權極重。

[3]南氐楊初：武都氐王，東晋穆帝時被任爲征南將軍、雍州刺史、平羌校尉、仇池公，並假節。

[4]東清：清，殿本作“靖”。

[5]梓宫：皇帝的棺材。

[6]東峽：即長江三峽。

[7]百蠻：百，宋本作“北”。

[8]琅邪：此指東晋元帝。

[9]司隸校尉：官名，三國魏時先治弘農，後治河南，轄司州所屬河南、河東、河内、弘農、平陽五郡。掌監察京師，糾察京都百官。西晋沿置。三品。

[10]日昃：太陽偏西。

[11]江東：亦稱江左，因自北方視之，江東在左，江西在右，故稱。

[12]桓：齊桓公，春秋時齊國國君，名小白，僖公之子，襄公之弟。公元前685至前643年在位。爲公子時因國家内亂出走至莒，襄公死後被迎回立爲國君。在位時任用管仲，改革内政，國力漸强。九合諸侯，尊王攘夷，成爲春秋五霸之首。　文：晋文公，春秋時晋國國君，春秋五霸之一。

[13]龍鶴：龍鶴城，又稱龍涸城，位於今四川省松潘縣。

駿議欲嚴刑峻制，[1]衆咸以爲宜。參軍黄斌進曰：“臣未見其可。”駿問其故。斌曰：“夫法制所以經綸邦國，[2]篤俗齊物，既立必行，不可窪隆也。若尊者犯令，則法不行矣。”駿屏几改容曰：[3]“夫法唯上行，制無高下。且微黄君，吾不聞過矣。黄君可謂忠之至也。”[4]於坐擢爲敦煌太守。[5]駿有計略，於是厲操改節，勤修庶政，[6]總御文武，咸得其用，遠近嘉咏，號曰積賢君。自軌據凉州，屬天下之亂，所在征伐，軍無寧歲。至駿，境内漸平。又使其將楊宣率衆越流沙，[7]伐龜兹、鄯善，[8]於是西域並降。鄯善王元孟獻女，號曰美人，立賓遐觀以處之。焉耆前部、于竇王並遣使貢方物。[9]

得玉璽於河，其文曰“執萬國，建無極”。

[1]嚴刑峻制：宋本無“刑”字。

[2]經綸邦國：治理國家。

[3]屏几：几，宋本、殿本作“机”。

[4]忠之至：至，宋本作“志”。

[5]敦煌：敦，宋本作“焞”。

[6]庶政：政，宋本作“玫”。

[7]流沙：指今新疆維吾爾自治區境内白龍堆沙漠。

[8]龜兹：西域國名，本書卷九七有傳。　鄯善：西域國名，國都在伊循城（今新疆維吾爾自治區若羌縣東）。

[9]于寘：西域國，國都在西城（今新疆維吾爾自治區和田縣境）。

時駿盡有隴西之地，士馬强盛，雖稱臣於晉，而不行中興正朔。舞六佾，[1]建豹尾，所置官僚府寺擬於王者，而微異其名。又分州西界三郡置沙州，[2]東界六郡置河州。[3]二府官僚莫不稱臣。又於姑臧城南築城，起謙光殿，畫以五色，飾以金玉，窮盡珍巧。殿之四面各起一殿，東曰宜陽青殿，以春三月居之，章服器物皆依方色；南曰朱陽赤殿，夏三月居之；西曰政刑白殿，秋三月居之；北曰玄武黑殿，冬三月居之。其傍皆有直省内官寺署，一同方色。及末年，任所游處，不復依四時而居。

[1]六佾：周諸侯所用樂舞之格局，六列，每列六人，共三十六人。

[2]沙州：治所在敦煌縣（今甘肅省敦煌市西）。

[3]河州：治所在枹罕縣（今甘肅省臨夏市西南）。

咸和初，懼爲劉曜所逼，使將軍宋輯、魏纂將兵徙隴西南安人二千餘家于姑臧，[1]使聘於李雄，修鄰好。及曜攻枹罕，護軍辛晏告急，駿使韓璞、辛巖率步騎二萬擊之，戰于臨洮，大爲曜軍所敗，璞等退走，追至令居，駿遂失河南之地。初，戊己校尉趙貞不附于駿，[2]至是，駿擊擒之，以其地爲高昌郡。及石勒殺劉曜，駿因長安亂，復收河南地，至于狄道，[3]置武衛、石門、候和、漒川、甘松五屯護軍，[4]與勒分境。勒遣使拜駿官爵，駿不受，留其使。後懼勒强，遣使稱臣於勒，兼貢方物，遣其使歸。

[1]二千：千，宋本作“十”。

[2]戊己校尉：管理西域事務的長官。魏晋時期治所在高昌。四品。

[3]狄道：縣名，治所在今甘肅省臨洮縣。

[4]武衛：中華本校勘記：“‘武衛’爲‘武街’之訛。按：《通鑑》九七胡注云：張駿置五屯，武街其一。《斠注》説是。”石門：地名，在今甘肅省天水市東南。　候和：即侯和城，位於今甘肅省卓尼縣東北。　漒川：即羌水，即今甘肅省東南嘉陵江。出隴西羌道，東南流。　甘松：地名，在今甘肅省迭部縣一帶。

駿境内嘗大饑，穀價踴貴，市長譚詳請出倉穀與百姓，秋收三倍徵之。從事陰據諫曰：“昔西門豹宰鄴，[1]積之於人；解扁莅東封之邑，[2]計入三倍。文侯以豹有罪而可賞，扁有功而可罰。今詳欲因人之饑，[3]以要三倍，反裘傷皮，未足論之。”駿納之。

[1]西門豹宰鄴：《淮南子·人間訓》：“西門豹治鄴，廪無積粟，府無儲錢，庫無甲兵，官無計會，人數言其過於文侯。文侯身行其縣，果若人言。文侯曰：‘翟璜任子治鄴，而大亂。子能道則可，不能，將加誅於子！’西門豹曰：‘臣聞王主富民，霸主富武，亡國富庫。今王欲爲霸王者也，臣故稸積於民。君以爲不然，臣請升城鼓之，甲兵粟米，可立具也。’於是乃升城而鼓之。一鼓，民被甲括矢，操兵弩而出；再鼓，負輦粟而至。文侯曰：‘罷之。’西門豹曰：‘與民約信，非一日之積也。一舉而欺之，後不可復用也。燕常侵魏八城，臣請北擊之，以復侵地。’遂舉兵擊燕，復地而後反。此有罪而可賞者也。”

[2]解扁莅東封之邑：《淮南子·人間訓》：“解扁爲東封，上計而入三倍。有司請賞之。文侯曰：‘吾土地非益廣也，人民非益衆也，入何以三倍？’對曰：‘以冬伐木而積之，於春浮之河而鬻之。’文侯曰：‘民春以力耕，暑以强耘，秋以收斂，冬間無事，以伐林而積之，負軛而浮之河。是用民不得休息也，民以敝矣。雖有三倍之入，將焉用之！’此有功而可罪者也。”

[3]詳：原本作“群”，宋本、殿本作“詳”，據宋本、殿本改。

初，建興中，敦煌計吏耿訪到長安，[1]既而遇賊，不得反，奔漢中，[2]因東渡江，以太興二年至京都，屢上書，以本州未知中興，宜遣大使，乞爲鄉導。時連有内難，許而未行。至是，始以訪守治書御史，[3]拜駿鎮西大將軍，[4]校尉、刺史、公如故，選西方人隴西賈陵等十二人配之。訪停梁州七年，以驛道不通，召還。訪以詔書付賈陵，託爲賈客。到長安，不敢進，以咸和八年始達涼州。駿受詔，遣部曲督王豐等報謝，[5]并遣陵歸，上疏稱臣，而不奉正朔，猶稱建興二十一年。九年，復使訪隨豐等賫印板進駿大將軍。自是每歲使命不絶。後駿遣參軍麴護上疏曰：

東西隔塞，逾歷年載，夙承聖德，心繫本朝。而江吴寂蔑，餘波莫及，雖肆力修塗，同盟靡恤。奉詔之日，悲喜交并。天恩光被，褒崇輝渥，即以臣爲大將軍、都督陜西雍秦涼州諸軍事。[6]休寵振赫，萬里懷戴，嘉命顯至，銜感屏營。[7]

[1]計吏：即上計吏，地方政府派赴中央呈遞計簿的官員。

[2]漢中：郡名，治所在南鄭縣（今陝西省漢中市）。

[3]守：暫時署理職務。多指官階低而署理較高的官職。　治書御史：官名，即治書侍御史，簡稱治書御史、御史治書、侍書。屬諸侍御史之一種，亦簡稱侍御史、侍御、御史。西漢時掌圖籍文書，東漢時屬御史臺，職掌也變爲審理疑獄、平廷尉奏事。魏晉南北朝時爲御史中丞佐貳，掌監察、彈劾高級官員，也奉命出使，緝拿犯官。六品。

[4]鎮西大將軍：官名，三國魏置，執掌與鎮西將軍同，唯資歷深者得任此職，不常置。二品，開府位從公者一品。

[5]部曲督：官名，軍中及州郡皆設，統兵，屬官有部曲將、副散部曲將等。三國魏及晉初，須留家屬作爲質任，晉武帝咸寧五年（279）始除部曲督以下質任。

[6]都督陜西雍秦涼州諸軍事：上述三州最高軍事行政長官。

[7]銜感屏營：心存感激誠惶誠恐。

伏惟陛下天挺岐嶷，堂構晋室，遭家不造，播幸吴楚，宗廟有《黍離》之哀，[1]園陵有殄廢之痛，普天咨嗟，含氣悲傷。臣專命一方，職在斧鉞，遐域僻陋，勢極秦隴。勒、雄既死，人懷反正，謂季龍、李期之命曾不崇朝，[2]而皆篡繼凶逆，鴟目有年。東西遼曠，聲援不接，[3]遂使桃蟲鼓翼，四夷喧嘩，向義之徒更思背誕，鉛刀有干將之志，[4]螢燭希日月之光。是以臣前章懇切，欲齊力時討。而陛下雍容江表，坐觀禍敗，懷目前之安，替四祖之業，[5]馳檄布告，徒設空文，臣所以宵吟荒漠，痛心長路者也。且兆庶離主，[6]漸冉經世，先老消落，後生靡識，忠良受梟懸之罰，群凶貪縱横之利，懷君戀故，日月告流。雖時有尚義之士，畏逼首領，哀嘆窮廬。

[1]《黍離》：《詩經》中的篇名。《詩・王風・黍離序》："《黍離》，閔宗周也。周大夫行役，至于宗周，過故宗廟宫室，盡爲禾黍，閔周室之顛覆，彷徨不忍去而作是詩也。"

[2]季龍：即石虎，石勒從子，本書卷一〇六有載記。　李期：字世運，本書卷一二一有載記。

[3]不接：接，殿本作"捷"。

[4]鉛刀：鉛鑄之刀，鈍而軟。　干將：古劍名。《吴越春秋・闔閭内傳》：春秋時吴國有干將、莫邪夫婦善鑄劍，干將鑄劍，"五山之鐵精，六合之金英。候天伺地，陰陽同光，百神臨觀，天氣下降，而金鐵之精不銷"。干將妻莫邪"乃斷發剪爪，投於爐中，使童女童男三百人鼓橐裝炭，金鐵乃濡。遂以成劍，陽曰干將，陰曰莫耶"。

[5]替四祖之業：使晋朝衰敗。四祖，指西晋宣帝司馬懿、景帝司馬師、文帝司馬昭、武帝司馬炎。

[6]兆庶：百姓。

臣聞少康中興，[1]由於一旅，光武嗣漢，衆不盈百，祀夏配天，不失舊物，况以荆揚慓悍，臣州突騎，吞噬遺羯，在於掌握哉！願陛下敷弘臣慮，永念先績，敕司空鑒、征西亮等泛舟江沔，[2]使首尾俱至也。

[1]少康中興：少康，夏王，相之子。夏太康失位，后羿取代夏政，寒浞又殺后羿。夏相之后緡逃回母家，生少康。後夏臣伯靡聚衆殺寒浞，迎少康復位。史稱少康中興。

[2]鑒：郗鑒，字道徽，本書卷六七有傳。　征西：官名，即征西將軍。東漢永元年間置，地位與雜號將軍、偏將軍、裨將軍等同。建安年間與征東、征南、征北將軍合稱四征將軍，地位提高。三品，加持節都督者二品。　亮：庾亮，字元規，本書卷七三有傳。

自後駿遣使多爲季龍所獲，不達。後駿又遣護羌參軍陳寓，[1]從事徐虓、華馭等至京師。征西大將軍亮上疏言陳寓等冒險遠至，宜蒙銓叙，詔除寓西平相，[2]虓等爲縣令。永和元年，以世子重華爲五官中郎將、涼州刺史。[3]酒泉太守馬岌上言："酒泉南山，即崑崙之體也。周穆王見西王母，[4]樂而忘歸，即謂此山。此山有石室玉堂，珠璣鏤飾，焕若神宫。宜立西王母祠，以裨朝廷無疆之福。"駿從之。

[1]護羌參軍：官名，護羌校尉府參軍。參軍，亦作參軍事，謂參謀軍事。兩晋公府、軍府皆置。　陳寓：寓，宋本作“㝢”。本卷下文此人名同。

[2]詔：宋本無此字。　相：官名，郡國相，也稱内史。五品。

[3]五官中郎將：官名，西漢隸屬光禄勛。東漢時統部分侍郎、郎中。東漢初年或參與戰事。東漢末由於曹操之子曹丕任此職，地位上升，在魏諸臣之上。晋沿漢制，在光禄勛下置五官、左、右三中郎將，爲皇帝近侍之官。

[4]周穆王：姬姓，名滿。昭王之子。在位五十五年，曾西征犬戎，南伐徐方。　西王母：古代神話中的女仙人。《山海經·西山經》：“西王母，其狀如人，豹尾虎齒而善嘯。”《穆天子傳》卷三：“乙丑，天子觴西王母于瑶池之上，西王母爲天子謡。”

駿在位二十二年卒，時年四十。私謚曰文公，穆帝追謚曰忠成公。

重華，字泰臨，駿之第二子也。[1]寬和懿重，沉毅少言。父卒，時年十六。以永和二年自稱持節、大都督、太尉、護羌校尉、涼州牧、西平公、假涼王，赦其境内。尊其母嚴氏爲太王太后，居永訓宫；所生母馬氏爲王太后，居永壽宫。輕賦斂，除關税，省園囿，以恤貧窮。

[1]第二子：第，宋本作“弟”。

遣使奉章於石季龍。季龍使王擢、麻秋、孫伏都等侵寇不輟。金城太守張沖降于秋。於是涼州振動。重華掃境内，使其征南將軍裴恒禦之。[1]恒壁于廣武，[2]欲以持久弊之。牧府相、司馬張耽言於重華曰："臣聞國以兵爲强，以將爲主。主將者，存亡之機，吉凶所繫。故燕任樂毅，[3]克平全齊，及任騎劫，[4]喪七十城之地。是以古之明君靡不慎于將相也。今之所要，在於軍師。然議者舉將多推宿舊，未必妙盡精才也。且韓信之舉，[5]非舊名也；穰苴之信，[6]非舊將也；吕蒙之進，[7]非舊勛也；魏延之用，[8]非舊德也。蓋明王之舉，舉無常人，才之所能，則授以大事。今强寇在郊，諸將不進，人情騷動，危機稍逼。[9]主簿謝艾，兼資文武，明識兵略，若授以斧鉞，委以專征，必能折衝禦侮，[10]殲殄凶類。"重華召艾，問以討寇方略。艾曰："昔耿弇不欲以賊遺君父，[11]黄權願以萬人當寇。[12]乞假臣兵七千，爲殿下吞王擢、麻秋等。"重華大悦，以艾爲中堅將軍，配步騎五千擊秋。引師出振武，夜有二梟鳴于牙中，艾曰："梟，邀也，六博得梟者勝。[13]今梟鳴牙中，克敵之兆。"於是進戰，大破之，[14]斬首五千級。重華封艾爲福禄伯，善待之。諸寵貴惡其賢，共毁譖之，乃出爲酒泉太守。

[1]征南將軍：官名，與征東、征西、征北將軍合稱四征將軍。三國魏蜀吴、兩晋皆置，出鎮方面，地位顯要。三品，加持節都督者二品。

[2]廣武：縣名，治所在今甘肅省永登縣西南。

[3]樂毅：戰國時靈壽（今河北省靈壽縣西北）人，魏將樂羊後代，燕昭王時入燕，帥聯軍大敗齊國，攻下齊國城邑七十多座。

後因燕惠王中反間計，樂毅遂離開燕國入趙國。

[4]騎劫：戰國時燕將。燕昭王死，惠王立，與樂毅有隙。齊國田單乘機施行反間計，放消息説："齊王已死，城之不拔者二耳。樂毅畏誅而不敢歸，以伐齊爲名，實欲連兵南面而王齊。齊人未附，故且緩攻即墨以待其事。齊人所懼，唯恐他將之來，即墨殘矣。"燕王中計，使騎劫代樂毅。騎劫後被齊國田單打敗。事見《史記》卷八二《田單列傳》。

[5]韓信：秦末淮陰（今江蘇省淮安市淮陰區南）人，早年家貧，常從人寄食。後隨項羽起兵，因不受重用，轉投劉邦。受蕭何舉薦，拜大將軍。功勛卓著，爲漢初三傑之一。漢立封楚王，後貶爲淮陰侯。終爲吕后設計所殺。

[6]穰苴：即司馬穰苴，田氏，名穰苴。春秋時齊國人，軍事家，著《司馬穰苴兵法》，又稱《司馬法》。

[7]吕蒙：汝南富波（今安徽省阜南縣東南）人，字子明。孫吴大將，歷任平北都尉、領廣德長、横野中郎將、廬江太守、左護軍、虎威將軍等職。少不好讀書，後聽孫權勸告，博覽群書。東漢建安二十四年（219）偷襲關羽，占領荆州。旋病卒。

[8]魏延：三國時義陽（今河南省桐柏縣東）人，字文長。以部曲隨劉備入蜀，歷任蜀漢牙門將軍、鎮遠將軍、凉州刺史、征西大將軍等職。蜀漢建興十二年（234），諸葛亮病逝於北伐軍中，遺命撤軍，命魏延斷後。魏延拒不從命，又與楊儀衝突，被殺。

[9]稍逼：稍，宋本作"相"。

[10]折衝禦侮：抗敵取勝，抵禦外侮。

[11]耿弇：東漢初扶風茂陵（今陝西省興平市東北）人，字伯昭，耿况之子。新莽敗亡後，勸父歸順劉秀。在劉秀手下任偏將軍、大將軍。東漢建立後，任建威大將軍。受詔討伐張布。張布率二十萬大軍至臨淄大城東，攻耿弇城。雙方激戰至日暮。第二天一早，耿弇又帶兵出戰。當時劉秀在魯，聞弇爲步所攻，自往救之，未至。陳俊對耿弇説："可且閉營休士，等待君上到來。"耿弇説：

“乘輿且到，臣子當擊牛釃酒以待百官，反欲以賊虜遺君父邪？”乃出兵大戰，自旦及昏，復大破之，殺傷無數，城中溝壍皆滿。事見《後漢書》卷一九《耿弇傳》。

[12]黄權：巴西閬中（今四川省閬中市）人，字公衡。任蜀漢偏將軍、護軍將軍。劉備將東伐吴，黄權諫曰：“吴人悍戰，又水軍順流，進易退難，臣請爲先驅以嘗寇，陛下宜爲後鎮。”語見《三國志》卷四三《蜀書·黄權傳》。

[13]六博：古代游戲。《列子·説符》《釋文》引《古博經》：“博法，二人相對坐向局，局分爲十二道，兩頭當中名爲水。用棋十二枚，法六白六黑，又用魚二枚，置於水中。其擲采以瓊爲之。二人互擲采行棋，棋行到處，即竪之，名爲驍棋，即入水食魚，亦名牽魚。每一牽魚，獲二籌；翻一魚，獲三籌。若已牽兩魚而不勝者，名曰被翻雙魚。彼家獲六籌，爲大勝也。”

[14]大破之：宋本無“之”字。

季龍又令麻秋進陷大夏，大夏護軍梁式執太守宋晏，以城應秋。秋遣晏以書誘宛戍都尉宋矩。[1]宋矩謂秋曰：[2]“辭父事君，當立功義；功義不立，當守名節。矩終不背主偷生於世。”[3]於是先殺妻子，自刎而死。

[1]宋矩：字處規，本書卷八九有傳。

[2]宋矩謂秋曰：宋本無“宋矩”二字。

[3]矩：殿本作“距”。

是月，有司議遣司兵趙長迎秋西郊。謝艾以《春秋》之義，國有大喪，省蒐狩之禮，宜待逾年。别駕從事索遐議曰：[1]“禮，天子崩，諸侯薨，未殯，五祀不行，既殯而行之。魯宣三年，[2]天王崩，不廢郊祀。今聖上統承大位，百揆惟新，宜在璿璣玉衡以齊七政。[3]立秋，萬物將成，殺氣之始，其於王事，杖麾誓衆，釁鼓禮神，所以討逆除暴，成功濟務，寧宗廟社稷，致天下之福，不可廢也。"重華從之。

[1]别駕從事：官名，亦稱别駕從事史。州部佐官，因從刺史行部，别乘傳車，故稱。位居州吏之右。

[2]三年：宋本作"二年"。

[3]璿璣玉衡以齊七政：意爲通過測天儀器觀察日月星辰。語見《尚書·舜典》："在璿璣玉衡，以齊七政。"孔安國傳："璣，衡，王者正天文之器。"七政，即七曜。璿璣玉衡，指測天儀器。

俄而麻秋進攻枹罕，時晋陽太守郎坦以城大難守，[1]宜棄外城。武城太守張悛曰：[2]"棄外城則大事去矣，不可以動衆心。"寧戎校尉張璩從之，[3]固守大城。秋率衆八萬，圍塹數重，雲梯雹車，地突百道，皆通於内。城中亦應之，殺傷秋衆已數萬。季龍復遣其將劉渾等率步騎二萬會之。郎坦恨言之不從，教軍士李嘉潛與秋通，引賊千餘人上城西北隅。璩使宋脩、張弘、辛挹、郭普距之，短兵接戰，斬二百餘人，賊乃退。璩戮李嘉以徇，燒其攻具。秋退保大夏，謂諸將曰："我用兵於五都之間，攻城略地，往無不捷。[4]及登秦隴，謂有征無戰。豈悟南襲仇池，[5]破軍殺將；築城長最，匹馬不歸；及攻此城，傷兵挫鋭。殆天所贊，非人力也。"季龍聞而嘆曰："吾以偏師定九州，今以九州之力困於枹罕，真所謂彼有人焉，未可圖也。”

[1]時晋陽太守：時，原本、宋本作“與”，殿本作“時”，據殿本、中華本校勘記改。晋陽，中華本校勘記：“‘晋陽’，《通鑑》九七作‘晋昌’，疑是。” 郎坦：坦，宋本作“坥”。

[2]武城太守張悛：中華本校勘記：“周校：宜照《地理志》作‘武成’。按：《通鑑》九七亦作‘武成’。”

[3]寧戎校尉：官名，十六國前涼置，領兵。

[4]往無不捷：捷，殿本作“接”。

[5]仇池：位於今甘肅省西和縣西仇池山上，又名百頃池。

重華以謝艾爲使持節、軍師將軍，[1]率步騎三萬，進軍臨河。[2]秋以三萬衆距之。艾乘軺車，[3]冠白㡌，鳴鼓而行。秋望而怒曰：“艾年少書生，冠服如此，輕我也。”命黑矟龍驤三千人馳擊之。艾左右大擾。左戰帥李偉勸艾乘馬，艾不從，乃下車踞胡床，[4]指麾處分。賊以爲伏兵發也，懼不敢進。張瑁從左南緣河而截其後，秋軍乃退。艾乘勝奔擊，遂大敗之，斬秋將杜勛、汲魚，俘斬一萬三千級，秋匹馬奔大夏。重華論功，以謝艾爲太府左長史，進封福禄縣伯，[5]邑五千户，帛八千匹。

[1]軍師將軍：官名，東漢時權力極重，十六國前涼、前秦用作武官名號。

[2]臨河：臨河驛，位於今甘肅省蘭州市内。

[3]軺車：用一匹馬駕駛的輕車。

[4]胡床：魏晋時傳入中原的少數民族用的輕便坐具，又稱交

床。朱大渭先生《中古漢人由跪坐到垂脚高坐》一文中有論述。(參見朱大渭《六朝史論》，中華書局1998年版)

[5]進封福禄縣伯：中華本校勘記："《校文》：'伯'當爲'侯'。"

麻秋又據枹罕，有衆十二萬，進屯河内，[1]遣王擢略地晉興、廣武，[2]越洪池嶺，[3]至于曲柳，[4]姑臧大震。重華議欲親出距之，謝艾固諫以爲不可。別駕從事索遐進曰："賊衆甚盛，漸逼京畿。君者，國之鎮也，不可以親動。左長史謝艾，文武兼資，國之方邵，宜委以推轂之任。[5]殿下居中作鎮，授以算略，小賊不足平也。"重華納之，於是以艾爲使持節、都督征討諸軍事、行衛將軍，[6]遐爲軍正將軍，[7]率步騎二萬距之。艾建牙旗，盟將士，有西北風吹旌旗東南指。遐曰："風爲號令，今能令旗指之，天所贊也，破之必矣。"軍次神鳥，[8]王擢與前鋒戰，敗，遁還河南。還討叛虜斯骨真萬餘落，破之，斬首千餘級，俘擒二千八百，獲牛羊十餘萬頭。

[1]河内：指今甘肅、青海二省黄河以東地區。

[2]晉興：郡名，治所在晉興縣（今青海省民和回族土族自治縣西北湟水南岸）。

[3]洪池嶺：一名洪池崖，位於今甘肅省武威市東南。池，宋本作"他"。

[4]曲柳：曲柳城，位於今甘肅省武威市東南。

[5]推轂：古代帝王任命將帥時的隆重禮儀。

[6]都督征討諸軍事：征討部隊的最高統帥。　行：兼攝官職。

[7]軍正將軍：官名，十六國前凉置，主管軍中法律事務。

［8］神鳥：縣名，治所在今甘肅省武威市。

重華自以連破勍敵，頗怠政事，希接賓客。司直索超諫曰：［1］“殿下承四聖之基，當升平之會，荷當今之任，憂率土之塗炭，宜躬親萬機，開延英乂，［2］夙夜乾乾，勉於庶政。自頃内外囂然，皆云去賊投誠者應即撫慰，而彌日不接。國老朝賢，當虚己引納，詢訪政事，比多經旬積朔，［3］不留意接之。文奏入内，歷月不省，廢替見務，［4］注情於棋弈之間，［5］縉綣左右小臣之娱，不存將相遠大之謀。至使親臣不言，朝吏杜口，愚臣所以迴惶忘寢與食也。今王室如燬，［6］百姓倒懸，正是殿下銜膽茹辛厲心之日。深願垂心朝政，延納直言，周爰五美，［7］以成六德，［8］捐彼近習，弭塞外聲，修政聽朝，使下觀而化。”重華覽之大悦，優文答謝，然不之改也。

［1］司直：此爲太府司直，掌佐刺史，舉不法。　索超：宋本、殿本作“索遐”，應爲“索超”。

［2］英乂：乂，殿本作“又”。

［3］比多經旬積朔：近來多經日積月累。旬、朔，指日月。

［4］廢替見務：荒廢政務。見，同“現”。

［5］棋弈：弈，原本、殿本作“奕”，宋本作“弈”，據宋本改。

［6］燬：同“毁”。

［7］五美：五種美德。《論語·堯曰》：“子張曰：‘何謂五美？’子曰：‘君子惠而不費，勞而不怨，欲而不貪，泰而不驕，威而不猛。’”

［8］六德：周大司徒教民的六項道德標準。《周禮·地官·大

司徒》:“以鄉三物,教萬民而賓興之。一曰六德:知、仁、聖、義、忠、和。”

詔遣侍御史俞歸拜重華護羌校尉、涼州刺史、假節。是時石季龍西中郎將王擢屯結隴上,爲苻雄所破,[1]奔重華。重華厚寵之,以爲征虜將軍、秦州刺史、假節,[2]使張弘、宗悠率步騎萬五千配擢,[3]伐苻健。[4]健遣苻碩禦之,[5]戰于龍黎。[6]擢等大敗,單騎而還,弘、悠皆没。重華痛之,素服爲戰亡吏士舉哀號慟,各遣吊問其家。復授擢兵,使攻秦州,克之。遣使上疏曰:“季龍自斃,遺燼游魂,取亂侮亡,睹機則發。臣今遣前鋒都督裴恒步騎七萬,遥出隴上,以俟聖朝赫然之威。山東騷擾不足厝懷,長安膏腴,宜速平蕩。臣守任西荒,[7]山川悠遠,大誓六軍,不及聽受之末,[8]猛將鷹揚,不豫告成之次。[9]瞻雲望日,孤憤義傷,彈劍慷慨,中情藴結。”於是康獻皇后詔報,[10]遣使進重華爲涼州牧。

[1]苻雄:字元才,本書卷一一二有載記。苻,原本、宋本作“符”,殿本作“苻”,據其載記及殿本改。本卷下文此姓字同。

[2]征虜將軍:既是武官名,也作爲高級文職官員的加官。三品。

[3]宗悠:中華本校勘記:“《校文》:以《苻健載記》考之,‘宗悠’乃‘宋修’之訛。張弘、宋修亦見上文。按:《通鑑》九九即作‘宋修’。下‘弘、悠皆没’,‘悠’字亦當作‘修’。”

[4]苻健:字建業,本書卷一一二有載記。健,原本、宋本作“徤”,殿本作“健”,據其載記及殿本改。本卷下文此人名同。

［5］健遣苻碩禦之：中華本校勘記："《校文》：《穆紀》《苻健載記》均作'苻雄'，此'碩'字誤。按：《通鑑》九九亦作'雄'。"

［6］龍黎：龍黎城，確址待考。一説即龍盤城，位於今陝西省寶鷄市西。

［7］守任西荒：任，宋本作"征"。

［8］不及聽受之末：連聽受的末尾都排不上。聽受，聽從接受君王指示的官員。

［9］不豫告成之次：没有在告成的行列。告成，上報君王所完成功業的官員。

［10］康獻皇后：褚蒜子，本書卷三二有傳。

是時御史俞歸至涼州，[1]重華方謀爲涼王，不肯受詔，使親信人沈猛謂歸曰："我家主公奕世忠於晉室，[2]而不如鮮卑矣。臺加慕容皝燕王，[3]今甫授州主大將軍，[4]何以加勸有功忠義之臣乎！[5]明臺今且移河右，[6]共勸州主爲涼王。大夫出使，苟利社稷，專之可也。"歸對曰："王者之制，異姓不得稱王；九州之内，重爵不得過公。漢高一時王異姓，尋皆誅滅，蓋權時之宜，非舊體也。故王陵曰：[7]'非劉氏而王，天下共伐之。'至於戎狄，[8]不從此例。春秋時吴楚稱王，而諸侯不以爲非者，蓋蠻夷畜之也。[9]假令齊魯稱王，諸侯豈不伐之！故聖上以貴公忠賢，是以爵以上公，位以方伯，鮮卑北狄，豈足爲比哉！子失問也。且吾又聞之，[10]有殊勛絶世者亦有不世之賞，若今便以貴公爲王者，設貴公以河右之衆南平巴蜀，東掃趙魏，修復舊都，以迎天子，天子復以何爵何位可以加賞？幸三思之。"猛具宣歸言，重華遂止。

[1]御史：官名，魏晋時爲侍御史、治書侍御史、督軍糧侍御史、殿中侍御史、監國侍御史等官的簡稱。

[2]奕世：奕，宋本作“弈”。

[3]慕容皝：字元真，本書卷一〇九有載記。

[4]甫：才，剛剛。

[5]加勸：中華本校勘記：“《册府》六五九‘加’作‘嘉’。”

[6]今且：且，宋本作“宜”。

[7]王陵：秦末泗水沛（今江蘇省沛縣）人，隨劉邦起兵反秦。劉邦稱帝後封安國侯。惠帝時爲右丞相。吕后稱制，欲立諸吕爲王，王陵以爲不可，因此爲吕后所惡，奪其相權。王陵乃告病歸家，杜門不朝，七年而卒。

[8]戎狄：戎，殿本作“夷”。

[9]蠻夷：夷，殿本作“狄”。

[10]且吾又聞之：且，原本、宋本、殿本作“曰”，據中華本改。

重華好與群小游戲，屢出錢帛以賜左右。徵事索振諫曰：[1]“先王寢不安席，志平天下，故繕甲兵，積資實。大業未就，懷恨九泉。殿下遭巨寇於諒闇之中，[2]賴重餌以挫勍敵。今遺燼尚廣，倉帑虚竭，金帛之費，[3]所宜慎之。昔世祖即位，躬親萬機，章奏詣闕，報不終日，故能隆中興之業，定萬世之功。今章奏停滯，動經時月，下情不得上達，哀窮困於囹圄，蓋非明主之事，臣竊未安。”重華善之。

[1]徵事：徵事郎，隸屬謁者臺，據事大小出使。

[2]諒闇：皇帝居喪。

[3]金帛之費：費，宋本作“廢”。

將受詔，未及而卒，時年二十七。在位十一年。[1]私謚曰昭公，後改曰桓公，穆帝賜謚曰敬烈。子耀靈嗣。

[1]在位十一年：本書卷八《穆帝紀》載，張重華永和九年（353）十月丁未卒。《資治通鑑》卷九九《晋紀》穆帝永和九年載，張重華於是年十一月丁卯卒。二書所載張重華卒日月雖差，年份一致。如此，則張重華永和二年（346）即位，九年去世，在位僅七年，而非九年。並且，如果按本傳張重華即位時十六歲，至永和九年卒時二十三歲，非二十七歲。如果張重華卒時二十七歲，那麼他即位時當二十歲，而非十六歲。《太平御覽》卷一二四《偏霸部》引《十六國春秋·前凉録》：“（永和）七年十月，重華寢疾臨春坊，遣左長史馬岌策拜子靈曜爲世子，大赦境内。十一月，薨於平章殿，年二十七。”許福謙先生據此認爲張重華在位確僅七年，年齡二十七歲。（參見許福謙《〈晋書〉疑年録（十六國部分）》，《中國歷史文獻研究會第26屆年會論文集》，2005年）

耀靈，[1]字元舒。年十歲嗣事，稱大司馬、校尉、刺史、西平公。伯父長寧侯祚性傾巧，善承内外，初與重華寵臣趙長、尉緝等結異姓兄弟。長等矯稱重華遺令，以祚爲持節、督中外諸軍、撫軍將軍，[2]輔政。長等議以耀靈冲幼，時難未夷，宜立長君。祚先烝重華母馬氏，馬氏遂從緝議，命廢耀靈爲凉寧侯而立祚。祚尋使楊秋胡害耀靈於東苑，埋之於沙坑，私謚曰哀公。

[1]耀靈：中華本校勘記："《穆紀》作'靈耀'。"

[2]督中外諸軍：官名，亦稱都督中外諸軍、都督中外諸軍事。全國最高軍事統帥，總統中央地方的内外諸軍，權力極大。

祚，字太伯，博學雄武，有政事之才。既立，自稱大都督、大將軍、凉州牧、凉公。淫暴不道，又通重華妻裴氏，自閤内媵妾及駿、重華未嫁子女，無不暴亂，國人相目，咸賦《墻茨》之詩。[1]

[1]《墻茨》之詩：《詩·鄘風·墻有茨》："墻有茨，不可埽也。中冓之言，不可道也。所可道也，言之醜也。"毛亨傳："墻，所以防非常；茨，蒺藜也。欲埽去之，反傷墻也。"鄭玄箋："國君以禮防制一國，今其宫内有淫昏之行者，猶墻之生蒺藜。"

永和十年，祚納尉緝、趙長等議，僭稱帝位，立宗廟，舞八佾，[1]置百官，下書曰："昔金行失馭，[2]戎狄亂華，胡、羯、氐、羌咸懷竊璽。我武公以神武撥亂，保寧西夏，貢款勤王，旬朔不絶。四祖承光，忠誠彌著。往受晋禪，天下所知，謙冲遜讓，四十年于兹矣。今中原喪亂，華裔無主，群后僉以九州之望無所依歸，神祇岳瀆罔所憑係，逼孤攝行大統，以一四海之心。辭不獲已，勉從群議。待掃穢二京，蕩清周魏，然後迎帝舊都，謝罪天闕，思與兆庶同兹更始。"改建興四十二年爲和平元年，赦殊死，賜鰥寡帛，加文武爵各一級。

追崇曾祖軌爲武王，祖寔爲昭王，從祖茂爲成王，父駿爲文王，弟重華爲明王。立妻辛氏爲皇后，弟天錫爲長寧王，子泰和爲太子，庭堅爲建康王，耀靈弟玄靚爲涼武侯。其夜，天有光如車蓋，聲若雷霆，震動城邑。明日，大風拔木。灾異屢見，而祚凶虐愈甚。其尚書馬岌以切諫免官。[3]郎中丁琪又諫曰："先公累執忠節，遠宗吴會，持盈守謙，五十餘載。蒼生所以鵠企西望、四海所以注心大涼、皇天垂贊、士庶效死者，正以先公道高彭昆，[4]忠逾西伯，[5]萬里通虔，任節不貳故也。能以一州之衆抗崩天之虜，師徒歲起，人不告疲。陛下雖以大聖雄姿纂戎鴻緒，勳德未高於先公，而行革命之事，臣竊未見其可。華夷所以歸係大涼、義兵所以千里響赴者，[6]以陛下爲本朝之故。今既自尊，人斯高競，一隅之地何以當中國之師！城峻衝生，[7]負乘致寇，惟陛下圖之。"祚大怒，斬之于闕下。遣其將和昊率衆伐驪軒戎於南山，大敗而還。

［1］八佾：古代天子用的一种樂舞。佾，舞列，縱横都是八人，共六十四人。

［2］金行失馭：指晋朝衰敗。金行，晋朝，因晋朝以金德王，故稱。

［3］尚書：官名，東漢尚書臺六曹各置尚書，秩六百石。魏晋出爲朝官，分掌尚書省諸曹，品秩提高。三品。

［4］彭昆：大彭、昆吾。三代時期五霸中的兩個。《莊子·大宗師》："彭祖得之，上及有虞，下及五伯。"成玄英疏："五伯者，昆吾爲夏伯，大彭、豕韋爲殷伯，齊桓、晋文爲周伯，合爲五伯。"

[5]西伯：指周文王。《孟子·离婁上》："吾聞西伯善養老者。"焦循正義："西伯，即文王也。紂命爲西方諸侯之長，得專征伐，故稱西伯。"

[6]歸係：係，宋本、殿本作"系"。

[7]城峻衝生：隨着高峻的城墻衝車也出現了。

太尉桓温入關，[1]王擢時鎮隴西，馳使於祚，言温善用兵，勢在難測。祚既震懼，又慮擢反噬，即召馬岌復位而與之謀。密遣親人刺擢，事覺，不克。祚益懼，大聚衆，聲言東征，實欲西保敦煌。會温還而止。更遣其平東將軍、秦州刺史牛霸，[2]司兵張芳率三千人擊擢，[3]破之。擢奔于苻健。其國中五月霜降，殺苗稼果實。

[1]桓温：字元子，本書卷九八有傳。

[2]平東將軍：官名，與平北、平南、平西將軍合稱四平將軍，權任很重，多持節都督或監某一地區的軍事，有時亦作爲刺史等地方官員兼理軍務的加官。三品，加持節都督者二品。

[3]司兵：官名，司兵參軍的省稱。掌軍務，統兵出征。

祚宗人張瓘時鎮枹罕，祚惡其强，遣其將易揣、張玲率步騎萬三千以襲之。時張掖人王鸞頗知神道，言於祚曰："軍出不復還，涼國將有不利矣。"祚大怒，以鸞訞言沮衆，斬之以徇，三軍乃發。鸞臨刑曰："我死不二十日，軍必敗。"時有神降於玄武殿，自稱玄冥，與人交語。祚日夜祈之，神言與之福利，祚甚信之。祚又遣張掖太守索孚代瓘鎮枹罕，爲瓘所殺。玲等濟河未畢，又爲瓘兵所破。揣單騎奔走，瓘軍躡之，祚衆震懼。敦煌人宋混與弟澄等聚衆以應瓘。趙長、張璹等懼罪，入閣呼重華母馬氏出殿拜耀靈庶弟玄靚爲主。揣等率衆入殿伐長，殺之。瓘弟琚及子嵩募數百市人，揚聲言“張祚無道，我兄大軍已到城東，敢有舉手者誅三族”。祚衆披散。琚、嵩率衆入城，祚按劍殿上，大呼，令左右死戰。祚既失衆心，莫有鬥志，於是被殺。梟其首，宣示内外，暴尸道左，國内咸稱萬歲。祚篡立三年而亡。

玄靚，字元安。既立，自號大都督、大將軍、校尉、凉州牧、西平公，赦其國内，廢和平之號，復稱建興四十三年。誅祚二子，以張瓘爲衛將軍，領兵萬人，行大將軍事，[1]改易僚屬。

[1]行大將軍事：宋本無“事”字。

有隴西人李儼，誅大姓彭姚，自立於隴右，奉中興年號，百姓悦之。玄靚遣牛霸率衆討之，未達，而西平人衛綝又據郡叛。霸衆潰，單騎而還。瓘先欲征綝，以兄珪在綝中爲疑，綝亦以弟在瓘中，故彼我經年不相伐。西平人郭勛解天文，不應州郡之命，綝禮聘之。勛曰：“張氏應衰，衛氏當興，豈得以一弟而滅一門，宜速伐瓘。”綝將從之。瓘遣弟琚領大衆征綝，敗之。西平田旋要酒泉太守馬基背瓘應綝，旋謂基曰：“綝擊其東，我等絶其西，不六旬，天下可定，斯閉口捕舌也。”基許之。瓘遣司馬張姚、王國將二千人伐基，敗之，斬基、旋二人之首，傳姑臧。

瓘兄弟强盛，負其勛力，有篡立之謀。輔國宋混與弟澄共討瓘，盡夷其屬。玄靚以混爲都督中外諸軍事、車騎大將軍、假節，[1]輔政。混卒，又以澄代之。玄靚右司馬張邕惡澄專擅，殺之，遂滅宋氏。玄靚乃以邕爲中護軍，[2]叔父天錫爲中領軍，[3]共輔政。

[1]都督中外諸軍事：官名，亦稱都督中外諸軍。全國最高軍事統帥，總統中央地方的内外諸軍，權力極大。　車騎大將軍：官名，西晋置，位在車騎將軍之上，多授予元老重臣，以示尊崇。開府置僚屬，一般不領兵。二品，開府位從公者一品。

[2]中護軍：官名，掌武官選舉，與中領軍同掌禁軍。曹魏四品，晋三品。

[3]中領軍：官名，東漢建安中曹操改領軍置。與中護軍皆典禁兵，屬丞相府。三品。

邕自以功大，驕矜淫縱，又通馬氏，樹黨專權，國人患之。天錫腹心郭增、劉肅二人，並年十八九，因寢，謂天錫曰：“天下事欲未静。”天錫曰：“何謂也？”二人曰：“今護軍出入，有似長寧。”天錫大驚曰：“我早疑之，未敢出口。計當云何？”肅曰：“政當速除之耳。”天錫曰：“安得其人？”肅曰：“肅即是也。”天錫曰：“汝年少，更求可與謀者。”肅曰：“趙白駒及肅二人足以辦之矣。”於是天錫從兵四百人，與邕俱入朝，肅與白駒剔刀鞘出刃，從天錫入。值邕於門下，肅斫之不中，白駒繼之，又不克，二人與天錫俱入禁中。邕得逸走，因率甲士三百餘人反攻禁門。天錫上屋大呼，謂將士曰："張邕凶逆，所行無道，諸宋何罪，盡誅滅之？傾覆國家，肆亂社稷。我不惜死，實懼大人廢祀，[1]事不獲已故耳。我家門户事，而將士豈可以干戈見向！今之所取，邕身而已。天地有靈，吾不食言。"邕衆聞之，悉散走，邕以劍自刎而死。於是悉誅邕黨。

[1]大人：大，宋本作"先"。

玄靚年既幼冲，性又仁弱，天錫既克邕，專掌朝政，改建興四十九年，奉升平之號。

興寧元年，駿妻馬氏卒，玄靚以其庶母郭氏爲太妃。郭氏以天錫專政，與大臣張欽等謀討之。事泄，欽等伏法。

是歲，天錫率衆入禁門，潛害玄靚，宣言暴薨，時年十四。在位九年。私謚曰冲公，孝武帝賜謚曰敬悼公。

天錫，字純嘏，駿少子也，小名獨活。初字公純嘏，入朝，人笑其三字，因自改焉。玄靚死，國人立之，自號大將軍、校尉、涼州牧、西平公。遣司馬綸騫奉章請命，并送御史俞歸還京都。太和初，詔以天錫爲大將軍、大都督、督隴右關中諸軍事、護羌校尉、涼州刺史、西平公。[1]

[1]督隴右關中諸軍事：隴右、關中地區軍事行政長官，位低於都督和監。宋本無“督”字。

天錫數宴園池，政事頗廢。蕩難將軍、校書祭酒索商上疏極諫，[1]天錫答曰：“吾非好行，行有得也。觀朝榮，則敬才秀之士；玩芝蘭，則愛德行之臣；睹松竹，則思貞操之賢；臨清流，則貴廉潔之行；[2]覽蔓草，則賤貪穢之吏；逢飆風，則惡凶狡之徒。若引而申之，觸類而長之，庶無遺漏矣。”

[1]盪難將軍：官名，屬將軍名號，東漢末及三國魏、十六國前涼均置。　校書祭酒：官名，十六國前涼置，掌圖書管理校勘。

[2]廉潔：潔，宋本、殿本作“絜”。

羌廉岐自稱益州刺史，[1]率略陽四千家背苻堅就李儼。[2]天錫自往討之，以別駕楊遹爲監前鋒軍事、前將軍，[3]趣金城，晋興相常據爲使持節、征東將軍，[4]向左南，[5]游擊將軍張統出白土，[6]天錫自率三萬人次倉松，[7]伐儼。儼大敗，入城固守，遣子純求救於苻堅。堅使其將王猛救之。[8]天錫敗績，死者十二三，天錫乃還。立子大懷爲世子。

[1]廉岐：中華本校勘記：“《斠注》：苻堅、姚襄《載記》《元和姓纂》作‘斂岐’。按：《通鑑》一〇一亦作‘斂岐’，胡注云：

斂，羌姓也。”

[2]略陽：郡名，西晋泰始中以廣魏郡改名，治所在臨渭縣(今甘肅省天水市東北渭河北岸)。　苻堅：字永固，本書卷一一三有載記。

[3]監前鋒軍事：前鋒部隊的統帥。　前將軍：官名，漢代重號將軍，與左、右、後將軍並爲上卿。魏晋時常設，權位較兩漢時漸低，僅爲武官名號，略高於一般雜號將軍，不典禁兵，不與朝政。三品。

[4]常據：中華本校勘記：“《校文》：‘常據’《傳》凡三見，皆‘掌據’之訛，《苻堅載記》及《元和姓纂》可證。按：《廣韵》、《通鑑》一〇四亦作‘掌’。”　征東將軍：官名，東漢末置，與征西、征南、征北將軍合稱四征將軍。魏晋時多爲持節都督，出鎮方面。三品，加持節都督者二品。

[5]左南：縣名，治所在今青海省民和回族土族自治縣西黄河北岸。

[6]白土：縣名，治所在今青海省循化撒拉族自治縣北黄河北岸。

[7]倉松：縣名，治所在今甘肅省武威市東。

[8]王猛：字景略，本書卷一一四有載記。

自天錫之嗣事也，連年地震山崩，水泉涌出，柳化爲松，火生泥中。而天錫荒于聲色，不恤政事。初，安定梁景、敦煌劉肅並以門胄，[1]總角與天錫友昵。[2]張邕之誅，肅、景有勛，天錫深德之，賜姓張氏，又改其字，以爲己子。天錫諸子皆以“大”爲字，故景曰大奕，[3]肅曰大誠。廢大懷爲高昌公，更立嬖子大豫爲世子，景、肅等俱參政事。人情怨懼，從弟從事中郎憲切諫，不納。

［1］門胄：高門之後。

［2］總角：童年。

［3］大奕：奕，宋本作“弈”。

時苻堅强盛，每攻之，兵無寧歲。天錫甚懼，乃立壇刑牲，率典軍將軍張寧、中堅將軍馬芮等，[1]遥與晋三公盟誓，獻書大司馬桓温，克六年夏誓同大舉。遣從事中郎韓博、奮節將軍康妙奉表，[2]并送盟文。博有口才，温甚稱之。嘗大會，温使司馬刁彝嘲之，[3]彝謂博曰：“君是韓盧後邪？”[4]博曰：“卿是韓盧後。”温笑曰：“刁以君姓韓，故相問焉。他自姓刁，那得韓盧後邪！”博曰：“明公脱未之思，[5]短尾者則爲刁也。”一坐推嘆焉。

［1］典軍將軍：官名，西晋置，掌宿衛禁軍，有時亦奉遣宣傳詔命。

［2］奮節將軍：官名，十六國前凉置，統兵。

［3］刁彝：字大倫，本書卷六九有傳。

［4］韓盧：古代名犬名。《戰國策·秦策三》：“以秦卒之勇，車騎之多，以當諸侯，譬若放韓盧而逐蹇兔也。”鮑彪注：“韓盧，俊犬名。《博物志》：‘韓有黑犬，名盧。’”

［5］明公脱未之思：明公或許没有深思。

太元元年，[1]苻堅遣其將苟萇、毛當、梁熙、姚萇來寇，[2]渡石城津。[3]天錫集議，中録事席仂曰：[4]“先公既有故事，徐思後變，此孫仲謀屈伸之略也。”[5]衆以仂爲老怯，咸曰：“龍驤將軍馬達，[6]精兵萬人距之，必不敢進。”廣武太守辛章保城固守。[7]章與晋興相彭知正、西平相趙疑謀曰：[8]“馬達出於行陣，必不爲用，則秦軍深入。吾相與率三郡精卒，斷其糧運，决一朝命矣。”征東常據亦欲先擊姚萇，須天錫命。天錫率萬人頓金昌城。[9]馬達率萬人逆萇等，因請降，兵人散走。常據、席仂皆戰死。司兵趙充哲與萇苦戰，又死。中衛將軍史景亦没于陣。[10]天錫大懼，出城自戰，城内又反。天錫窘逼，降于萇等。初，天錫所居安昌門及平章殿無故而崩，[11]旬日而國亡。即位凡十三年。自軌爲凉州，至天錫，凡九世，七十六年矣。苻堅先爲天錫起宅，至，以爲尚書，封歸義侯。

[1]太元：太，宋本作“大”。

[2]毛當：中華本校勘記：“《斠注》：《苻堅載記》、《元和郡縣志》俱作‘毛盛’。按：《通鑑》一〇四亦作‘毛盛’。”　姚萇：字景茂，本書卷一一六有載記。

[3]石城津：位於今甘肅省蘭州市西北黄河上。

[4]中録事：十六國前凉所置官，太府録事曹長官，掌文書文簿。

[5]孫仲謀：孫權。東漢末吴郡富春（今浙江省杭州市富陽區）人，孫策弟，字仲謀。孫策死後，統領其衆，據江東五郡，被曹操表爲討虜將軍，領會稽太守。聯合劉備與曹操决戰於赤壁，大勝。又與劉備争荆州，襲殺鎮守荆州的關羽，又大敗劉備於猇亭。黄武八年（229）稱帝。　屈伸：伸，殿本作“身”。

[6]龍驤將軍：官名，高級軍事將領。三品。　馬達：中華本校勘記：“周校：《苻堅載記》作‘馬建’。按：《通鑑》一〇四亦作‘馬建’。”

[7]保城固守：宋本“城”上有“其”字。

[8]彭知正：中華本校勘記：“《通鑑》一〇四作‘彭和正’。”

[9]金昌城：位於今甘肅省武威市東南。一説在今甘肅省永靖縣西北湟水北岸。

[10]中衛將軍：官名，三國魏咸熙二年（265）於晋王司馬昭相國府置，統兵，位在驍騎將軍、左右長史之上。司馬炎即晋王位後，分爲左、右尉將軍。十六國前涼、後燕均置。

[11]安昌門：原本、宋本、殿本作“西安門”，據中華本校勘記改。

堅大敗于淮肥時，天錫爲苻融征南司馬，[1]於陣歸國。詔曰：“昔孟明不替，[2]終顯厥功，豈以一眚而廢才用！其以天錫爲散騎常侍、左員外。”[3]又詔曰：“故太尉、西平公張軌著德遐域，世襲前勞。强兵縱害，遂至失守。散騎常侍天錫拔迹登朝，先祀淪替，用增矜慨，可復天錫西平郡公爵。”俄拜金紫光禄大夫。[4]

[1]苻融：字博休，本書卷一一四有載記。　征南司馬：官名，征南將軍府高級幕僚。掌參讚軍務、管理府内武職，位僅次於長史。晋七品。

[2]孟明不替：春秋時秦國孟明，帥秦軍襲擊鄭國，得知鄭國有備，便滅滑國之後退兵返秦，途經殽山遭晋軍伏擊被俘。後被晋國釋放回到秦國，秦穆公説：“孤違蹇叔以辱二三子，孤之罪也。不替孟明，孤之過也。大夫何罪？且吾不以一眚掩大德。”後孟明果然大敗晋軍，報了殽山敗軍之仇。事見《左傳·僖公三十三年》。

[3]左員外：左員外侍郎。

[4]金紫光禄大夫：官名，對光禄大夫加金章紫綬。禄賜、班位、車服、佩玉等皆與特進同。二品。

天錫少有文才，流譽遠近。及歸朝，甚被恩遇。朝士以其國破身虜，多共毁之。會稽王道子嘗問其西土所出，[1]天錫應聲曰："桑葚甜甘，鴟鴞革響，[2]乳酪養性，人無妒心。"後形神昏喪，雖處列位，不復被齒遇。隆安中，會稽世子元顯用事，[3]常延致之，以爲戲弄。以其家貧，拜廬江太守，[4]本官如故。桓玄時，[5]欲招懷四遠，乃用天錫爲護羌校尉、凉州刺史。尋卒，年六十一。追贈金紫光禄大夫。

[1]會稽王道子：司馬道子，字道子，本書卷六四有傳。

[2]鴟鴞革響：典出《詩・魯頌・泮水》："翩彼飛鴞，集于泮林，食我桑黮，懷我好音。"毛亨傳："黮，桑實也。"鄭玄箋："言鴞恒惡鳴，今來止於泮水之木上，食其桑黮，爲此之故，故改其鳴，歸就我以善音。喻人感於恩則化也。"

[3]會稽世子元顯：司馬元顯，司馬道子之子，本書卷六四有傳。

[4]廬江：郡名，三國魏、吴於境内各置廬江郡，魏治所在六安縣（今安徽省六安市北），吴治所在皖縣（今安徽省潛山市）。西晋合爲一，治所在舒縣（今安徽省廬江縣西南）。

[5]桓玄：字敬道，本書卷九九有傳。

史臣曰：長河外區，流沙作紀，玉關懸險，[1]金城負固。有苗攸竄，[2]帝舜投而不羈；渠搜是居，[3]大禹即而方叙。世逢多難，嬰五郡以誰何；時遇兵凶，阻三邊而高視。雖非久安之地，足爲苟全之所乎！周公保之而立功，士彦擁之而延世。[4]摯虞觀象，記洪灾之不流；侯瑾覘泉，知霸者之斯在。匪唯地勢，抑亦有天道歟！

茂、駿、重華資忠踵武，崎嶇僻陋，無忘本朝，故能西控諸戎，東攘巨猾，縮累葉之珪組，[5]賦絶域之琛賨，[6]振曜遐荒，良由杖順之效矣。祚以卑孽，陰傾冢嗣，播有莰於彤管，[7]擬宸居於黑山，丁琪以切諫遇誅夷，王鸞以讜言嬰顯戮，境内雲擾，仇其竊名，卒致梟懸，自然之理也。純嘏微弱，竟亡其衆。奉身魏闕，齒迹朝流，再襲銀黄，[8]祖德之延慶矣。

[1]玉關：玉門關，位於今甘肅省敦煌市西北小方盤城。

[2]有苗：古國名。亦稱三苗。堯、舜、禹時代我國南方較强大的部族，傳説舜時被遷到三危。

[3]渠搜：古西戎國名。《文選·揚雄〈解嘲〉》："今大漢左東海，右渠搜。"李善注引應劭曰："《禹貢》：'析支渠搜'，屬雍州，在金城河間之西。"

[4]士彦擁之而延世：張軌據涼州而延祚後世。

[5]縮累葉之珪組：幾代人世襲官爵。珪組，玉圭與印綬。引申指爵位、官職。

[6]賦絶域之琛賨：從邊緣地區向中央繳納貢賦。

[7]播有莰於彤管：記録下張祚的淫暴。

[8]銀黄：銀印和金印。指高官顯爵。

贊曰：三象構氛，[1]九土瓜分。鼎遷江介，地絶河濆。歸誠晋室，美矣張君。内撫遺黎，外攘逋寇。世既綿遠，國亦完富。杖順爲基，蓋天所祐。

[1]三象構氛：天象顯示凶相之氣。

晋書　卷八七

列傳第五十七

凉武昭王李玄盛 子士業

凉武昭王李玄盛

武昭王諱暠，字玄盛，小字長生，隴西成紀人，[1]姓李氏，漢前將軍廣之十六世孫也。[2]廣曾祖仲翔，漢初爲將軍，討叛羌于素昌，[3]素昌乃狄道也，[4]衆寡不敵，死之。仲翔子伯考奔喪，因葬于狄道之東川，遂家焉。世爲西州右姓。[5]高祖雍，曾祖柔，仕晋並歷位郡守。祖弇，仕張軌爲武衛將軍、安世亭侯。[6]父昶，幼有令名，早卒，遺腹生玄盛。少而好學，性沉敏寬和，美器度，通涉經史，尤善文義。及長，頗習武藝，誦孫吴兵法。[7]嘗與吕光太史令郭黁及其同母弟宋繇同宿，[8]黁起謂繇曰："君當位極人臣，李君有國土之分，家有騧草馬生白額駒，[9]此其時也。"

[1]隴西：郡名，治所原在狄道縣（今甘肅省臨洮縣），曹魏

時徙治襄武縣（今甘肅省隴西縣東南）。　成紀：縣名，治所在今甘肅省静寧縣西南治平河西岸。

［2］前將軍：官名，漢朝爲重號將軍之一，與後、左、右將軍並位上卿，位次大將軍及驃騎、車騎、衛將軍。有兵事則典掌禁兵，戍衛京師，或任征伐。平時無具體職務，一般兼任他管，常加諸吏、散騎、給事中等號，成爲中朝官，宿衛皇帝左右。　廣：李廣，西漢隴西成紀（今甘肅省秦安縣北）人。文帝時以良家子從軍擊匈奴。善射，常從文帝射獵。景帝時任騎郎將，平定七國之亂有功。歷任上谷、上郡、隴西、北地、雁門、雲中等邊郡太守。武帝時任未央衛尉。畢生與匈奴大小七十餘戰，聲名遠在諸將之上，然終未能封侯。

［3］素昌：縣名，治所在今甘肅省臨洮縣。

［4］乃狄道也：乃，宋本作“即”。

［5］西州：泛指凉州，相當於今甘肅省中部與西北部。

［6］張軌：字士彦，本書卷八七有傳。　武衛將軍：官名，三國魏始置，權任很重。四品。

［7］孫吴：軍事家孫武和吴起。

［8］吕光：字世明，本書卷一二二有載記。　太史令：官名，屬太常。掌天時、星曆、歲終奏新年曆。記録瑞應、灾異等。七品。　郭黁：本書卷九五有傳。　宋繇：字體業，敦煌人。吕光時，舉秀才，除郎中。後奔段業，任中散、常侍。又以爲段業無經濟遠略，乃西奔李暠。沮渠蒙遜平酒泉，入北凉，任尚書吏部郎中。北凉被滅後，入北魏。

［9］騧草馬：黑嘴黄毛母馬。

吕光末，京兆段業自稱凉州牧，[1]以敦煌太守趙郡孟敏爲沙州刺史，[2]署玄盛效穀令。[3]敏尋卒，敦煌護軍馮翊郭謙、沙州治中敦煌索仙等以玄盛温毅有惠政，[4]

推爲寧朔將軍、敦煌太守。[5]玄盛初難之，會宋繇仕於業，告歸敦煌，言於玄盛曰："兄忘郭黁之言邪？白額駒今已生矣。"玄盛乃從之。尋進號冠軍，[6]稱藩于業。業以玄盛爲安西將軍、敦煌太守，[7]領護西胡校尉。[8]

[1]京兆：郡名，治所在長安縣（今陝西省西安市西北）。　段業：十六國時京兆（今陝西省西安市西北）人，歷任後凉參事、尚書、建康太守。後叛後凉自稱凉州牧，改元神璽，又自稱凉王。後被沮渠蒙遜所殺。　凉州：東漢治所在隴縣（今甘肅省張家川回族自治縣），三國魏移治姑臧縣（今甘肅省武威市）。

[2]敦煌：郡名，治所在敦煌縣（今甘肅省敦煌市西）。　趙郡：治所在房子縣（今河北省高邑縣西南）。　沙州：治所在敦煌縣（今甘肅省敦煌市西）。

[3]效穀：縣名，治所在今甘肅省瓜州縣西。

[4]馮翊：郡名，三國魏以左馮翊改置，治所在臨晋縣（今陝西省渭南市大荔縣）。　治中：官名，治中從事史、治中從事的省稱。州之佐吏，掌選署及文書案卷。魏晋之世，身份雖低，職權極重。

[5]寧朔將軍：官名，西晋時多駐幽州，爲幽州地區軍政長官，兼管烏丸事務。四品。此非西晋寧朔將軍，僅爲將軍名號。

[6]冠軍：官名，即冠軍將軍。曹魏、孫吴、西晋皆置。西晋時領營兵。三品。

[7]安西將軍：官名，東漢建安年間置，與安東、安南、安北將軍合稱四安將軍，爲出鎮某一地區的軍事長官，或作爲刺史等兼理軍務的加官，權任頗重。三品，加持節都督者二品。

[8]領：以地位較高的官員兼理較低的職務。　護西胡校尉：十六國段業置，掌管凉州地區少數民族事務。

及業僭稱凉王，其右衛將軍索嗣構玄盛於業，[1]乃以嗣爲敦煌太守，率騎五百而西，未至二十里，移玄盛使迎己。玄盛驚疑，將出迎之，效穀令張邈及宋繇止之曰："吕氏政衰，段業暗弱，正是英豪有爲之日。將軍處一國成資，[2]奈何束手於人！索嗣自以本邦，謂人情附己，不虞將軍卒能距之，可一戰而擒矣。"宋繇亦曰：[3]"大丈夫已爲世所推，今日便授首於嗣，豈不爲天下笑乎！大兄英姿挺傑，有雄霸之風，張王之業不足繼也。"[4]玄盛曰："吾少無風雲之志，因官至此，不圖此郡士人忽爾見推。向言出迎者，未知士大夫之意故也。"因遣繇覘嗣。繇見嗣，啖以甘言，還謂玄盛曰："嗣志驕兵弱，易擒耳。"於是遣其二子士業、讓與邈、繇及司馬尹建興等逆戰，破之，嗣奔還張掖。[5]玄盛素與嗣善，結爲刎頸交，反爲所構，故深恨之，乃罪狀嗣於段業。業將且渠男又惡嗣，[6]至是，因勸除之。業乃殺嗣，遣使謝玄盛，分敦煌之凉興、烏澤，[7]晋昌之宜禾三縣爲凉興郡，[8]進玄盛持節、都督凉興已西諸軍事、鎮西將軍，[9]領護西夷校尉。[10]時有赤氣起于玄盛後園，龍迹見于小城。

[1]右衛將軍：官名，三國魏咸熙二年（265），司馬炎即晋王位，分中衛將軍爲左、右衛將軍。掌佽飛虎賁及前驅、由基、强弩三部司馬，屬下還有虎賁、羽林、上騎、異力、命中共五部督，負責宫禁侍衛。西晋屬中軍將軍，後屬領軍將軍。爲禁衛軍主要統帥之一，權任很重。四品。

[2]處一國成資：處，殿本作"據"。

［3］宋繇：宋，宋本作“宗”。

［4］張王：建立前凉的張氏。

［5］張掖：郡名，西漢置，治所在觻得縣（今甘肅省張掖市西北），晋改觻得縣名永平縣（今甘肅省張掖市西北）。

［6］且渠男：中華本校勘記：“《校文》：據《北凉載記》，‘男’下脱‘成’字。男成，蒙遜兄。李校：且渠男成見《沮渠蒙遜載記》、《吕光載記》。按：《魏書·沮渠蒙遜傳》、《通鑑》一一一俱作‘沮渠男成’。”

［7］凉興：縣名，治所在今甘肅省瓜州縣東。　烏澤：縣名，治所在今甘肅省瓜州縣。

［8］晋昌：郡名，治所在冥安縣（今甘肅省瓜州縣東南鎖陽城）。　宜禾：縣名，治所在今甘肅省瓜州縣南。

［9］持節：官員外出持有皇帝授予的節杖，代表高等權威，常用於軍事長官出征。　都督凉興已西諸軍事：凉興以西地區最高軍事行政長官。　鎮西將軍：官名，與鎮東、鎮南、鎮北將軍合稱四鎮將軍。多爲持節都督，出鎮方面。曹魏二品。晋改三品，加持節都督者二品。

［10］護西夷校尉：官名，亦稱西夷校尉。晋武帝太康三年（282）置，治寧州，寧州併入益州後以益州刺史兼領。東晋平蜀後復置，持節統兵，掌益州少數民族事務。立府，置長史、司馬，可與刺史一樣舉秀才、廉吏、良吏。四品。十六國前秦亦置，掌益州及西部地區少數民族事務。北凉段業亦置，掌凉興以西少數民族事務。

隆安四年，晋昌太守唐瑶移檄六郡，推玄盛爲大都督、大將軍、凉公、領秦凉二州牧、護羌校尉。[1]玄盛乃赦其境内，建年爲庚子，追尊祖弇曰凉景公，父昶凉簡公。以唐瑶爲征東將軍，[2]郭謙爲軍諮祭酒，[3]索仙爲左長史，[4]張邈爲右長史，[5]尹建興爲左司馬，[6]張體順爲右司馬，[7]張條爲牧府左長史，[8]令狐溢爲右長史，[9]張林爲太府主簿，[10]宋繇、張謖爲從事中郎，[11]繇加折衝將軍，[12]謖加揚武將軍，[13]索承明爲牧府右司馬，[14]令狐遷爲武衛將軍、晋興太守，[15]汜德瑜爲寧遠將軍、西郡太守，[16]張靖爲折衝將軍、河湟太守，[17]索訓爲威遠將軍、西平太守，[18]趙開爲騂馬護軍、大夏太守，[19]索慈爲廣武太守，[20]陰亮爲西安太守，[21]令狐赫爲武威太守，[22]索術爲武興太守，[23]以招懷東夏。又遣宋繇東伐涼興，并擊玉門已西諸城，[24]皆下之，遂屯玉門、陽關，[25]廣田積穀，爲東伐之資。

[1]大都督：官名，高級軍事長官。三國初作爲加官於戰時臨時設置，後逐漸成爲常設加官官職，地位極高。　大將軍：官名，高級軍事統帥。曹魏時多以之屯駐長安，對付蜀漢，蜀漢以其爲最高軍事長官，孫吴則別置上大將軍居其上。西晋時爲八公之一，位居上公、大司馬下，三公之上。東晋時常專擅軍政事務。一品。　秦：秦州，治所在冀縣（今甘肅省甘谷縣東）。　護羌校尉：官名，監護内附羌人，戍衛邊塞，領羌人軍隊作戰。四品。

[2]征東將軍：官名，東漢末置，與征西、征南、征北將軍合稱四征將軍。魏晋時多爲持節都督，出鎮方面。三品，加持節都督者二品。

[3]軍諮祭酒：官名，即軍師祭酒，晋朝避司馬師名諱而改。亦稱軍咨祭酒、軍謀祭酒、軍祭酒，諸軍府屬官，參謀軍事，位在軍府諸僚佐之上。

[4]索仙：原本、殿本作“索僊”，宋本作“索仙”，據宋本及上下文改。　左長史：官名，將軍府屬官，與右長史共領府内諸

曹。六品。

［5］右長史：見上條“左長史”注。

［6］左司馬：官名，府署高級幕僚。魏晋南北朝時王府、公府、軍府、邊郡均置司馬，有時分置左、右，掌參讚軍務、管理府内武職，位僅次於長史。八至六品。

［7］右司馬：見上條“左司馬”注。

［8］牧府左長史：官名，太府屬官，與右長史共領太府諸曹。六品。牧府即太府。

［9］右長史：官名，即牧府右長史。

［10］太府主簿：官名，太府屬官。典領文書籍簿、省録衆事，職權甚重。

［11］張謖：謖，殿本作“稷”。本卷下文此人名同。　從事中郎：官名，東漢時爲大將軍屬官，地位較高。魏晋時爲將軍府或公府屬官。六品。

［12］折衝將軍：官名，屬將軍名號，爲雜號將軍中地位較高者。五品。

［13］揚武將軍：官名，統兵出征。四品。

［14］牧府右司馬：官名，太府高級幕僚。與左司馬掌參讚軍務、管理府内武職，位僅次於長史。六品。

［15］晋興：郡名，治所在晋興縣（今青海省民和回族土族自治縣西北湟水南岸）。

［16］寧遠將軍：官名，屬名號將軍。五品。　西郡：治所在日勒縣（今甘肅省永昌縣西北）。郡，殿本作“都”。

［17］河湟太守：中華本校勘記：“《斠注》：張駿時涼州所統有湟河郡，此作‘河湟’，疑是誤倒。按：《沮渠蒙遜載記》、《秃髮傉檀載記》、《通鑑》一一七並有湟河太守。”湟河郡，治所在湟河城（今青海省化隆回族自治縣黄河北岸）。

［18］威遠將軍：官名，屬將軍名號，三國吴時權任很重，三國魏、兩晋時地位稍低。五品。　西平：郡名，治所在西都縣（今青

海省西寧市）。

［19］大夏：郡名，治所在大夏縣（今甘肅省廣河縣西北）。

［20］廣武：郡名，治所在廣武縣（今甘肅省永登縣東南）。

［21］西安：郡名，治所在西安城（今甘肅省張掖市東南）。

［22］武威：郡名，治所在姑臧縣（今甘肅省武威市）。

［23］武興：郡名，治所在晏然縣（今甘肅省武威市西北）。

［24］玉門：縣名，治所在今甘肅省玉門市西北赤金鎮稍東。

［25］陽關：縣名，治所在今甘肅省敦煌市西南南湖鄉西。陽，宋本作“揚”。

初，吕光之稱王也，遣使市六璽玉於于窴，[1]至是，玉至敦煌，納之郡府。仍於南門外臨水起堂，名曰靖恭之堂，[2]以議朝政，閲武事。圖讚自古聖帝明王、忠臣孝子、烈士貞女，玄盛親爲序頌，以明鑒戒之義，當時文武群寮亦皆圖焉。有白雀翔于靖恭堂，玄盛觀之大悦。又立泮宫，[3]增高門學生五百人。起嘉納堂於後園，以圖讚所志。

［1］于窴：西域古國名，國都在西城（今新疆維吾爾自治區和田縣境）。

［2］靖恭之堂：中華本校勘記：“下文及《御覽》一二四引《西凉録》、一七六引《三十國春秋》皆無‘之’字。”

［3］泮宫：西周諸侯所設大學。《漢書》卷二五《郊祀志上》：“周公相成王，王道大洽，制禮作樂，天子曰明堂辟雍，諸侯曰泮宫。”此指學校。

義熙元年，玄盛改元爲建初，遣舍人黄始、梁興間

行奉表詣闕曰：[1]

昔漢運將終，三國鼎峙，[2]鈞天之曆，[3]數鍾皇晉。高祖闡鴻基，[4]景文弘帝業，[5]嗣武受終，[6]要荒率服，六合同風，宇宙齊貫。而惠皇失馭，權臣亂紀，懷愍屯邅，[7]蒙塵於外，懸象上分，[8]九服下裂，[9]眷言顧之，普天同憾。[10]伏惟中宗元皇帝基天紹命，遷幸江表，[11]荆揚蒙弘覆之矜，五都爲荒榛之藪。故太尉、西平武公軌當元康之初，[12]屬擾攘之際，受命典方，出撫此州，[13]威略所振，聲蓋海内。明盛繼統，[14]不隕前志，長旌所指，仍闢三秦，[15]義立兵强，拓境萬里。文桓嗣位，[16]奕葉載德，[17]囊括關西，[18]化被崑裔，遐邇款藩，世修職貢。晉德之遠揚，緊此州是賴。[19]大都督、大將軍天錫以英挺之姿，[20]承七世之業，志匡時難，克隆先勛，而中年降灾，兵寇侵境，皇威遐邈，同奬弗及，以一方之師抗七州之衆，兵孤力屈，社稷以喪。

[1]舍人：官名，魏晋時太子府、王國、公府、將軍府、王妃及公主府皆設舍人，掌文檄之事。　間行：從小路走。

[2]鼎峙：峙，宋本作“跱”。

[3]鈞天之曆：主宰天下的曆數。

[4]高祖：指司馬懿。

[5]景文：指司馬師和司馬昭。

[6]嗣武：指司馬炎。

[7]屯邅：艱難。

［8］懸象上分：天象顯示分裂。

［9］九服：指全國各地。

［10］普天同憾：憾，宋本作“感”。

［11］江表：江外，指長江以南地區。

［12］太尉：官名，曹操爲丞相後，太尉府屬官歸相府，晋時太尉雖爲八公之一、三公之首，實爲名譽宰相，多爲大臣加官。一品。　軌：指張軌。

［13］“元康之初”至“出撫此州”：意謂張軌於元康（291—299）初年出任凉州刺史。按本書卷八六《張軌傳》，永寧初張軌出任護羌校尉、凉州刺史，在州十三年，六十歲而卒。永寧爲西晋惠帝年號，僅兩年（301—302）。自永寧元年順推十三年，當卒於建興二年（314）。本書卷五《孝愍帝紀》載張軌卒於建興二年五月壬辰，《資治通鑑》卷八九《晋紀》愍帝建興二年載張軌卒於是年五月己丑，雖有數日之差，但年月不差。若依此傳所載，則張軌出任凉州及卒年將大大提前。許福謙先生認爲，這恐怕是李暠表文中誤將永寧初記作元康初，或表文原不誤，後人傳抄刊刻致誤。（參見許福謙《〈晋書〉疑年録（十六國部分）》，《中國歷史文獻研究會第26届年會論文集》，2005年）

［14］明盛繼統：中華本校勘記：“李校：‘明盛’當作‘明成’，明謂張寔，成謂張茂也。寔謚昭公而曰‘明’者，或由當時避司馬昭之諱也。”

［15］三秦：項羽三分關中，封章邯爲雍王、司馬欣爲塞王、董翳爲翟王，合稱三秦。其地相當於今陝西省關中地區及甘肅省東部。

［16］文桓：指張駿和張重華。張駿謚曰文公，張重華謚曰桓公，故言。二人本書卷八六有傳。

［17］奕葉載德：奕，宋本、殿本作“弈”。

［18］關西：地區名，指潼關以西地區。

［19］繄：文言助詞，惟。宋本作“翳”。

[20]天錫：張天錫，字純嘏，本書卷八六有傳。

臣聞曆數相推，歸餘於終，帝王之興，必有閏位。是以共工亂象於黄農之間，[1]秦項篡竊於周漢之際，[2]皆機不轉踵，[3]覆餗成凶。[4]自戎狄陵華，已涉百齡，五胡僭襲，[5]期運將杪，四海顒顒，[6]懸心象魏。[7]故師次東關，[8]趙魏莫不企踵；[9]淮南大捷，三方欣然引領。[10]伏惟陛下道協少康，[11]德侔光武，繼天統位，志清函夏。至如此州，世篤忠義，臣之群寮以臣高祖東莞太守雍、曾祖北地太守柔荷寵前朝，[12]參忝時務，伯祖龍驤將軍、廣晋太守、長寧侯卓，[13]亡祖武衛將軍、天水太守、安世亭侯弇毗佐凉州，[14]著功秦隴，[15]殊寵之隆，勒于天府，妄臣無庸，[16]輒依竇融故事，[17]迫臣以義，上臣大都督、大將軍、凉公、領秦凉二州牧、護羌校尉。臣以爲荆楚替貢，齊桓興召陵之師，[18]諸侯不恭，晋文起城濮之役，[19]用能勛光踐土，[20]業隆一匡，九域賴其弘猷，《春秋》恕其專命，功冠當時，美垂千祀。况今帝居未復，諸夏昏墊，大禹所經，奄爲戎墟，五岳神山，狄污其三，九州名都，夷穢其七，辛有所言，[21]於兹而驗。微臣所以叩心絶氣，忘寢與食，彫肝焦慮，不遑寧息者也。江凉雖遼，義誠密邇，風雲苟通，實如脣齒。臣雖名未結於天臺，量未著於海内，然憑賴累祖寵光餘烈，義不細辭，以稽大務，輒順群議，亡身即事。轅弱任重，懼忝威命。昔在春秋，諸侯宗周，國皆稱元，以布時令。今天臺邈遠，正朔未加，發號施令，無以紀數，輒年冠建初，以崇國憲。冀杖寵靈，全制一方，使義誠著於所天，玄風扇于九壤，殉命灰身，隕越慷慨。

[1]共工：又稱共工氏，相傳爲上古部落首領，曾與顓頊争爲帝，侵凌諸侯，怒而觸不周之山，時“天柱折，地維絶”，“天傾西北”，“地不滿東南”。語見《淮南子·天文訓》。　黄農：黄帝和神農氏。黄帝，《史記》卷一《五帝本紀》：“黄帝者，少典之子，姓公孫，名曰軒轅。”神農，傳説中的遠古帝王名。始教民稼穡，故稱神農氏。又傳他曾嘗百草，發現藥材，教人治病。也稱炎帝。

[2]秦項：秦始皇和項羽。

[3]機不轉踵：形容時間短暫。

[4]覆餗：把事情辦糟。《易·鼎》：“鼎折足，覆公餗。”餗，鼎中的食物。覆餗，謂傾覆鼎中的珍饌。

[5]五胡：指鮮卑、匈奴、羯、氐、羌五個少數民族。

[6]顒顒：期待盼望。

[7]懸心象魏：寄希望於朝廷。象魏，古代天子、諸侯宫門外的一對高建築，亦叫“闕”或“觀”。此指朝廷。

[8]東關：即潼關。

[9]趙魏：指戰國時趙國和魏國故地。即今山西省及河北省南部。

[10]引領：期待盼望貌。

[11]少康：夏王，相之子。夏太康失位，后羿取代夏政，寒浞又殺后羿。夏相之后緡逃回母家，生少康。後夏臣伯靡聚衆殺寒浞，迎少康復位。史稱少康中興。

[12]東莞：郡名，東漢建安初置，治所在今山東省沂水縣東

北，西晋元康間移治莒縣（今山東省莒縣）。　北地：郡名，三國魏治所在祋祤城（今陝西省銅川市耀州區城東），西晋移治泥陽縣（今甘肅省寧縣東南）。

［13］龍驤將軍：官名，高級軍事將領。三品。　廣晋：魏晋無廣晋郡，衹有廣晋縣，治所在今江西省鄱陽縣北境。

［14］天水：郡名，治所在上邽縣（今甘肅省天水市）。

［15］秦隴：地區名，指今陝西、甘肅兩省地區。

［16］妄臣：妄，殿本作“羣”。

［17］竇融：東漢初扶風平陵（今陝西省咸陽市西北）人，字周公。世代仕宦河西。新莽末任波水將軍。後歸降更始，任張掖屬國都尉。更始敗，又聯合酒泉、金城、張掖、敦煌、武威五郡，割據河西。稱行河西五郡大將軍事。東漢建武五年（29）歸附光武帝，歷任凉州牧、冀州牧、大司空、行衛尉事，並兼領將作大匠。

［18］齊桓興召陵之師：《左傳·僖公四年》載，齊桓公率軍討伐楚國。理由是楚國不進貢用來縮酒的包茅，還有昭王南征而没有生還。召，宋本作“邵”。

［19］城濮之役：春秋時晋國和楚國之間的一場戰役。魯僖公二十七年（前633），楚軍攻宋，宋求救於晋。晋文公率軍與楚軍戰於城濮（今山東省鄄城縣西南）。晋軍大敗楚軍，奠定了霸主地位。

［20］勛光踐土：在踐土昭示功勛。踐土，古地名。春秋屬鄭，在今河南省原陽縣西南。公元前632年，晋文公會盟諸侯於此。

［21］辛有：《左傳·僖公二十二年》：“初，平王之東遷也，辛有適伊川，見被發而祭於野者，曰：‘不及百年，此其戎乎！其禮先亡矣。’”

玄盛謂群寮曰：“昔河右分崩，[1]群豪競起，吾以寡德爲衆賢所推，何嘗不忘寢與食，思濟黎庶。故前遣母弟繇董率雲騎，東殄不庭，軍之所至，莫不賓下。今惟蒙遜鴟跱一城。[2]自張掖已東，晋之遺黎雖爲戎虜所制，至於向義思風，過於殷人之望西伯。[3]大業須定，不可安寢，吾將遷都酒泉，[4]漸逼寇穴，諸君以爲何如?”張邈贊成其議，玄盛大悦曰：“二人同心，其利斷金。張長史與孤同矣，夫復何疑!”乃以張體順爲寧遠將軍、建康太守，[5]鎮樂涫，[6]徵宋繇爲右將軍，[7]領敦煌護軍，[8]與其子敦煌太守讓鎮敦煌，遂遷居于酒泉。手令誡其諸子曰：

吾自立身，不營世利；經涉累朝，通否任時；[9]初不役智，有所要求，今日之舉，非本願也。然事會相驅，遂荷州土，憂責不輕，門户事重。雖詳人事，未知天心，登車理轡，百慮填胸。後事付汝等，粗舉旦夕近事數條，遭意便言，不能次比。至於杜漸防萌，深識情變，此當任汝所見深淺，非吾敕誡所益也。汝等雖年未至大，若能克己纂修，比之古人，亦可以當事業矣。苟其不然，雖至白首，亦復何成！汝等其戒之慎之。

[1]河右：即河西，今甘肅、青海二省之間黄河南段以西地區，即河西走廊、湟水流域一帶。

[2]蒙遜：即沮渠蒙遜，本書卷一二九有載記。　鴟跱：謂气勢威猛地相持對立。

[3]西伯：即周文王。《孟子·離婁上》：“吾聞西伯善養老者。”焦循正義：“西伯，即文王也。紂命爲西方諸侯之長，得專征伐，故稱西伯。”

[4]酒泉：郡名，西漢武帝置，治所在福禄縣（今甘肅省酒泉

市）。

［5］建康：郡名，治所在建康縣（今甘肅省高臺縣西南）。

［6］樂涫：縣名，治所在今甘肅省酒泉市東南。

［7］右將軍：官名，漢代重號將軍之一，與前、左、後將軍並爲上卿。魏晋時常設，權位漸低，僅爲武官名號，略高於一般雜號將軍。晋三品。

［8］敦煌護軍：官名，鎮守敦煌的部隊統帥。

［9］通否任時：通塞任由時世左右。任，殿本作“仕”。

節酒慎言，喜怒必思，愛而知惡，憎而知善，動念寬恕，審而後舉。[1]衆之所惡，勿輕承信，詳審人，核真僞，遠佞諛，近忠正。蠲刑獄，忍煩擾，存高年，[2]恤喪病，勤省案，聽訟訴。刑法所應，和顔任理，慎勿以情輕加聲色。賞勿漏疏，罰勿容親。耳目人間，知外患苦；禁御左右，[3]無作威福。勿伐善施勞，逆詐億必，[4]以示己明。廣加諮詢，無自專用，從善如順流，去惡如探湯。富貴而不驕者至難也，念此貫心，勿忘須臾。寮佐邑宿，盡禮承敬，讌饗饌食，事事留懷。古今成敗，不可不知，退朝之暇，念觀典籍，面墻而立，不成人也。

［1］審而後舉：舉，原本作“與”，宋本作“夅”，同“舉”，殿本作“舉”，據殿本改。

［2］存高年：慰問長者。

［3］禁御左右：宋本無“御”字，殿本“御”作“禦”。

［4］逆詐億必：謂事先即猜疑別人存心欺詐。《論語·憲問》：

“不逆詐，不億不信。”意爲不預先懷疑別人的欺詐，也不臆測別人不守信。

此郡世篤忠厚，人物敦雅，天下全盛時，海内猶稱之，况復今日，[1]實是名邦。正爲五百年鄉黨婚親相連，至於公理，時有小小頗迴，爲當隨宜斟酌。[2]吾臨莅五年，兵難騷動，[3]未得休衆息役，惠康士庶。至於掩瑕藏疾，滌除疵垢，朝爲寇仇，夕委心膂，雖未足希準古人，粗亦無負於新舊。事任公平，坦然無類，[4]初不容懷，有所損益，計近便爲少，經遠如有餘，亦無愧於前志也。[5]

初，玄盛之西也，留女敬愛養於外祖尹文。文既東遷，玄盛從姑梁褒之母養之。[6]其後禿髮傉檀假道於北山，[7]鮮卑遣褒送敬愛于酒泉，并通和好。玄盛遣使報聘，贈以方物。玄盛親率騎二萬，略地至於建東，鄯善前部王遣使貢其方物。[8]且渠蒙遜來侵，[9]至於建康，掠三千餘户而歸。玄盛大怒，率騎追之，及于彌安，[10]大敗之，盡收所掠之户。

[1]今日：今，宋本作“令”。

[2]爲當隨宜斟酌：當，宋本作“黨”。

[3]騷動：宋本作“騷騷”。

[4]坦然：坦，宋本作“坥”。

[5]前志也：宋本無“也”字。

[6]梁褒：中華本校勘記：“《通鑑》一一四作‘梁裒’。”

[7]禿髮傉檀：十六國南凉主，本書卷一二六有載記。　北山：今甘肅省河西走廊北側諸山的總稱。

[8]鄯善：西域古國名，國都在伊循城（今新疆維吾爾自治區若羌縣東）。

[9]且渠蒙遜：且，宋本作“沮”。

[10]及于彌安：中華本校勘記：“‘彌安’當作‘安彌’，《地理志》上屬酒泉郡。”安彌，縣名，治所在今甘肅省酒泉市東。

初，苻堅建元之末，[1]徙江漢之人萬餘户于敦煌，[2]中州之人有田疇不闢者，亦徙七千餘户。[3]郭䴥之寇武威，武威、張掖已東人西奔敦煌、晋昌者數千户。及玄盛東遷，皆徙之于酒泉，分南人五千户置會稽郡，[4]中州人五千户置廣夏郡，[5]餘萬三千户分置武威、武興、張掖三郡，築城於敦煌南子亭，以威南虜。又以前表未報，復遣沙門法泉間行奉表，[6]曰：

江山悠隔，朝宗無階，延首雲極，翹企遐方。伏惟陛下應期踐位，景福自天。臣去乙巳歲順從群議，假統方城，時遣舍人黄始奉表通誠，遥途嶮曠，未知達不？吴凉懸邈，蜂蠆充衢，[7]方珍貢使，無由展御，謹副寫前章，或希簡達。

[1]苻堅：字永固，本書卷一一三有載記。苻，原本作“符”，宋本、殿本作“苻”，據其載記及宋本、殿本改。

[2]江漢：泛指今湖北省長江以北漢水下游地區。

[3]七千：千，殿本作“十”。

[4]會稽郡：治所在會稽縣（今甘肅省玉門市玉門鎮附近）。

[5]廣夏郡：在今甘肅省酒泉市，郡治無考。

[6]沙門：僧人。

[7]蜂蠆充衢：惡人充滿街衢。

臣以其歲進師酒泉，戒戎廣平，庶攘茨穢，而黠虜恣睢，未率威教，憑守巢穴，阻臣前路。[1]竊以諸事草創，倉帑未盈，故息兵按甲，務農養士。時移節邁，荏苒三年，撫劍嘆憤，以日成歲。今資儲已足，器械已充，[2]西招城郭之兵，北引丁零之衆，[3]冀憑國威，席卷河隴，揚旌秦川，承望詔旨，盡節竭誠，隕越爲效。

[1]阻臣前路：阻，宋本作“岨”。

[2]已充：充，殿本作“兊”。

[3]丁零：古民族名。又稱丁令、丁靈。漢時爲匈奴屬國，游牧於我國北部和西北部廣大地區。魏晋南北朝時有部分進入中原。

又臣州界迴遠，勍寇未除，當須鎮副爲行留部分，輒假臣世子士業監前鋒諸軍事、撫軍將軍、護羌校尉，[1]督攝前軍，爲臣先驅。又敦煌郡大衆殷，制御西域，管轄萬里，爲軍國之本，輒以次子讓爲寧朔將軍、西夷校尉、敦煌太守，[2]統攝崑裔，輯寧殊方。自餘諸子，皆在戎間，率先士伍。臣總督大綱，畢在輸力，臨機制命，動靖續聞。[3]

[1]監前鋒諸軍事：前鋒部隊統帥。　撫軍將軍：官名，三國蜀漢、孫吴皆置，爲加官，以示權重。晋沿置，與中軍將軍、鎮軍將軍並爲三名號將軍。三品。

[2]西夷校尉：官名，亦稱護西夷校尉。晋武帝太康三年（282）置，治寧州，寧州併入益州後以益州刺史兼領。東晋平蜀後復置，持節統兵，掌益州少數民族事務。立府，置長史、司馬，可

與刺史一樣舉秀才、廉吏、良吏。四品。十六國前秦亦置，掌益州及西部地區少數民族事務。北凉段業亦置，掌凉興以西少數民族事務。

[3]動靖續聞：靖，殿本作“静”。

玄盛既遷酒泉，乃敦勸稼穡。群僚以年穀頻登，[1]百姓樂業，請勒銘酒泉，玄盛許之。於是使儒林祭酒劉彦明爲文，[2]刻石頌德。既而蒙遜每年侵寇不止，玄盛志在以德撫其境内，但與通和立盟，弗之校也。是時白狼、白兔、白雀、白雉、白鳩皆栖其園囿，其群下以爲白祥金精所誕，皆應時邕而至，[3]又有神光、甘露、連理、嘉禾衆瑞，請史官記其事，玄盛從之。尋而蒙遜背盟來侵，玄盛遣世子士業要擊敗之，獲其將且渠百年。

[1]群僚：僚，宋本作“寮”。

[2]儒林祭酒：官名，此爲新置學官，前無此職。掌講授儒家經典。

[3]應時邕：邕，殿本作“雝”。

玄盛上巳日讌于曲水，[1]命群寮賦詩，而親爲之序。於是寫諸葛亮訓誡以勖諸子曰：[2]“吾負荷艱難，寧濟之勛未建，雖外總良能，憑股肱之力，而戎務孔殷，[3]坐而待旦。[4]以維城之固，[5]宜兼親賢，故使汝等未及師保之訓，皆弱年受任。常懼弗克，以貽咎悔。古今之事不可以不知，苟近而可師，何必遠也。覽諸葛亮訓勵，應璩奏諫，[6]尋其終始，周孔之教盡在中矣。爲國足以致安，立身足以成名，質略易通，寓目則了，雖言發往人，道師於此。且經史道德如采菽中原，勤之者則功多，汝等可不勉哉！”玄盛乃修敦煌舊塞東西二圍，以防北虜之患，築敦煌舊塞西南二圍，以威南虜。

[1]上巳：舊時節日名。漢以前以農曆三月上旬巳日爲“上巳”；魏晋以後，定爲三月三日，不必取巳日。

[2]諸葛亮：三國時琅邪陽都（今山東省沂南縣南）人，字孔明。東漢末隨叔父諸葛玄依附荆州劉表，隱居躬耕於隆中。後加入劉備集團，協助劉備占領荆州、益州，實現三分之勢。劉備死後輔佐劉禪，南征南中，北伐曹魏，最終病逝於北伐前綫。

[3]戎務孔殷：軍務繁多。

[4]待旦：旦，宋本作“且”。

[5]維城之固：《詩·大雅·板》：“懷德維寧，宗子維城。”鄭玄箋：“和女德，無行酷虐之政，以安女國，以是爲宗子之城，使免於難。”指分封的同姓宗族。

[6]應璩：三國時汝南南頓（今河南省項城市西南）人，字休璉，應瑒弟。博學好屬文，善爲書記。歷任散騎常侍、侍中、大將軍長史等職。曾作“百一詩”，以諷曹爽秉政，爲當世所傳。

玄盛以緯世之量，當吕氏之末，爲群雄所奉，遂啓霸圖，兵無血刃，坐定千里，謂張氏之業指期而成，河西十郡歲月而一。既而秃髮傉檀入據姑臧，[1]且渠蒙遜基宇稍廣，於是慨然著述志賦焉，其辭曰：

涉至虚以誕駕，乘有輿於本無，稟玄元而陶衍，[2]承景靈之冥符。[3]蔭朝雲之菴藹，[4]仰朗日之照煦。既敷既載，以育以成。幼希顏子曲肱之榮，[5]游心上典，玩禮敦經。茂玄冕于朱門，[6]羨漆園之傲生；[7]尚漁父於滄浪，[8]善沮溺之耦耕。[9]穢鴟鳶之籠嚇，[10]欽飛鳳于太清；杜世競於方寸，絶時譽之嘉聲。超霄吟於崇領，[11]奇秀木之凌霜；挺修幹之青葱，經歲寒而彌芳。情遥遥以遠寄，想四老之暉光；將戢繁榮於常衢，控雲轡而高驤。[12]攀瓊枝於玄圃，漱華泉之渌漿；和吟鳳之逸響，應鳴鸞于南岡。[13]

[1]姑臧：縣名，治所在今甘肅省武威市。

[2]稟玄元而陶衍：稟受大道的塑造。元，宋本作“无”。

[3]冥符：符，宋本作“苻”。

[4]蔭朝雲之菴藹：在早上雲氣瀰漫的籠罩下。

[5]顔子：顔回，名回，字子淵，亦稱顔淵。孔子弟子，早卒。

[6]茂玄冕于朱門：茂，宋本、殿本作“蔑”。

[7]漆園：指莊子，因其做過漆園吏，故言。

[8]漁父：春秋戰國時期的隱逸之人，《莊子·漁父》及《史記》卷八四《屈原賈生列傳》中均有記載。

[9]沮溺之耦耕：事見《論語·微子》：“長沮、桀溺耦而耕，孔子過之，使子路問津焉。”

[10]穢鴟鳶之籠嚇：事見《莊子·秋水》：“惠子相梁，莊子往見之。或謂惠子曰：‘莊子來，欲代子相。’於是惠子恐，搜於國中三日三夜。莊子往見之，曰：‘南方有鳥，其名爲鵷鶵，子知之乎？夫鵷鶵，發於南海而飛於北海，非梧桐不止，非練實不食，非醴泉不飲。於是鴟得腐鼠，鵷鶵過之，仰而視之曰：嚇！今子欲以子之梁國而嚇我邪？’”

[11]超霄吟於崇領：霄，殿本作“嘯”；領，殿本作“嶺”。

[12]控雲轡而高驤：騎駿馬騰飛。

[13]南岡：岡，宋本、殿本作“崗”。

時弗獲彭，[1]心往形留，眷駕陽林，宛首一丘；銜風沐雨，載沉載浮。利害繽紛以交錯，歡感循環而相求。[2]乾扉奄寂以重閉，天地絶津而無舟；悼貞信之道薄，謝慚德於圜流。遂乃去玄覽，應世賓，肇弱巾於東宫，並羽儀於英倫，踐宣德之秘庭，翼明后於紫宸。[3]赫赫謙光，崇明奕奕，[4]岌岌王居，詵詵百辟，[5]君希虞夏，臣庶夔益。[6]

[1]時弗獲彭：没有清静的時光。彭，清静。

[2]歡感：感，宋本作“歲”。

[3]紫宸：帝王。

[4]奕奕：宋本、殿本作“弈弈”。

[5]百辟：百官。

[6]夔：相傳爲虞舜之臣。因懂音律，被重黎推薦給舜，被任爲樂正。在任正六律，和五聲。　益：即伯益。相傳爲堯舜時大臣。

張王頽巖，梁后墜壑。淳風杪莽以永喪，搢紳淪胥而覆溺。[1]吕發釁於閨墻，[2]厥搆摧以傾顛；疾風飄于高木，迴湯沸於重泉；飛塵翕以蔽日，大火炎其燎原；名都幽然影絶，千邑闃而無烟。[3]斯乃百六之恒數，[4]起滅相因而迭然。於是人希逐鹿之圖，家有雄霸之想，暗王命而不尋，邀非分於無象。故覆車接路而繼軌，膏生靈於土壤。[5]哀餘類之忪懞，邈靡依而靡仰；求欲專而失逾遠，寄玄珠於罔象。[6]

[1]搢紳：搢，殿本作“縉”。

[2]吕發釁於閨墻：指後凉吕氏政權的内亂。事見本書卷一二二。

[3]千邑闃而無烟：闃，原本、宋本作“閒”，殿本作“闃”，據殿本改。

[4]百六：古代道家稱天厄爲“陽九”，地厄爲“百六”。《文選·袁宏〈三國名臣序贊〉》：“百六道喪，干戈迭用。”吕延濟注：“四千六百一十七歲爲一元，一百六歲曰陽九之厄。”因以“陽九”“百六”指灾難或厄運。

[5]膏生靈於土壤：死亡生靈的尸體肥沃了土壤。

[6]寄玄珠於罔象：典出《莊子·天地》：“黄帝游乎赤水之北，登乎昆侖之丘而南望，還歸，遺其玄珠。使知索之而不得，使离朱索之而不得，使喫詬索之而不得也。乃使象罔，象罔得之。黄帝曰：‘异哉！象罔乃可以得之乎？’”象罔，即罔象。

悠悠凉道，鞠焉荒凶，杪杪余躬，迢迢西邦，非相期之所會，諒冥契而來同。跨弱水以建基，躡崑墟以爲墉，[1]總奔駟之駭轡，接摧轅於峻峰。崇崖崨嶫，[2]重嶮萬尋，玄邃窈窕，磐紆嶔岑，[3]榛棘交横，河廣水深，狐貍夾路，鴞鵄群吟。挺非我以爲用，任至當如影響；執同心以御物，懷自彼於握掌；匪矯情而任荒，乃冥合而一往，華德是用來庭，野逸所以就鞅。[4]

[1]崑墟：墟，原本、宋本、殿本作“巘”，據中華本改。

[2]崇崖崨嵥：懸崖高峻。

[3]磐紆嶔岑：盤繞縈迴高聳入雲。

[4]野逸所以就鞅：奔逸的野馬被馴服。

休矣時英，[1]茂哉俊哲，庶罩網以遠籠，豈徒射鉤與斬袂！[2]或脱梏而纓蕤，或後至而先列，采殊才於巖陸，拔翹彦於無際。[3]思留侯之神遇，[4]振高浪以蕩穢；想孔明於草廬，[5]運玄籌之罔滯；洪操槃而慷慨，[6]起三軍以激鋭。咏群豪之高軌，嘉關張之飄傑，[7]誓報曹而歸劉，何義勇之超世！據斷橋而横矛，[8]亦雄姿之壯發。輝輝南珍，英英周魯，[9]挺奇荆吴，昭文烈武，建策烏林，[10]龍驤江浦。[11]摧堂堂之勁陣，鬱風翔而雲舉，紹樊韓之遠踪，[12]侔徽猷於召武，[13]非劉孫之鴻度，[14]孰能臻兹大祜！[15]信乾坤之相成，庶物希風而潤雨。

[1]休矣時英：美哉時英。時英，當代的英才。

[2]射鉤：春秋時齊襄公昏亂，其弟糾奔魯，以管仲、召忽爲師；小白奔莒，以鮑叔爲師。襄公死，糾與小白争歸齊國爲君。管仲將兵遮莒道阻小白，射中其衣帶鉤。小白佯死，得先入爲君，是爲桓公。桓公即位後不記舊仇，任管仲爲相，終成霸業。　斬袂：晋獻公末年，太子申生被逼死，公子重耳逃到蒲城。獻公命軍隊攻打蒲城，重耳跳墻逃跑，被蒲人宦者勃鞮追殺，斬斷了衣袪。重耳後來回國即位，是爲晋文公，他不但没有忌恨斬袪之仇，反而對勃鞮加以親近任用。

[3]翹彦：傑出的人才。

[4]留侯：張良，秦末人，字子房，韓國貴族後裔。隨劉邦起兵反秦，爲重要謀士。屢出奇策，劉邦稱其“運籌帷幄之中，決勝千里之外”。劉邦稱帝後封爲留侯。

[5]孔明：諸葛亮，字孔明。

[6]洪操槃而慷慨：事見《三國志》卷七《魏書·臧洪傳》：董卓之亂，臧洪、張超、張邈、劉岱、孔伷等人欲起兵討伐。乃設壇場，方共盟誓，衆人咸推臧洪爲盟主。洪乃升壇操槃歃血而盟，辭氣慷慨，涕泣横下，聞其言者，雖卒伍廝養，莫不激揚，人思致節。

[7]關：關羽，東漢末河東解縣（今山西省運城市）人，字雲長，本字長生。東漢末亡命涿郡，與劉備、張飛起兵。赤壁之戰後，任襄陽太守、蕩寇將軍，駐守荆州。建安二十四年（219）率兵攻打曹魏襄陽，被孫吴背後襲取江陵。關羽回軍欲奪回江陵，於麥城被俘，遭殺害。　張：張飛，三國時涿郡（今河北省涿州市）人，字益德。少與關羽從劉備起兵，與關羽並有“萬人敵”之稱。隨劉備入荆州、奪益州，歷任宜都太守、征虜將軍、巴西太守、車騎將軍等職。後被部將刺殺。

[8]據斷橋而横矛：事見《三國志》卷三六《蜀書·張飛傳》：“曹公入荆州，先主奔江南。曹公追之，一日一夜，及於當陽之長阪。先主聞曹公卒至，棄妻子走，使飛將二十騎拒後。飛據水斷橋，瞋目横矛曰：‘身是張益德也，可來共決死！’敵皆無敢近者，故遂得免。”

[9]英英：俊美而有才華。　周：周瑜，東漢末廬江舒縣（今安徽省廬江縣西南）人，字公瑾。隨孫策起兵。孫策卒後，與張昭共同輔佐孫權。親率水軍破曹操於赤壁。歷任建威中郎將、江夏太守、偏將軍、南郡太守等職。　魯：魯肅，東漢末臨淮東城（今安徽省定遠縣東南）人，字子敬。家富於財，曾以倉米資助周瑜。後被舉薦給孫權，獻策全據長江以觀天下之變。赤壁之戰前力主抗曹。歷任孫吴奮武校尉、漢昌太守、偏將軍等職。

[10]烏林：即今湖北省洪湖市東北鄔林磯。赤壁之戰孫劉聯軍大敗曹操於此。

[11]江浦：江濱。

[12]紹樊韓之遠踪：遠繼樊噲、韓信之武勇。樊噲，秦末泗水沛（今江蘇省沛縣）人，秦末隨劉邦起兵，屢立戰功，尤其在鴻門宴上氣概英勇。歷任郎中騎將、將軍、左丞相、相國等職。娶吕后妹妹爲妻。韓信，秦末淮陰（今江蘇省淮安市淮陰區南）人，早年家貧，常從人寄食。後隨項羽起兵，因不受重用，轉投劉邦。受蕭何舉薦，拜大將軍。功勛卓著，爲漢初三傑之一。漢立封楚王，後貶爲淮陰侯。終爲吕后設計所殺。

[13]侔徽猷於召武：大略比肩於召公和周武王。召公，姬姓，名奭，成王時三公之一。自陝以西，召公主之；自陝以東，周公主之。召公治西方，甚得民和。召公卒，民思其政。

[14]劉孫：劉備和孫權。劉，宋本作“釗”。

[15]孰能臻兹大祜：誰能達到這樣的大福。大祜，大福。

峴益既蕩，三江已清，穆穆盛勛，濟濟隆平，御群龍而奮策，彌萬載以飛榮，仰遺塵於絶代，企高山而景行。[1]將建朱旗以啓路，驅長轂而迅征，靡商風以抗旆，[2]拂招摇之華旌，資神兆於皇極，協五緯之所寧。[3]赳赳干城，[4]翼翼上弼，志馘奔鯨，截彼醜類。且灑游塵於當陽，[5]拯涼德於已墜。間昌寓之驂乘，[6]暨襄城而按轡。知去害之在兹，體牧童之所述，審機動之至微，思遺餐而忘寐，表略韵於紈素，託精誠于白日。

[1]企高山而景行：望高山而景仰。

［2］靡商風以抗旆：順秋風以揚旗。

［3］五緯：金、木、水、火、土五星。《周禮·春官·大宗伯》："以實柴祀日月星辰。"鄭玄注："星謂五緯，辰謂日月。"賈公彦疏："五緯，即五星：東方歲星，南方熒惑，西方太白，北方辰星，中央鎮星。言緯者，二十八宿隨天左轉爲經，五星右旋爲緯。"

［4］干城：干，宋本、殿本作"平"。

［5］當陽：天子南面向陽。

［6］昌寓：相傳爲黄帝時人。《莊子·徐無鬼》："黄帝將見大隗乎具茨之山，方明爲御，昌寓驂乘，張若、謵朋前馬，昆閽、滑稽後車；至於襄城之野，七聖皆迷，無所問塗。"

玄盛寢疾，顧命宋繇曰：[1]"吾少離荼毒，百艱備嘗，於喪亂之際，遂爲此方所推，才弱智淺，不能一同河右。今氣力惙然，當不復起矣。死者大理，吾不悲之，所恨志不申耳。居元首之位者，宜深誡危殆之機。吾終之後，世子猶卿子也，善相輔導，述吾平生，勿令居人之上，專驕自任。軍國之宜，委之於卿，無使籌略乖衷，失成敗之要。"十三年，薨，時年六十七。國人上謚曰武昭王，墓曰建世陵，廟號太祖。

［1］顧命：皇帝臨終遺言。

先是，河右不生楸、槐、柏、漆，張駿之世，[1]取於秦隴而植之，終於皆死，而酒泉宫之西北隅有槐樹生焉，[2]玄盛又著《槐樹賦》以寄情，蓋嘆僻陋遐方，立功非所也。亦命主簿梁中庸及劉彦明等並作文。感兵難繁興，時俗喧競，乃著《大酒容賦》以表恬豁之懷。與辛景、辛恭靖同志友善，[3]景等歸晋，遇害江南，玄盛聞而吊之。玄盛前妻，同郡辛納女，貞順有婦儀，先卒，玄盛親爲之誄。自餘詩賦數十篇。世子譚早卒，第二子士業嗣。

[1]張駿：字公庭，本書卷八六有傳。

[2]酒泉宫：宫，宋本作“官”。　西北隅：隅，宋本作“隗”。

[3]辛恭靖：本書卷八九有傳。

凉後主諱歆，字士業。玄盛薨時，府寮奉爲大都督、大將軍、凉公、領凉州牧、護羌校尉，大赦境内，改年爲嘉興。尊母尹氏爲太后，以宋繇爲武衛將軍、廣夏太守、軍諮祭酒、録三府事，[1]索仙爲征虜將軍、張掖太守。[2]

[1]録三府事：總領三府事務。三府，即士業所任之大都督、大將軍、凉州牧所開三府。

[2]索仙：仙，殿本作“僊”。　征虜將軍：既是武官名，也作爲高級文職官員的加官。三品。

且渠蒙遜遣其張掖太守且渠廣宗詐降誘士業，士業遣武衛温宜等赴之，[1]親勒大軍爲之後繼。蒙遜率衆三萬，設伏于蓼泉。[2]士業聞，引兵還，爲遜所逼。士業親貫甲先登，大敗之，追奔百餘里，俘斬七千餘級。明年，蒙遜又伐士業，士業將出距之，左長史張體順固諫，乃止。蒙遜大芟秋稼而還。是歲，朝廷以士業爲持節、都督七郡諸軍事、鎮西大將軍、護羌校尉、酒泉公。[3]

[1]武衛：官名，即武衛將軍。三國魏置，權任很重。四品。

[2]蓼泉：即蓼泉城，位於今甘肅省臨澤縣西北蓼泉鎮。

[3]都督七郡諸軍事：七郡最高軍事行政長官。　鎮西大將軍：官名，三國魏置，執掌與鎮西將軍同，唯資歷深者得任此職，不常置。二品，開府位從公者一品。

士業用刑頗嚴，又繕築不止，從事中郎張顯上疏諫曰："入歲已來，陰陽失序，屢有賊風暴雨，犯傷和氣。今區域三分，勢不久並，并兼之本，實在農戰，懷遠之略，事歸寬簡。而更繁刑峻法，宮室是務，人力凋殘，[1]百姓愁悴。致灾之咎，實此之由。"主簿氾稱又上疏諫曰：

臣聞天之子愛人后，殷勤至矣。故政之不修，則垂灾譴以誡之。改者雖危必昌，宋景是也；[2]其不改者，雖安必亡，虢公是也。[3]元年三月癸卯，敦煌謙德堂陷；八月，效穀地裂；二年元日，昏霧四塞；四月，日赤無光，二旬乃復；十一月，狐上南門；今兹春夏地頻五震；六月，隕星于建康。臣雖學不稽古，敏謝仲舒，[4]頗亦聞道於先師，且行年五十有九，請爲殿下略言耳目之所聞見，不復能遠論書傳之事也。

[1]人力：力，殿本作“方”。

[2]宋景：宋景公。宋景公雖危必昌事見《史記》卷三八《宋微子世家》：宋景公時，火星出現在心宿的位置上。占星者子韋對景公説心宿代表宋國的版圖，火星出現在那裏，預示着天要懲罰宋國君主。但是占星者有辦法把灾禍轉移到宰相身上。景公表示宰相是治理國家的重臣，不可以這樣做。子韋又説可以移禍於百姓，宋景公反問百姓都死了，他當誰的君主。子韋又説移禍於當年的收成也行。宋景公説收成受禍必發生饑荒，發生饑荒百姓必被餓死。作爲君主用殺害百姓的辦法使自己活命，誰還以其爲君主。子韋便恭恭敬敬地施了個禮，表示天居高而聽卑，景公剛剛所作的三種回答，都是至德至善之言，天一定都聽見了，一定會對景公加以賞賜。當夜火星一定會移開心宿三舍，而景公的生命也將延長二十一年。

[3]虢公：春秋時虢國君主。虢公雖安必亡，《左傳》上記載這樣幾件事：一個是聽命於神，内史過預言虢國一定會滅亡。君主暴虐，却聽命於神靈。一個是虢公攻打犬戎得勝而歸，而舟之僑却説：“無德而禄，殃也。殃將至矣。”一個是虢公在桑田打敗戎。晋國的卜偃説虢國一定會滅亡。滅亡了下陽還不害怕，而又建立武功，這是上天奪去了他的鏡子，而增加他的罪惡。他一定會輕視晋國而不安撫它的百姓。果然虢國被晋國所滅。

[4]仲舒：董仲舒，西漢廣川（今河北省景縣西南廣川鎮）人，少治《春秋》。景帝時任博士，武帝時任江都王相、中大夫。提出“罷黜百家、獨尊儒術”，被武帝采納。主治《公羊春秋》學，宣傳天人感應。

乃者咸安之初，西平地裂，狐入謙光殿前，俄而秦師奄至，都城不守。[1]梁熙既爲凉州，藉秦氏兵亂，規有全凉之地，外不撫百姓，内多聚斂，建元十九年姑臧南門崩，隕石於閑豫堂，[2]二十年而呂光東反，子敗於前，身戮於後。段業因群胡創亂，遂稱制此方，[3]三年之中，地震五十餘所，既而先主龍興瓜州，[4]蒙遜殺之張掖。此皆目前之成事，亦殿下之所聞知。效穀，先王鴻漸之始，謙德，即尊之室，基陷地裂，大凶之徵也。日者太陽之精，中國之象，赤而無光，中國將爲胡夷之所陵滅。諺曰："野獸入家，主人將去。"今狐上南門，亦灾之大也。又狐者胡也，天意若曰將有胡人居于此城，南面而居者也。昔春秋之世，星隕于宋，襄公卒爲楚所擒。[5]地者至陰，胡夷之象，當静而動，反亂天常，天意若曰胡夷將震動中國，中國若不修德，將有宋襄之禍。

[1]都城不守：城，宋本作"成"。

[2]閑豫堂：閑，宋本作"閉"。

[3]稱制此方：宋本無"制"字。

[4]先主：主，原本、宋本、殿本作"王"，據中華本改。瓜州：古地名，在今甘肅省敦煌市。《左傳·襄公十四年》："昔秦人迫逐乃祖吾離於瓜州。"一説在今秦嶺南北兩坡。

[5]襄公：宋襄公，春秋時宋國國君，名慈父，宋桓公之子。公元前650至前637年在位。齊桓公死後與楚國争霸，在弘之戰中受傷，因傷重而死。

臣蒙先朝布衣之眷，輒自同子弟之親，是以不避忤上之誅，昧死而進愚款。願殿下親仁善鄰，養威觀釁，罷宫室之務，止游畋之娱。後宫嬪妃、諸夷子女，[1]躬受分田，身勸蠶績，以清儉素德爲榮，息兹奢靡之費，百姓租税，專擬軍國。虚衿下士，廣招英俊，修秦氏之術，以强國富俗。待國有數年之積，庭盈文武之士，然後命韓白爲前驅，[2]納子房之妙算，[3]一鼓而姑臧可平，長驅可以飲馬涇渭，[4]方東面而争天下，豈蒙遜之足憂！不然，臣恐宗廟之危必不出紀。

士業並不納。

[1]諸夷子女：夷，殿本作“弟”。

[2]韓：韓信。　白：白起，戰國郿（今陝西省眉縣東渭河北岸）人，一稱公孫起。戰國名將，歷任秦國左庶長、左更、國尉、大良造。先後攻韓國新城，破韓魏聯軍於伊闕，攻破楚都郢城，大破趙軍於長平，坑殺降卒四十餘萬。後因與范雎有隙，被免爲士伍，自殺。

[3]子房：即張良。

[4]涇：涇水，即今涇河，源出今寧夏回族自治區涇源縣南六盤山，東南流至陝西涇陽縣東南入渭河。　渭：渭水，即今渭河，黄河支流，源出今甘肅省渭源縣西鳥鼠山。

士業立四年而宋受禪，[1]士業將謀東伐，張體順切諫，乃止。士業聞蒙遜南伐秃髮傉檀，[2]命中外戒嚴，將攻張掖。尹氏固諫，不聽，宋繇又固諫，士業並不從。繇退而嘆曰：“大事去矣，吾見師之出，不見師之還也！”士業遂率步騎三萬東伐，次于都瀆澗。[3]蒙遜自浩亹來，[4]距戰于懷城，[5]爲蒙遜所敗。左右勸士業還酒泉，士業曰："吾違太后明誨，遠取敗辱，不殺此胡，復何面目以見母也！"勒衆復戰，敗于蓼泉，爲蒙遜所害。士業諸弟酒泉太守翻、新城太守預、領羽林右監密、左將軍眺、右將軍亮等西奔敦煌，[6]蒙遜遂入于酒泉。士業之未敗也，有大蛇從南門而入，至于恭德殿前；有雙雉飛出宮内；通街大樹上有烏鵲争巢，鵲爲烏所殺。又有敦煌父老令狐熾夢白頭公衣帢而謂熾曰："南風動，吹長木，胡桐椎，不中轂。"言訖忽然不見。士業小字桐椎，至是而亡。

[1]四年：原本、宋本、殿本無"四"字，據中華本補。

[2]士業聞蒙遜南伐禿髮傉檀：中華本校勘記："此時傉檀已亡，據《魏書·李暠傳》，蒙遜所伐者爲乞伏。"

[3]都瀆澗：位於今甘肅省張掖市西北。

[4]浩亹：縣名，治所在今甘肅省永登縣西南大通河東岸。

[5]懷城：地名，在今甘肅省張掖市西北。

[6]新城：郡名，治所在西城縣（今陝西省安康市西北）。羽林右監：官名，東漢置羽林左、右監，屬光禄勛。三國魏省左監，唯置右監，掌宿衛。晋惟置羽林左監。十六國西凉亦置。五品。　左將軍：官名，漢代爲重號將軍，與前、後、右將軍並爲上卿。魏晋時爲常設官職，權位較兩漢漸低，僅爲武官名號，略高於一般雜號將軍，不典禁兵。三品。　眺：殿本作"姚"。

翻及弟敦煌太守恂與諸子等棄敦煌，奔于北山，蒙遜以索嗣子元緒行敦煌太守。元緒粗嶮好殺，大失人和。郡人宋承、張弘以恂在郡有惠政，密信招恂。恂率數十騎入于敦煌，元緒東奔凉興，宋承等推恂爲冠軍將軍、涼州刺史。蒙遜遣世子德政率衆攻恂，[1]恂閉門不戰，蒙遜自率衆二萬攻之，三面起堤，以水灌城。恂遣壯士一千，連版爲橋，潛欲決堤，蒙遜勒兵逆戰，屠其城。士業子重耳，脱身奔于江左，[2]仕于宋。後歸魏，爲恒農太守。[3]蒙遜徙翻子寶等于姑臧，歲餘，北奔伊吾，[4]後歸于魏，獨尹氏及諸女死於伊吾。

[1]德政：中華本校勘記："《沮渠蒙遜載記》、《通鑑》一一九作'政德'。"

[2]江左：江東。因自北方視之，江東在左，江西在右，故稱。

[3]恒農：即弘農郡，北魏時改名恒農郡。

[4]伊吾：縣名，治所在今甘肅省瓜州縣北。

玄盛以安帝隆安四年立，至宋少帝景平元年滅，據河右凡二十四年。

史臣曰：王者受圖，咸資世德，猶混成之先大帝，若一氣之生兩儀。是以中陽勃興，[1]資豢龍之構趾；景亳垂統，[2]本吞燕之開基。涼武昭王英姿傑出，運陰陽而緯武，應變之道如神；吞日月以經天，成物之功若歲。故能懷荒弭暴，開國化家，宅五郡以稱藩，屈三分而奉順。若乃《詩》褒秦仲，[3]後嗣建削平之業；頌美公劉，[4]末孫興配天之祚。或發迹於汧渭，或布化於邠岐，[5]覆簣創元天之基，疏涓開環海之宅。彼既有漸，此亦同符，是知景命攸歸，非一朝之可致，累功積慶，其所由來遠矣。

[1]中陽勃興：指劉邦的興起。劉邦爲沛縣豐邑中陽里人，故言。

[2]景亳垂統：指商湯的興起。商湯把國都從商丘遷到景亳，故言。

[3]《詩》褒秦仲：《詩·秦風·車鄰序》："《車鄰》，美秦仲也。秦仲始大，有車馬禮樂侍御之好焉。"

[4]頌美公劉：《詩·大雅·公劉序》："《公劉》，召康公戒成王也。成王將莅政，戒以民事，美公劉之厚於民，而獻是詩也。"

[5]邠岐：邠邑和岐山。均在今陝西省境内，西周興起之地。岐，宋本作"歧"。

贊曰：武昭英叡，忠勇霸世。王室雖微，乃誠無替。遺黎飲德，絶壤霑惠。積祉丕基，克昌來裔。

晉書　卷八八

列傳第五十八

孝友

李密 子賜 興[1]　盛彦　夏方　王裒　許孜　庾衮　孫晷　顔含　劉殷　王延　王談　桑虞　何琦　吴逵

大矣哉，孝之爲德也。分渾元而立體，[2]道貫三靈；[3]資品彙以順名，功苞萬象。[4]用之于國，動天地而降休徵；行之于家，感鬼神而昭景福。若乃博施備物，[5]尊仁安義，柔色承顔，怡怡盡樂，擊鮮就養，亹亹忘劬，[6]集包思藪黍之勤，[7]循陔有采蘭之咏，[8]事親之道也。屬屬如在，哀哀罔極，聚薪流慟，[9]銜索興嗟，[10]矖風樹以隤心，[11]頫寒泉而沫泣，[12]追遠之情也。審德筮仕，正務移官，居高匪危，在醜無争，協修升以匡化，懷履冰而砥節，立身之行也。是以閔曾翼翼，[13]遵六教而緝貞規；[14]蔡董烝烝，[15]弘七體而垂令迹。[16]亦有至誠上感，明祇下贊，郭巨致錫金之慶，[17]陽雍標蒔玉之祉；[18]烏馴丹羽，巢叔和之室，[19]鹿呈白毳，[20]擾功文之廬。[21]然則因被孝慈而生友悌，[22]理在兼綜，義歸一揆。夫天倫之重，共氣分形，心睽則葉悴荆枝，[23]性合則華承棣萼。乃有推肥代瘦，[24]徇急難之情；[25]讓果同衾，[26]盡歡愉之致：緬窺緗素，[27]載流塵躅者歟！[28]

[1]原本總目録及卷首目録均無“子賜”“興”，據正文及中華本目録補。

[2]渾元：天地之氣。此指天地。

[3]三靈：天、地、人。

[4]功苞萬象：苞，宋本作“枹”，殿本作“包”。

[5]若乃：殿本作“乃若”。

[6]亹亹忘劬：勤勉忘勞。

[7]集包思蓺黍之勤：語出《詩·唐風·鴇羽》：“肅肅鴇羽，集于苞栩。王事靡盬，不能蓺稷黍，父母何怙？悠悠蒼天，曷其有所？”詩中表達了由於徭役繁重，荒廢了農耕，使父母失去了生活依靠的憂愁。包，殿本作“苞”。

[8]循陔有采蘭之咏：《詩·小雅·南陔序》：“《南陔》，孝子相戒以養也。”其辭失傳，束皙乃據詩序爲之補作。《文選·束皙〈補亡詩·南陔〉》：“循彼南陔，言采其蘭。眷戀庭闈，心不遑安。”李善注：“循陔以采香草者，將以供養其父母。”後因稱奉養父母爲“循陔”。

[9]聚薪：至誠之典。典出《後漢書》卷八一《諒輔傳》：“諒輔，字漢儒，廣漢新都人也。仕郡爲五官掾。時夏大旱，太守自出祈禱山川，連日而無所降。”輔乃自暴庭中，慷慨呪禱，説：“今郡太守改服責已，爲民祈福，精誠懇到，未有感徹。輔今敢自祈請，若至日中不雨，乞以身塞無狀。”於是聚積薪柴在自己周圍，準備

自焚。未及日中時，而天雲晦合，須臾澍雨，一郡沾潤。世以此稱其至誠。

［10］銜索興嗟：因爲不能孝養父母而嘆息。銜索，指不能孝養父母，典出《孔子家語·致思》："枯魚銜索，幾何不蠹；二親之壽，忽如過隙。"

［11］矖風樹以隤心：因父母亡不得奉養而心情崩頽。風樹，出自《韓詩外傳》："樹欲静而風不止，子欲養而親不待也。"後因以"風樹"爲父母死亡，不得奉養之典。矖，原本、殿本作"灑"，宋本作"矖"，據宋本改。

［12］頫寒泉而沬泣：念及寒泉而淚流滿面。寒泉，指子女孝敬母親，典出《詩·邶風·凱風序》："美七子能盡其孝道，以慰其母心"。

［13］曾閔：曾參與閔損（閔子騫）的並稱。皆孔子弟子，以孝行著稱。

［14］六教：六經之教。《禮記·經解》："孔子曰：入其國其教可知也。其爲人也温柔敦厚，《詩》教也；疏通知遠，《書》教也；廣博易良，《樂》教也；潔静精微，《易》教也；恭儉莊敬，《禮》教也；屬辭比事，《春秋》教也。"孔穎達疏："言人君以六經之道，各隨其民教之。民從上教，各從六經之性。"　貞規：忠貞不移的志節。

［15］蔡：蔡順，東漢汝南（今河南省平輿縣北）人，字君仲，以至孝著名。嘗出伐薪，有客卒至，母見蔡順未還，乃噬其指，蔡順即心動，棄薪馳歸。　董：董黯，東漢人，字叔達，董仲舒六世孫，事母至孝。

［16］七體："義"的七個組成部分。語見《管子·五輔》："義有七體。七體者何？曰：孝悌慈惠以養親戚，恭敬忠信以事君上，中正比宜以行禮節，整齊撙詘以辟刑僇，纖嗇省用以備飢饉，敦懞純固以備禍亂，和協輯睦以備寇戎。凡此七者，義之體也。"

［17］郭巨致錫金之慶：事見《搜神記》：郭巨早年喪父，與妻

子供養老母。妻子生兒，郭巨擔心兒子與老母搶食，影響了自己孝敬母親，便想把兒子活埋。挖地時得一釜黄金，釜中有丹書曰：“孝子郭巨，黄金一釜，以用賜汝。”

[18]陽雍標蒔玉之祉：事見《玄怪記》：陽雍伯常設義漿以給行旅。一日，有行人飲訖，懷中出石子一升與之，曰：“種此可生美玉，并得好婦。”如其言種之。有徐氏女極美，陽雍伯求婚徐氏，徐公曰：“得白璧一雙即可。”陽雍伯乃於所種處得璧，遂娶徐女。蒔玉，種玉。標，宋本作“摽”。

[19]巢叔和之室：《太平御覽》卷九二〇《羽族部·烏》引《孝子傳》：“吴叔和，犍爲人。母没，負土成墳。有赤烏巢門，甘露降户。”

[20]白毳：鳥獸的白色細毛。

[21]擾功文之廬：功文，亦作公文。《太平御覽》卷九一六《羽族部·鸞》引《决疑》注：“辛繕，字公文。治《春秋》讖緯，隱居華陰，光武徵不至者。有大鳥，高五尺，鷄首燕頷，蛇頸魚尾，五色備舉而多青。栖繕槐樹，旬時不去。弘農太守以聞，詔問百僚，咸以爲鳳。”

[22]被孝慈：被，宋本、殿本作“彼”。

[23]心睽：違心。　葉悴荆枝：枝葉憔悴凌亂。

[24]推肥代瘦：《後漢書》卷三九《趙孝傳》：“及天下亂，人相食。孝弟禮爲餓賊所得，孝聞之，即自縛詣賊，曰：‘禮久餓羸瘦，不如孝肥飽。’賊大驚，並放之。”

[25]徇急難之情：徇，宋本作“陷”。

[26]讓果：典出《後漢書》卷七〇《孔融傳》：“融幼有異才。”李賢注引《孔融家傳》：“年四歲時，每與諸兄共食梨，融輒引小者。大人問其故，答曰：‘我小兒，法當取小者。’”　同衾：寒則同衾，食則同器，形容兄弟間的友愛。

[27]緬窺緗素：閲讀書籍所載往事。緗素，古時用以書寫的淺黄色的絹帛。泛指書卷、書籍。

［28］載流塵躅者：躅，宋本作“蠋”。

晉氏始自中朝，逮于江左，［1］雖百六之灾遄及，［2］而君子之道未消，孝悌名流，猶爲繼踵。王偉元之行己，許季義之立節，夏方、盛彦體至性以馳芬，庾衮、顔含篤友于而宣範，自餘群士，咸標懿德。［3］采其遺絢，足厲澆風，故著《孝友篇》以續前史云耳。

［1］江左：江東。因自北方視之，江東在左，江西在右，故稱。

［2］百六：古代道家稱天厄爲“陽九”，地厄爲“百六”。《文選·袁宏〈三國名臣序贊〉》：“百六道喪，干戈迭用。”吕延濟注：“四千六百一十七歲爲一元，一百六歲曰陽九之厄。”因以“百六”指灾難或厄運。

［3］咸標懿德：標，宋本作“摽”。

李密

李密，字令伯，犍爲武陽人也，［1］一名虔。父早亡，母何氏改醮。密時年數歲，感戀彌至，烝烝之性，遂以成疾。祖母劉氏，躬自撫養。［2］密奉事以孝謹聞。劉氏有疾，則涕泣側息，未嘗解衣，飲膳湯藥必先嘗後進。有暇則講學忘疲，而師事譙周，［3］周門人方之游夏。［4］

［1］犍爲：郡名，治所在武陽縣（今四川省眉山市彭山區東）。武陽：縣名，治所在今四川省眉山市彭山區東。

［2］躬自撫養：中華本此四字後爲逗號。此處應爲句號，因爲上句述劉氏撫養李密，下句説李密侍奉劉氏。（參見萬久富《〈晉書〉點校劄記》，《南通師範學院學報》1999 年第 3 期）

[3]譙周：三國蜀漢巴西西充（今四川省閬中市西南）人，字允南。蜀中儒學大師，歷任蜀漢勸學從事、典學從事、太子家令、光禄大夫等職。後勸後主降魏。西晋時任騎都尉、散騎常侍等職。

[4]游：子游，春秋末吴國（一説魯國）人，言氏，名偃，字子游，孔子得意門生。其後學成爲儒家分派之一，稱子游之儒。夏：子夏，春秋末晋國温（今河南省温縣西南）人，卜氏，名商，字子夏，孔子學生。孔子死後，到魏國西河講學，李悝、商鞅、吴起皆其門人。其後學成爲儒家分派之一，稱子夏之儒。

少仕蜀，爲郎。[1]數使吴，有才辯，吴人稱之。蜀平，泰始初，詔徵爲太子洗馬。[2]密以祖母年高，無人奉養，遂不應命。乃上疏曰：

臣以險釁，夙遭閔凶，[3]生孩六月，慈父見背，行年四歲，舅奪母志。[4]祖母劉愍臣孤弱，躬親撫養。[5]臣少多疾病，九歲不行，零丁辛苦，至于成立。既無伯叔，終鮮兄弟，門衰祚薄，晚有兒息。外無期功强近之親，[6]内無應門五尺之童，煢煢孑立，形影相吊。而劉早嬰疾病，常在床蓐，臣侍湯藥，未嘗廢離。

[1]郎：郎官的泛稱。

[2]太子洗馬：官名，東宫屬官。掌太子圖籍、經書，太子出行則前導威儀。七品。

[3]夙遭閔凶：早年遭遇憂患凶喪之事。

[4]舅奪母志：舅舅强迫母親改嫁。

[5]躬親：親，宋本、殿本作“見”。

[6]期功：古代喪服的名稱。期，服喪一年。功，按關係親疏

分大功和小功，大功服喪九月，小功服喪五月。亦用以指五服之内的宗親。

自奉聖朝，沐浴清化，前太守臣逵察臣孝廉，[1]後刺史臣榮舉臣秀才。[2]臣以供養無主，辭不赴命。明詔特下，拜臣郎中，[3]尋蒙國恩，除臣洗馬。猥以微賤，當侍東宫，非臣隕首所能上報。臣具以表聞，辭不就職。詔書切峻，責臣逋慢，[4]郡縣逼迫，催臣上道，州司臨門，急於星火。臣欲奉詔奔馳，則劉病日篤；苟徇私情，則告訴不許。[5]臣之進退，實爲狼狽。

[1]孝廉：漢代選拔人才的科目。

[2]秀才：察舉科目，州舉秀才，郡舉孝廉。

[3]郎中：官名，尚書省郎曹長官。位次尚書、左右丞，分曹執行政務。與“尚書郎”互稱。六品。

[4]逋慢：怠慢不敬。

[5]告訴：訴，宋本作“評”。

伏惟聖朝以孝治天下，凡在故老，猶蒙矜恤，况臣孤苦尪羸之極。且臣少仕僞朝，歷職郎署，本圖宦達，不矜名節。今臣亡國賤俘，至微至陋，猥蒙拔擢，寵命殊私，豈敢盤桓有所希冀！但以劉日薄西山，[1]氣息奄奄，人命危淺，朝不慮夕。臣無祖母，無以至今日；祖母無臣，無以終餘年。母孫二人更相爲命，是以私情區區不敢棄遠。臣密今年四十有四，祖母劉今年九十有六，是臣盡節於陛下之日長，而報養劉之日短也。烏鳥私情，願乞終養。

[1]但以：但，宋本作“俎”。下文“非但蜀之人”同。

臣之辛苦，非但蜀之人士及二州牧伯之所明知，皇天后土實所鑒見。伏願陛下矜愍愚誠，聽臣微志，庶劉僥倖，保卒餘年。臣生當隕身，死當結草。[1]

帝覽之曰：“士之有名，不虛然哉！”乃停召。[2]

[1]結草：報恩。《左傳·宣公十五年》：“魏武子有嬖妾，無子。武子疾，命顆曰：‘必嫁是。’疾病，則曰：‘必以爲殉。’及卒，顆嫁之，曰：‘疾病則亂，吾從其治也。’及輔氏之役，顆見老人結草以亢杜回，杜回躓而顛，故獲之。夜夢之曰：‘余，而所嫁婦人之父也。爾用先人之治命，余是以報。’”

[2]停召：召，宋本作“詔”。

後劉終，服闋，[1]復以洗馬徵至洛。司空張華問之曰：[2]“安樂公何如？”[3]密曰：“可次齊桓。”[4]華問其故，對曰：“齊桓得管仲而霸，[5]用豎刁而蟲流。[6]安樂公得諸葛亮而抗魏，[7]任黄皓而喪國，[8]是知成敗一也。”次問：“孔明言教何碎？”密曰：“昔舜、禹、皋陶相與語，[9]故得簡雅；《大誥》與凡人言，[10]宜碎。孔明與言者無己敵，言教是以碎耳。”華善之。

[1]服闋：守喪期滿除去孝服。

[2]司空：官名，魏晋南北朝爲名譽宰相，多爲大臣加官。晋八公之一，位在三公之末。一品。　張華：字茂先，本書卷三六有傳。

[3]安樂公：劉禪，蜀漢末代皇帝。字公嗣，劉備子。建興元年（223）即位，炎興元年（263）蜀漢滅亡降魏，賜爵安樂公。

[4]齊桓：春秋時齊國國君，名小白，僖公之子，襄公之弟。公元前685至前643年在位。爲公子時因國家内亂出走至莒，襄公死後被迎回立爲國君。在位時任用管仲，改革内政，國力漸强。九合諸侯，尊王攘夷，成爲春秋五霸之首。

[5]管仲：春秋初潁上（今安徽省潁水之濱）人，名夷吾。齊桓公時任卿相，進行一系列改革，使齊國國力大增，齊桓公成爲春秋五霸之首。

[6]豎刁：又作豎貂、豎刀。春秋時齊國人，齊桓公寵臣。管仲病危時曾勸齊桓公疏遠豎刁，桓公不聽。管仲死後，豎刁與易牙、開方專擅朝政。齊桓公晚年，三人發動内亂，至齊桓公病餓而死。

[7]諸葛亮：三國時琅邪陽都（今山東省沂南縣南）人，字孔明。東漢末隨叔父諸葛玄依附荆州劉表，隱居躬耕於隆中。後加入劉備集團，協助劉備占領荆州、益州，實現三分之勢。劉備死後輔佐劉禪，南征南中，北伐曹魏，最終病逝於北伐前綫。

[8]黄皓：三國時蜀漢人，宦官，受後主劉禪寵愛。董允在位時，正色匡正後主，數責於皓。皓畏允，不敢爲非。終允之世，皓位不過黄門丞。董允去世後，陳祇代允爲侍中，與黄皓互相表裏，皓始預政事。祇死後，皓從黄門令爲中常侍、奉車都尉，操弄威柄，終至覆國。

[9]皋陶：又作咎繇，相傳爲堯舜時人，生於曲阜，偃姓。被舜命爲管理刑獄之官。

[10]故得簡雅；《大誥》與凡人言：雅大，原本、宋本作“大

雅”，殿本作“雅大”，據殿本、中華本校勘記乙正。

出爲温令，[1]而憎疾從事，嘗與人書曰：“慶父不死，魯難未已。”[2]從事白其書司隸，[3]司隸以密在縣清慎，弗之劾也。密有才能，常望内轉，而朝廷無援，乃遷漢中太守，[4]自以失分懷怨。及賜餞東堂，[5]詔密令賦詩，[6]末章曰：“人亦有言，有因有緣。官無中人，不如歸田。明明在上，斯語豈然！”武帝忿之，於是都官從事奏免密官。[7]後卒於家。二子：賜、興。

[1]温：縣名，治所在今河南省温縣西南。

[2]慶父不死，魯難未已：語出《左傳·閔公元年》：“冬，齊仲孫湫來省難，書曰‘仲孫’，亦嘉之也。仲孫歸，曰：‘不去慶父，魯難未已。’公曰：‘若之何而去之？’對曰：‘難不已，將自斃，君其待之。’公曰：‘魯可取乎？’對曰：‘不可，猶秉周禮。周禮，所以本也。臣聞之：國將亡，本必先顛，而後枝葉從之。魯不棄周禮，未可動也。君其務寧魯難而親之。親有禮，因重固，間攜貳，覆昏亂，霸王之器也。’”

[3]司隸：官名，即司隸校尉，三國魏時先治弘農，後治河南，轄司州所屬河南、河東、河内、弘農、平陽五郡。掌監察京師，糾察京都百官。西晋沿置。三品。

[4]漢中：郡名，治所在南鄭縣（今陝西省漢中市）。

[5]東堂：太極殿的東堂。

[6]詔密令賦詩：密，宋本、殿本作“普”。

[7]都官從事：官名，司隸校尉的屬官，舉奏彈劾不法官員。

賜，字宗石，少能屬文，嘗爲《玄鳥賦》，詞甚美。

州辟別駕，[1]舉秀才，未行而終。

[1]别駕：官名，别駕從事、别駕從事史省稱。州部佐官，因從刺史行部，别乘傳車，故稱。位居州吏之右。

興，字雋石，[1]亦有文才，刺史羅尚辟别駕。[2]尚爲李雄所攻，[3]使興詣鎮南將軍劉弘求救，[4]興因願留，爲弘參軍而不還。[5]尚白弘，弘即奪其手版而遣之。[6]興之在弘府，弘立諸葛孔明、羊叔子碣，[7]使興俱爲之文，甚有辭理。

[1]雋：宋本作"儁"。

[2]羅尚：字敬之，本書卷五七有傳。

[3]李雄：字仲儁，李特之子，本書卷一二一有載記。

[4]鎮南將軍：官名，與鎮東、鎮西、鎮北將軍合稱四鎮將軍。多爲持節都督，出鎮方面。曹魏二品。晋改三品，加持節都督者二品。　劉弘：字和季，本書卷六六有傳。

[5]參軍：官名，亦作參軍事，謂參謀軍事。兩晋公府、軍府皆置。

[6]尚白弘，弘即奪其手版而遣之：原本、宋本作"尚白弘即奪其手版而遣之"，闕一"弘"字，殿本有，據殿本補。

[7]羊叔子：羊祜，字叔子，本書卷三四有傳。

盛彦

盛彦，字翁子，廣陵人也。[1]少有異才。年八歲，詣吴太尉戴昌，[2]昌贈詩以觀之，彦於坐答之，辭甚慷慨。母王氏因疾失明，彦每言及，未嘗不流涕。於是不應辟召，躬自侍養，母食必自哺之。母既疾久，至于婢使數見捶撻。婢忿恨，伺彦暫行，取蠐螬炙飴之。[3]母食以爲美，然疑是異物，密藏以示彦。彦見之，抱母慟哭，絶而復蘇。母目豁然即開，從此遂愈。

[1]廣陵：郡名，治所在廣陵縣（今江蘇省揚州市西北蜀岡上）。

[2]吴太尉戴昌：中華本校勘記："張森楷云：吴未嘗有戴昌爲太尉，據《戴若思傳》，父昌爲會稽太守。若思嘗往省之武陵，是又爲武陵太守也。此戴昌即其人，'尉'蓋'守'之誤。按：戴昌爲武陵太守又見《潘京傳》，張説疑是。"

[3]蠐螬：金龜子的幼虫，長寸許，居於土中，以植物根莖等爲食。爲地下害虫。

彦仕吴，至中書侍郎。[1]吴平，陸雲薦之於刺史周浚，[2]本邑大中正劉頌又舉彦爲小中正。[3]太康中卒。

[1]中書侍郎：官名，三國魏文帝黄初初年設中書省，在長官中書監、中書令以下有通事郎，後增設中書郎，亦稱中書侍郎。掌草擬詔書，外出執行重要使命等。五品。

[2]陸雲：字士龍，本書卷五四有傳。　周浚：字開林，本書卷六一有傳。

[3]大中正：州一級評定士人品第的官員。　劉頌：字子雅，本書卷四六有傳。

夏方

夏方，字文正，會稽永興人也。[1]家遭疫癘，父母伯叔群從死者十三人。方年十四，夜則號哭，晝則負土，十有七載，葬送得畢，因廬于墓側，種植松柏，烏鳥猛獸馴擾其旁。

[1]會稽：郡名，治所在山陰縣（今浙江省紹興市）。　永興：縣名，治所在今浙江省杭州市蕭山區。

吴時拜仁義都尉，[1]累遷五官中郎將。[2]朝會未嘗乘車，行必讓路。吴平，除高山令。[3]百姓有罪應加捶撻者，方向之涕泣而不加罪，大小莫敢犯焉。在官三年，州舉秀才，還家，卒，年八十七。

[1]仁義都尉：官名，三國孫吴因事臨時所置武職。

[2]五官中郎將：官名，西漢隸屬光禄勛。東漢時統部分侍郎、郎中。東漢初年或參與戰事。東漢末由於曹操之子曹丕任此職，地位上升，在魏諸臣之上。晋沿漢制，在光禄勛下置五官、左、右三中郎將，爲皇帝近侍之官。

[3]高山：縣名，治所在今江蘇省盱眙縣南。

王裒

王裒，字偉元，城陽營陵人也。[1]祖修，[2]有名魏世。父儀，高亮雅直，爲文帝司馬。[3]東關之役，[4]帝問於衆曰："近日之事，誰任其咎？"儀對曰："責在元帥。"帝怒曰："司馬欲委罪於孤邪！"遂引出斬之。

[1]城陽：郡國名，西漢文帝改城陽郡置，治所在莒縣（今山東省莒縣）。　營陵：縣名，治所在今山東省昌樂縣南。

[2]修：王修，三國時北海營陵（今山東省昌樂縣東南）人，字叔治。東漢末任袁譚別駕，後歸曹操，歷任司空掾、行司金中郎將、魏郡太守、大司農郎中令、奉常等職。

[3]司馬：官名，府署高級幕僚。掌參讚軍務、管理府内武職，位僅次於長史。魏晉南北朝時王府、公府、軍府、邊郡均置。八至六品。

[4]東關：三國吴諸葛恪築，位於今安徽省含山縣西南裕溪河東岸濡須山上。《三國志》卷二八《魏書·諸葛誕傳》："諸葛恪興東關，（司馬昭）遣（諸葛）誕督諸軍討之，與戰，不利。"《三國志》卷四《三少帝紀》載：嘉平四年（252）冬十一月，"詔征南大將軍王昶、征東將軍胡遵、鎮南將軍毌丘儉等征吴。十二月，吴大將軍諸葛恪拒戰，大破衆軍于東關。不利而還。"裴松之注引《漢晉春秋》曰："毌丘儉、王昶聞東軍敗，各燒屯走。朝議欲貶黜諸將，景王曰：'我不聽公休，以至於此。此我過也，諸將何罪？'悉原之。"

裒少立操尚，行己以禮，身長八尺四寸，容貌絶異，音聲清亮，辭氣雅正，博學多能，痛父非命，未嘗西向而坐，示不臣朝廷也。於是隱居教授，三徵七辟皆不就。廬于墓側，旦夕常至墓所拜跪，攀柏悲號，涕淚著樹，樹爲之枯。母性畏雷，母没，每雷，輒到墓曰："裒在此。"及讀《詩》至"哀哀父母，生我劬勞"，[1]未嘗不三復流涕，門人受業者並廢《蓼莪》之篇。

[1]"哀哀父母"句：語出《詩·小雅·蓼莪》："蓼蓼者莪，匪莪伊蒿。哀哀父母，生我劬勞。"

家貧，躬耕，計口而田，度身而蠶。或有助之者，不聽。諸生密爲刈麥，裒遂棄之。知舊有致遺者，皆不受。門人爲本縣所役，告裒求屬令，裒曰："卿學不足以庇身，吾德薄不足以蔭卿，屬之何益！且吾不執筆已四十年矣。"乃步擔乾飯，[1]兒負鹽豉草屩，[2]送所役生到縣，門徒隨從者千餘人。安丘令以爲詣己，[3]整衣出迎之。裒乃下道至土牛旁，[4]罄折而立，[5]云："門生爲縣所役，故來送别。"因執手涕泣而去。令即放之，一縣以爲耻。

[1]步擔：擔，宋本、殿本作"檐"。本卷下文"負擔奔赴"同。

[2]草屩（juē）：草鞋。

[3]安丘：縣名，治所在今山東省安丘市西南。

[4]土牛：用泥土制的牛。古代在農曆十二月出土牛以除陰氣。《禮記·月令》載，季冬之月"命有司大儺，旁磔，出土牛，以送寒氣"。鄭玄注："土牛者，丑爲牛，牛可牽止也。"孫希旦集解："出土牛者，牛爲土畜，又以作之，土能勝水，故於旁磔之時，出之於九門之外，以禳除陰氣也。"

[5]罄折而立：罄，宋本、殿本作"磬"。

鄉人管彦少有才而未知名，裒獨以爲必當自達，拔而友之，男女各始生，便共許爲婚。彦後爲西夷校尉，[1]卒而葬於洛陽，裒後更嫁其女。彦弟馥問裒，裒曰："吾薄志畢願山藪，昔嫁姊妹皆遠，吉凶斷絶，每以此自誓。今賢兄子葬父於洛陽，此則京邑之人也，豈吾結好之本意哉！"馥曰："嫂，齊人也，當還臨淄。"[2]

裒曰："安有葬父河南而隨母還齊！用意如此，何婚之有！"

[1]西夷校尉：官名，亦稱護西夷校尉。晋武帝太康三年（282）置，治寧州，寧州併入益州後以益州刺史兼領。東晋平蜀後復置，持節統兵，掌益州少數民族事務。立府，置長史、司馬，可與刺史一樣舉秀才、廉吏、良吏。四品。十六國前秦亦置，掌益州及西部地區少數民族事務。北凉段業亦置，掌凉興以西少數民族事務。

[2]臨淄：縣名，治所在今山東省淄博市東北。

北海邴春少立志操，[1]寒苦自居，負笈游學，[2]鄉邑僉以爲邴原復出。[3]裒以春性險狹慕名，終必不成。其後春果無行，學業不終，有識以此歸之。裒常以爲人之所行期於當歸善道，何必以所能而責人所不能。

[1]北海：郡名，治所在劇縣（今山東省昌樂縣西）。

[2]負笈游學：背着書箱求學。

[3]邴原：東漢末北海朱虚（今山東省臨朐縣東南）人，字根矩。與華歆、管寧游學四方，時人稱之爲一龍，邴原爲龍腹。先避亂於遼東，後回鄉講學，與鄭玄並爲時所稱。後任曹操司空掾、丞相征事、五官將長史等職。

及洛京傾覆，寇盜蜂起，[1]親族悉欲移渡江東，[2]裒戀墳壟不去。賊大盛，方行，猶思慕不能進，遂爲賊所害。

[1]蜂起：蜂，宋本、殿本作“鋒”。

[2]江東：亦稱江左，因自北方視之，江東在左，江西在右，故稱。

許孜

許孜，字季義，東陽吴寧人也。[1]孝友恭讓，敏而好學。年二十，師事豫章太守會稽孔冲，[2]受《詩》《書》《禮》《易》及《孝經》《論語》。學竟，還鄉里。冲在郡喪亡，孜聞問盡哀，負擔奔赴，送喪還會稽，蔬食執役，[3]制服三年。俄而二親没，柴毁骨立，杖而能起，建墓于縣之東山，躬自負土，不受鄉人之助。或愍孜羸憊，苦求來助，孜晝則不逆，夜便除之。每一悲號，鳥獸翔集。孜以方營大功，乃棄其妻，鎮宿墓所，列植松柏亘五六里。時有鹿犯其松栽，孜悲嘆曰：“鹿獨不念我乎！”明日，忽見鹿爲猛獸所殺，置於所犯栽下。孜悵惋不已，乃爲作冢，埋於隧側。猛獸即於孜前自撲而死，孜益嘆息，又取埋之。自後樹木滋茂，而無犯者。積二十餘年，孜乃更娶妻，立宅墓次，烝烝朝夕，奉亡如存，鷹雉栖其梁，檐鹿與猛獸擾其庭圃，交頸同游，不相搏噬。

[1]東陽：郡名，治所在長山縣（今浙江省金華市）。　吴寧：縣名，治所在今浙江省東陽市東。

[2]豫章：郡名，治所在南昌縣（今江西省南昌市）。

[3]蔬食：蔬，原本作“疏”，宋本、殿本作“蔬”，據宋本、殿本改。

元康中，郡察孝廉，不起，巾褐終身。[1]年八十餘，卒于家。邑人號其居爲孝順里。咸康中，太守張虞上疏曰："臣聞聖賢明訓存乎舉善，褒貶所興，不遠千載。謹案所領吴寧縣物故人許孜，至性孝友，立節清峻，與物恭讓，言行不貳。當其奉師，則在三之義盡；[2]及其喪親，實古今之所難。咸稱殊類致感，猛獸弭害。雖臣不及見，然備聞斯語，竊謂蔡順、董黯無以過之。孜没積年，其子尚在，性行純慤，[3]今亦家於墓側。臣以爲孜之履操，世所希逮，宜標其令迹，[4]甄其後嗣，以酬既往，[5]以獎方來。《陽秋傳》曰：[6]'善善及其子孫。'[7]臣不達大體，請臺量議。"疏奏，詔旌表門閭，蠲復子孫。[8]其子生亦有孝行，圖孜像於堂，朝夕拜焉。

[1]巾褐：頭巾和褐衣，古代平民的服裝。

[2]在三：尊敬君、父、師。典出《國語·晋語一》："'民生於三，事之如一。'父生之，師教之，君食之。非父不生，非食不長，非教不知，生之族也，故一事之，唯其所在，則致死焉。"韋昭注："三，君、父、師也。"

[3]純慤：淳樸恭謹。

[4]標其令迹：標，宋本作"摽"。

[5]以酬既往：酬，宋本、殿本作"疇"。

[6]《陽秋傳》：即《春秋傳》。東晋時因避簡文帝母鄭太后阿春諱，改春爲"陽"。

[7]善善及其子孫：語出《春秋公羊傳·昭公二十年》："君子之善善也長，惡惡也短；惡惡止其身，善善及子孫。"

[8]蠲復：免除賦税或勞役。

庾衮

庾衮，字叔褒，明穆皇后伯父也。[1]少履勤儉，篤學好問，事親以孝稱。咸寧中，大疫，二兄俱亡，次兄毗復殆，癘氣方熾，[2]父母諸弟皆出次於外，衮獨留不去。諸父兄強之，乃曰："衮性不畏病。"遂親自扶持，[3]晝夜不眠，其間復撫柩哀臨不輟。如此十有餘旬，疫勢既歇，家人乃反，毗病得差，衮亦無恙。父老咸曰："異哉此子！守人所不能守，行人所不能行，歲寒然後知松柏之後凋，始疑疫癘之不相染也。"

[1]明穆皇后：庾文君，本書卷三二有傳。

[2]癘氣：癘，宋本作"厲"。

[3]扶持：持，宋本、殿本作"侍"。

初，衮諸父並貴盛，惟父獨守貧約。衮躬親稼穡，以給供養，而執事勤恪，與弟子樹籬，跪以授條。或曰："今在隱屏，先生何恭之過？"衮曰："幽顯易操，非君子之志也。"父亡，作筥賣以養母。母見其勤，曰："我無所食。"對曰："母食不甘，衮將何居！"母感而安之。衮前妻荀氏，繼妻樂氏，皆官族富室，[1]及適衮，俱棄華麗，散資財，與衮共安貧苦，相敬如賓。母終，服喪居于墓側。

[1]官族：官，殿本作"宦"。

歲大饑，藜羹不糝，[1]門人欲進其飯者，而衮每曰已食，莫敢爲設。及麥熟，穫者已畢，而采捃尚多，[2]衮乃引其群子以退，曰："待其間。"及其捃也，不曲行，不旁掇，跪而把之，則亦大獲。又與邑人入山拾橡，分夷嶮，序長幼，推易居難，禮無違者。或有斬其墓柏，莫知其誰，乃召鄰人集于墓而自責焉，因叩頭泣涕，謝祖禰曰："德之不修，不能庇先人之樹，衮之罪也。"父老咸亦爲之垂泣，自後人莫之犯。撫諸孤以慈，奉諸寡以仁，事加於厚而教之義方，使長者體其行，幼者忘其孤。孤甥郭秀，比諸子侄，衣食而每先之。孤兄女曰芳，將嫁，美服既具，衮乃刈荆苕爲箕箒，召諸子集之于堂，男女以班，命芳曰："芳乎！汝少孤，汝逸汝豫，不汝疵瑕。今汝適人，將事舅姑，[3]灑掃庭内，婦之道也，故賜汝此。匪器之爲美，欲温恭朝夕，雖休勿休也。"[4]而以舊宅與其長兄子賡、翕。及翕卒，衮哀其早孤，痛其成人而未娶，乃撫柩長號，哀感行路，聞者莫不垂涕。

[1]藜羹不糁：無米以和羹。《莊子·讓王》："孔子窮於陳蔡之間，七日不火食，藜羹不糁。"成玄英疏："藜菜之羹，不加米糁。"

[2]采捃（jùn）：采集拾取。

[3]舅姑：公婆。

[4]雖休勿休：語出《尚書·吕刑》："雖畏勿畏，雖休勿休。"意爲雖然被人敬畏，不要自以爲可敬可畏；雖然被人讚美，不要自以爲行善德美。

初，衮父誡衮以酒，每醉，輒自責曰："余廢先父之誠，其何以訓人！”乃於父墓前自杖三十。鄉人褚德，逸者，善事其親，老而不倦，衮每拜之。嘗與諸兄過邑人陳準兄弟，諸兄友之，[1]皆拜其母，衮獨不拜。準弟徽曰：“子不拜吾親何？”衮曰：“未知所以拜也。夫拜人之親者，將自同於人之子也，其義至重，衮敢輕之乎！”遂不拜。準、徽嘆曰：“古有亮直之士，君近之矣。君若當朝，則社稷之臣歟！君若握兵，臨大節，孰能奪之！方今徵聘，君實宜之。”於是鄉黨薦之，州郡交命，察孝廉，舉秀才、清白異行，皆不降志，世遂號之爲異行。

[1]友之：友，宋本作“犮”。

元康末，潁川太守召爲功曹，[1]衮服造役之衣，杖鍤荷斧，不俟駕而行，曰：“請受下夫之役。”太守飾車而迎，衮逡巡辭退，請徒行入郡，將命者遂逼扶升車，納於功曹舍。既而衮自取己車而寢處焉，形雖恭而神有不可動之色。太守知其不屈，乃嘆曰：“非常士也，吾何以降之！”厚爲之禮而遣焉。

[1]潁川：郡名，治所在許昌縣（今河南省許昌市東）。潁，原本作“穎”，宋本、殿本作“潁”，據宋本、殿本改。　功曹：官名，即功曹史。郡縣屬官，執掌人事，參與郡縣政務。兩晋時，不開府將軍、太子二傅、特進、郡縣皆置。

齊王冏之唱義也，[1]張泓等肆掠于陽翟，[2]衮乃率其同族及庶姓保于禹山。[3]是時百姓安寧，未知戰守之事，衮曰："孔子云：'不教而戰，是謂棄之。'"乃集諸群士而謀曰："二三君子相與處於險，將以安保親尊，全妻孥也。古人有言：'千人聚而不以一人爲主，不散則亂矣。'將若之何？"衆曰："善。今日之主非君而何！"[4]衮默然有間，[5]乃言曰："古人急病讓夷，不敢逃難，然人之立主，貴從其命也。"乃誓之曰："無恃險，無怙亂，無暴鄰，無抽屋，無樵采人所植，無謀非德，無犯非義，戮力一心，同恤危難。"衆咸從之。於是峻險阨，[6]杜蹊徑，[7]修壁塢，樹藩障，考功庸，計丈尺，均勞逸，通有無，繕完器備，量力任能，物應其宜，使邑推其長，里推其賢，而身率之。分數既明，號令不二，上下有禮，少長有儀，將順其美，匡救其惡。及賊至，衮乃勒部曲，整行伍，皆持滿而勿發。賊挑戰，晏然不動，[8]且辭焉。賊服其慎而畏其整，是以皆退，如是者三。時人語曰："所謂臨事而懼、好謀而成者，其庾異行乎！"

[1]齊王冏：司馬冏，字景治，本書卷五九有傳。

[2]張泓：趙王司馬倫部將，征虜將軍。泓，原本、殿本作"弘"，宋本作"泓"，據宋本改。　陽翟：縣名，治所在今河南省禹州市。

[3]禹山：位於今河南省鄧州市西南。

[4]非君而何：何，宋本、殿本作"誰"。

[5]有間：有頃，有一會兒。

[6]峻險阨：加高險阻要塞。

[7]杜蹊徑：封鎖小路。

[8]晏然：晏，宋本作“晏”。

及冏歸于京師，逾年不朝，衮曰：“晋室卑矣，寇難方興！”乃携其妻子適林慮山，[1]事其新鄉如其故鄉，言忠信，行篤敬。比及期年，而林慮之人歸之，咸曰庾賢。及石勒攻林慮，[2]父老謀曰：”此有大頭山，九州之絶險也。上有古人遺迹，可共保之。”惠帝遷于長安，衮乃相與登于大頭山而田於其下。年穀未熟，食木實，餌石蘂，同保安之，有終焉之志。及將收穫，命子怞與之下山，中塗目眩瞀，墜崖而卒。同保赴哭曰：“天乎！獨不可舍我賢乎！”[3]時人傷之曰：“庾賢絶塵避地，超然遠迹，固窮安陋，木食山栖，不與世同榮，不與人争利，不免遭命，悲夫！”

[1]林慮山：本名隆慮山，東漢殤帝時改名林慮山。位於今河南省林州市西。

[2]石勒：字世龍，本書卷一〇四有載記。

[3]獨：難道。

衮學通《詩》《書》，非法不言，非道不行，尊事耆老，惠訓蒙幼，臨人之喪必盡哀，會人之葬必躬築，勞則先之，逸則後之，言必行之，行必安之。是以宗族鄉黨莫不崇仰，門人感慕，爲之樹碑焉。

有四子：怞、蔑、澤、捃。在澤生，故名澤，因捃生，故名捃。蔑後南渡江，中興初，爲侍中。[1]蔑生頤，安成太守。[2]

[1]侍中：官名，東漢建安中與給事黄門侍郎出入禁中，省尚書事。曹魏時爲門下之侍中省長官，常侍衛皇帝左右，掌顧問應對、諫諍糾察、平議奏事、駁奏異議等，權力甚重。三品。

[2]安成：郡名，治所在平都縣（今江西省安福縣東南）。

孫晷

孫晷，字文度，吴國富春人，[1]吴伏波將軍秀之曾孫也。[2]晷爲兒童，未嘗被呵怒。顧榮見而稱之，[3]謂其外祖薛兼曰：[4]“此兒神明清審，[5]志氣貞立，非常童也。”及長，恭孝清約，學識有理義，每獨處幽暗之中，容止瞻望未嘗傾邪。雖侯家豐厚，而晷常布衣蔬食，躬親壟畝，誦咏不廢，欣然獨得。父母愍其如此，欲加優饒，而夙興夜寐，無暫懈也。父母起居嘗饌，雖諸兄親饋，而晷不離左右。富春車道既少，動經江川，[6]父難於風波，每行乘籃輿，[7]晷躬自扶侍，所詣之處，則於門外樹下藩屏之間隱息，初不令主人知之。兄嘗篤疾經年，晷躬自扶侍，藥石甘苦，必經心目，跋涉山水，祈求懇至。而聞人之善，欣若有得；聞人之惡，慘若有失。見人饑寒，並周贍之，鄉里贈遺，一無所受。親故有窮老者數人，[8]恒往來告索，人多厭慢之，而晷見之，欣敬逾甚，寒則與同衾，食則與同器，或解衣推被以恤之。時年饑穀貴，人有生刈其稻者，晷見而避之，須去而出，既而自刈送與之。鄉鄰感愧，莫敢侵犯。[9]

[1]吴國：郡國名，治所在吴縣（今江蘇省蘇州市）。　富春：縣名，治所在今浙江省杭州市富陽區。

[2]伏波將軍：官名，屬名號將軍，地位較高。晋五品。　秀：孫秀，西晋吴郡富春（今浙江省杭州市富陽區）人，字彦才，孫權弟。歷任前將軍、夏口督。受孫皓猜疑，率全家投奔西晋，任驃騎將軍，封會稽公。

[3]顧榮：字彦先，本書卷六八有傳。

[4]薛兼：字令長，本書卷六八有傳。

[5]神明清審：明，原本、宋本作"用"，殿本作"明"，據殿本、中華本校勘記改。

[6]江川：江，原本、殿本作"山"，宋本作"江"，據宋本、中華本校勘記改。

[7]籃輿：古代供人乘坐的交通工具，類似小型的轎子。

[8]親故：故，宋本作"親"。

[9]莫敢侵犯：敢，宋本、殿本作"復"。

會稽虞喜隱居海嵎，[1]有高世之風。晷欽其德，娉喜弟預女爲妻。喜戒女棄華尚素，與晷同志。時人號爲梁鴻夫婦。[2]濟陽江惇少有高操，[3]聞晷學行過人，自東陽往候之，始面，便終日譚宴，結歡而别。

[1]虞喜：字仲寧，本書卷九一有傳。

[2]梁鴻夫婦：梁鴻，東漢扶風平陵（今陝西省咸陽市西北）人，字伯鸞。家貧好學，娶同縣孟光爲妻，共入霸陵山，以耕織爲業。曾作《五噫之歌》得罪朝廷，乃變姓名匿於齊魯之間。夫妻間相敬如賓，孟光進食常舉案齊眉，成夫妻相愛的佳話。

[3]濟陽：郡名，惠帝時分陳留郡置，治所在濟陽縣（今河南省蘭考縣東北）。　江惇：惇，原本作"惇"，宋本、殿本作

“惇”，據宋本、殿本改。

司空何充爲揚州，[1]檄碁爲主簿，[2]司徒蔡謨辟爲掾屬，[3]並不就。尚書張國明，[4]州土之望，表薦碁，公車特徵。會卒，時年三十八，朝野嗟痛之。碁未及大斂，有一老父緼袍草履，[5]不通姓名，[6]徑入撫柩而哭，哀聲慷慨，感于左右。哭止便出，容貌甚清，眼瞳又方，門者告之喪主，怪而追焉。直去不顧。同郡顧和等百餘人嘆其神貌有異，[7]而莫之測也。

[1]何充：字次道，本書卷七七有傳。　揚州：三國魏、吴各置揚州，魏治所在壽春縣（今安徽省壽縣），吴治所在建業縣（今江蘇省南京市）。西晋統一後復合，治所在建鄴縣（今江蘇省南京市）。

[2]主簿：官名，開府屬官，典領文書籍簿，省録衆事，職權甚重。

[3]司徒：官名，西漢哀帝元壽二年（前1）改丞相爲大司徒，東漢光武帝時改名爲司徒，東漢末又改爲丞相。三國魏恢復三公制，改丞相爲司徒，管理民政。兩晋沿制，爲八公之一，在太尉之下、司空之上。與丞相通職，一般不並置，爲名譽宰相。一品。　蔡謨：字道明，本書卷七七有傳。

[4]尚書：官名，東漢尚書臺六曹各置尚書，秩六百石。魏晋出爲朝官，分掌尚書省諸曹，品秩提高。三品。

[5]緼袍：棉袍。　草履：履，宋本、殿本作“屨”。

[6]不通姓名：名，宋本作“字”。

[7]顧和：字君孝，本書卷八三有傳。

顏含

顏含，字弘都，琅邪莘人也。[1]祖欽，給事中。[2]父默，汝陰太守。[3]含少有操行，以孝聞。兄畿，咸寧中得疾，就醫自療，遂死於醫家。家人迎喪，旐每繞樹而不可解，[4]引喪者顛仆，稱畿言曰："我壽命未死，但服藥太多，[5]傷我五藏耳。[6]今當復活，慎無葬也。"其父祝之曰："若爾有命復生，豈非骨肉所願！今但欲還家，不爾葬也。"旐乃解。及還，其婦夢之曰："吾當復生，可急開棺。"婦頗説之。其夕，母及家人又夢之，即欲開棺，而父不聽。含時尚少，乃慨然曰："非常之事，古則有之，今靈異至此，開棺之痛，孰與不開相負?"父母從之，乃共發棺，果有生驗，以手刮棺，指爪盡傷，然氣息甚微，存亡不分矣。飲哺將護，累月猶不能語，飲食所須，託之以夢。闔家營視，頓廢生業，雖在母妻，不能無倦矣。含乃絶棄人事，躬親侍養，足不出户者十有三年。石崇重含淳行，[7]贈以甘旨，含謝而不受。或問其故，答曰："病者綿昧，生理未全，既不能進啖，又未識人惠，若當謬留，豈施者之意也!"畿竟不起。

[1]顏含，字弘都，琅邪莘人也：中華本校勘記："《校文》：含，臨沂人，李闡《顏含碑》及《顏真卿家廟碑》可證。按：《梁書》及《南史》之《顏協傳》、《北齊書》及《北史》之《顏之推傳》、《元和姓纂》並云含，琅邪臨沂人。"

[2]給事中：官名，爲加官，所加爲三公、將軍、中書監令、博士、郎等。常侍從皇帝左右，諫諍糾彈，爲中朝要職。五品。

[3]汝陰：郡名，治所在汝陰縣（今安徽省阜陽市）。

[4]旐：喪事用的一种魂幡。

[5]但：宋本作“伹”。

[6]五藏：藏，殿本作“臟”。

[7]石崇：字季倫，本書卷三三有傳。　淳行：淳，原本、殿本作“惇”，宋本作“淳”，據宋本改。

含二親既終，兩兄繼没，次嫂樊氏因疾失明，含課勵家人，盡心奉養，每日自嘗省藥饌，察問息耗，必簪屨束帶。醫人疏方，應須髯蛇膽，而尋求備至，無由得之，含憂嘆累時。嘗晝獨坐，忽有一青衣童子年可十三四，[1]持一青囊授含，含開視，乃蛇膽也。童子逡巡出户，化成青鳥飛去。得膽，藥成，嫂病即愈。由是著名。

[1]忽有：忽，宋本作“勿”。

本州辟，不就。東海王越以爲太傅參軍，[1]出補闓陽令。[2]元帝初鎮下邳，[3]復命爲參軍。過江，以含爲上虞令，[4]轉王國郎中、丞相東閣祭酒，[5]出爲東陽太守。東宫初建，含以儒素篤行補太子中庶子，遷黄門侍郎、本州大中正，[6]歷散騎常侍、大司農。[7]豫討蘇峻功，[8]封西平縣侯，拜侍中，除吴郡太守。[9]王導問含曰：[10]“卿今莅名郡，政將何先？”答曰：“王師歲動，編户虚耗，南北權豪競招游食，國弊家豐，執事之憂。且當徵之勢門，使反田桑，數年之間，欲令户給人足，如其禮樂，俟之明宰。”含所歷簡而有恩，明而能斷，然以威御下。導嘆曰：“顔公在事，吴人斂手矣。”未之官，復爲侍中。尋除國子祭酒，[11]加散騎常侍，遷光禄勳，[12]以年老遜位。成帝美其素行，就加右光禄大夫，[13]門施行馬，[14]賜床帳被褥，敕太官四時致膳，[15]固辭不受。

[1]東海王越：司馬越，字元超，本書卷五九有傳。　太傅：官名，晋爲八公之一。位上公，太宰之下、太保之上。一品。

[2]闉陽：縣名，史籍無考。

[3]下邳：縣名，治所在今江蘇省睢寧縣古邳鎮東。

[4]上虞：縣名，治所在今浙江省紹興市上虞區。

[5]王國郎中：王，原本、宋本作“主”，殿本作“王”，據殿本、中華本校勘記改。　丞相：官名，原爲最高國務長官，魏晋時省置無常，或分置左、右，或稱大丞相，多用來安置權臣。　東閤祭酒：官名，王府、公府、丞相府、將軍府僚屬。曹操時置。兩晋東、西置兩閤祭酒，西晋時西閤爲上，東晋時東閤爲上。

[6]黄門侍郎：官名，魏晋時爲侍中省或門下省次官。侍從皇帝，顧問應對，多以重臣或外戚子弟擔任，位頗重要。五品。

[7]散騎常侍：官名，三國魏文帝黄初年間置，侍從皇帝左右，諫諍得失，顧問應對，與侍中等共平尚書奏事。也用作宰相、諸公等加官，入宫議政。三品。　大司農：官名，掌管全國財政和各地的屯田。三品。

[8]蘇峻：字子高，本書卷一〇〇有傳。

[9]吴郡：治所在吴縣（今江蘇省蘇州市）。

[10]王導：字茂弘，本書卷六五有傳。

[11]國子祭酒：官名，國子學的長官，主管國子學、掌教授儒學，參議禮制。五品。

[12]光禄勳：官名，侍從皇帝左右，掌宫廷宿衛。西晋時兼掌

原屬少府的一部分宫廷供御事務。三品。

[13]右光禄大夫：官名，齊王曹芳正始元年（240）在光禄大夫上增置左、右，位在光禄大夫上。在朝顯職的加官，或授予年老有病致仕者，或授予死者。西晋時禄賜與特進同。二品，開府位從公者一品。

[14]行馬：古代官署前攔阻人馬通行的木架。俗稱“鹿角”，亦稱“梐枑”。

[15]太官：官名，即太官令，亦作“大官令”。漢魏屬少府，兩晋隸屬光禄勛，掌宫廷飲食。七品。太，殿本作“大”。

于時論者以王導帝之師傅，名位隆重，[1]百僚宜爲降禮。太常馮懷以問於含，[2]含曰：“王公雖重，理無偏敬，降禮之言，或是諸君事宜。鄙人老矣，不識時務。”既而告人曰：“吾聞伐國不問仁人。向馮祖思問佞於我，[3]我有邪德乎？”人嘗論少正卯、盗跖其惡孰深。[4]或曰：“正卯雖奸，不至剖人充膳，盗跖爲甚。”含曰：“爲惡彰露，人思加戮；隱伏之奸，非聖不誅。由此言之，少正爲甚。”衆咸服焉。郭璞嘗遇含，[5]欲爲之筮。含曰：“年在天，位在人，修己而天不與者，命也；守道而人不知者，性也。自有性命，無勞蓍龜。”桓温求婚於含，[6]含以其盛滿，不許。惟與鄧攸深交。[7]或問江左群士優劣，答曰：“周伯仁之正，[8]鄧伯道之清，卞望之之節，[9]餘則吾不知也。”其雅重行實，抑絶浮僞如此。

[1]隆重：隆，宋本作“降”。

[2]太常：官名，漢代稱奉常，本掌禮樂宗廟、社稷祭祀，魏

晋時此職掌歸尚書裁定，太常成爲閑職。三品。　馮懷：東晋人，歷任太常、護軍將軍、黄門侍郎、侍中等。

[3]向：剛才。

[4]少正卯：春秋末魯國人，少正氏，名卯。相傳在魯國聚徒講學，使得孔子之門三盈三虚。　盗跖：亦作盗蹠，古代人名。《史記》卷六一《伯夷列傳》："盗蹠日殺不辜，肝人之肉，暴戾恣睢。"

[5]郭璞：字景純，本書卷七二有傳。

[6]桓温：字元子，本書卷九八有傳。

[7]鄧攸：字伯道，本書卷九〇有傳。

[8]周伯仁：周顗，字伯仁，本書卷六九有傳。

[9]卞望之：卞壼，字望之，本書卷七〇有傳。

致仕二十餘年，年九十三卒。遺命素棺薄斂。謚曰靖。喪在殯而鄰家失火，移棺紼斷，[1]火將至而滅，僉以爲淳誠所感也。[2]三子：髦、謙、約。髦歷黄門郎、侍中、光禄勛，[3]謙至安成太守，約零陵太守，[4]並有聲譽。

[1]紼：牽引靈柩的大繩。

[2]淳誠：淳，原本作"涥"，宋本、殿本作"淳"，據宋本、殿本改。

[3]黄門郎：官名，黄門侍郎或給事黄門侍郎的省稱。五品。

[4]零陵：郡名，西漢置，治所在零陵縣（今廣西壯族自治區全州縣西南），東漢至晋治所在泉陵縣（今湖南省永州市）。

劉殷

劉殷，字長盛，新興人也。[1]高祖陵，漢光禄大夫。[2]殷七歲喪父，哀毁過禮，服喪三年，[3]未曾見齒。曾祖母王氏，盛冬思堇而不言，食不飽者一旬矣。[4]殷怪而問之，王言其故。殷時年九歲，乃於澤中慟哭，曰："殷罪釁深重，幼丁艱罰，王母在堂，無旬月之養。殷爲人子，而所思無獲，皇天后土，願垂哀愍。"[5]聲不絶者半日，於是忽若有人云："止，止聲。"殷收淚視地，便有堇生焉，因得斛餘而歸，食而不減，至時堇生乃盡。又嘗夜夢人謂之曰："西籬下有粟。"寤而掘之，得粟十五鍾，銘曰"七年粟百石，以賜孝子劉殷"。自是食之，七載方盡。時人嘉其至性通感，競以穀帛遺之。殷受而不謝，直云待後貴當相酬耳。

[1]新興：郡名，治所在九原縣（今山西省忻州市）。

[2]漢光禄大夫：西漢武帝太初元年（前104）改中大夫置，屬光禄勛，掌議論，在大夫中地位最爲尊顯。秩比二千石。

[3]服喪：殿本乙作"喪服"。

[4]食不飽者：宋本無"者"字。

[5]垂哀愍：垂，宋本作"重"。

弱冠，[1]博通經史，綜核群言，[2]文章詩賦靡不該覽。性倜儻，有濟世之志，儉而不陋，清而不介，望之頽然而不可侵也。[3]鄉黨親族莫不稱之。[4]郡命主簿，州辟從事，[5]皆以供養無主，辭不赴命。司空、齊王攸辟爲掾，[6]征南將軍羊祜召參軍事，[7]皆以疾辭。同郡張宣子，識達之士也，勸殷就徵。殷曰："當今二公，有晋之棟楹也。吾方希達如榱椽耳，[8]不憑之，豈能立乎！

吾今王母在堂，既應他命，無容不竭盡臣禮，便不得就養。子輿所以辭齊大夫，[9]良以色養無主故耳。”[10]宣子曰：“如子所言，豈庸人所識哉！而今而後，吾子當爲吾師矣。”遂以女妻之。宣子者，并州豪族也，家富於財，其妻怒曰：“我女年始十四，姿識如此，何慮不得爲公侯妃，而遽以妻劉殷乎！”宣子曰：“非爾所及也。”誡其女曰：“劉殷至孝冥感，兼才識超世，此人終當遠達，爲世名公，汝其謹事之。”張氏性亦婉順，事王母以孝聞，奉殷如君父焉。及王氏卒，殷夫婦毁瘠，幾至滅性。時柩在殯而西鄰失火，風勢甚盛，殷夫婦叩殯號哭，火遂越燒東家。後有二白鳩巢其庭樹，自是名譽彌顯。

[1]弱冠：指男子二十歲時。《禮記·曲禮上》：“二十曰弱，冠。”年少爲弱，待至二十，即爲成年，舉行冠禮。

[2]綜核群言：聚總考核各家之言。

[3]不可侵：可，宋本作“敢”。

[4]鄉黨：同鄉，鄉親。

[5]從事：官名，州部屬吏。東漢稱從事史，由州部長官自己選拔任命。

[6]齊王攸：司馬攸，字大猷，本書卷三八有傳。

[7]征南將軍：官名，與征東、征西、征北將軍合稱四征將軍。三國魏蜀吴兩晋皆置，出鎮方面，地位顯要。三品，加持節都督者二品。　羊祜：祜，原本作“祐”，宋本、殿本作“祜”，據宋本、殿本及其本傳改。

[8]榱椽：架屋承瓦的木頭。方的叫榱，圓的叫椽。亦喻擔負重任的人物。

[9]子輿：曾參，孔子弟子，字子輿。以孝著名。

[10]良：確實，的確。　無主故耳：無，殿本作“爲”。

太傅楊駿輔政，[1]備禮聘殷，殷以母老固辭。駿於是表之，優詔遂其高志，聽終色養，敕所在供其衣食，蠲其徭賦，賜帛二百匹，穀五百斛。趙王倫篡位，[2]孫秀夙重殷名，以散騎常侍徵之，殷逃奔雁門。[3]及齊王冏輔政，[4]辟爲大司馬軍諮祭酒。[5]既至，謂殷曰："先王虚心召君，君不至。今孤辟君，君何能屈也?"殷曰："世祖以大聖應期，先王以至德輔世，既堯舜爲君，稷契爲佐，[6]故殷希以一夫而距千乘，爲不可回之圖，幸邀唐虞之世，是以不懼斧鉞之戮耳。今殿下以神武睿姿，除殘反政，然聖迹稍粗，嚴威滋肅，殷若復爾，恐招華士之誅，故不敢不至也。"冏奇之，轉拜新興太守，明刑旌善，甚有政能。

[1]楊駿：字文長，本書卷四〇有傳。

[2]趙王倫：司馬倫，字子彝，本書卷五九有傳。

[3]雁門：郡名，治所在廣武縣（今山西省代縣西南）。

[4]及：原本作“反”，宋本、殿本作“及”，據宋本、殿本改。

[5]大司馬：官名，八公之一，位在上公之下、大將軍及三公之上，高級將帥，多爲大臣加官。一品。　軍諮祭酒：官名，即軍師祭酒，晋朝避司馬師名諱而改。亦稱軍咨祭酒、軍謀祭酒、軍祭酒，諸軍府屬官，參謀軍事，位在軍府諸僚佐之上。

[6]稷：即后稷，周先祖，虞舜命爲農官，教民耕稼，稱爲“后稷”。　契：即殷契，商的祖先，爲帝嚳之子。舜時佐禹治水有

功，任爲司徒，封於商，賜姓子氏。

屬永嘉之亂，没於劉聰。[1]聰奇其才而擢任之，累至侍中、太保、録尚書事。[2]殷恒戒子孫曰："事君之法，當務幾諫，[3]凡人尚不可面斥其過，而況萬乘乎！夫犯顔之禍，將彰君過，宜上思召公咨商之義，[4]下念鮑勛觸鱗之誅也。"[5]在聰之朝，與公卿恂恂然，[6]常有後己之色。士不修操行者，無得入其門，然滯理不申，籍殷而濟者，[7]亦已百數。

[1]没於劉聰：中華本校勘記："《校文》：《元海載記》有侍中劉殷諫元海事，時爲永嘉元年，則殷非没於聰時明矣。"

[2]太保：官名，史上屢次廢置，三國魏末年復置。晋爲八公之一，位上公，在太宰、太傅之下。安置元老重臣，無職掌。一品。保，原本、殿本作"守"，宋本作"保"，據宋本改。　録尚書事：官名，初爲職銜名，重臣加此名義始得總知國事，綜理政務，成爲真宰相。魏晋多以公卿權重者居之，總領尚書省政務，凡重號將軍、刺史皆得命曹授用，位在三公之上。

[3]幾諫：幾，宋本作"譏"。

[4]召公咨商：召穆公諷勸周厲王。《詩·大雅·蕩序》："蕩，召穆公傷周室大壞也。厲王無道，天下蕩蕩無綱紀文章，故作是詩也。"詩中有"文王曰咨，咨女殷商"之句，故言。

[5]鮑勛：三國泰山平陽（今山東省新泰市）人，字叔業。任曹操丞相掾、太子中庶子、黄門侍郎、魏郡西部都尉。曹操死後，曹丕即位，鮑勛以駙馬都尉兼侍中。因多次直言勸諫魏文帝曹丕而被殺。　觸鱗：觸犯龍的逆鱗。比喻臣子對君主的過失犯顔直諫。《後漢書》卷五七《李雲傳》："故敢觸龍鱗，冒昧以請。"

[6]恂恂：温順恭謹貌。

[7]籍殷而濟者：籍，殿本作“藉”。

有七子，五子各授一經，一子授《太史公》，一子授《漢書》，一門之内，七業俱興，北州之學，殷門爲盛。竟以壽終。

王延

王延，字延元，西河人也。[1]九歲喪母，泣血三年，幾至滅性。每至忌日，[2]則悲啼一旬。[3]繼母卜氏遇之無道，恒以蒲穰及敗麻頭與延貯衣。[4]其姑聞而問之，延知而不言，事母彌謹。卜氏嘗盛冬思生魚，敕延求而不獲，杖之流血。[5]延尋汾叩凌而哭，忽有一魚長五尺，踴出水上，[6]延取以進母。卜氏食之，積日不盡，於是心悟，撫延如己生。延事親色養，夏則扇枕席，冬則以身温被，隆冬盛寒，體無全衣，而親極滋味。晝則傭賃，夜則誦書，遂究覽經史，皆通大義。州郡禮辟，貪供養不起。父母終後，廬於墓側，非其蠶不衣，非其耕不食。

[1]西河：郡國名，治所在離石縣（今山西省吕梁市離石區）。
[2]忌日：日，宋本作“月”。
[3]一旬：一，宋本作“三”，殿本作“至”。
[4]貯：宋本作“財”。
[5]杖之：杖，宋本作“抶”。
[6]水上：水，宋本、殿本作“冰”。

屬天下喪亂，隨劉元海遷于平陽，[1]農蠶之暇，訓誘宗族，侃侃不倦。家牛生一犢，他人認之，延牽而授與，初無吝色。其人後自知妄認，送犢還延，叩頭謝罪，延仍以與之，不復取也。

[1]劉元海：劉淵，本書卷一〇一有載記。　平陽：縣名，治所在今山西省臨汾市西南。

年六十，方仕於劉聰，稍遷尚書左丞，[1]至金紫光禄大夫。[2]聰死後，靳準將作亂，[3]謀之于延，延不從。準既誅劉氏，自號漢天王，以延爲左光禄大夫，[4]延又大罵不受，準遂殺之。

[1]尚書左丞：官名，尚書省佐官，位次尚書，居尚書右丞上。與右丞共掌尚書都省庶務，率諸都令史監督稽核諸尚書曹、郎曹政務。左丞又掌督録近道文書章奏，監察糾彈尚書令、僕射、尚書等文武百官，號稱“監司”，權勢甚重。六品。

[2]金紫光禄大夫：官名，對光禄大夫加金章紫綬。禄賜、班位、車服、佩玉等皆與特進同。二品。

[3]靳準：在劉聰政權中任中護軍、大司空、司隸校尉等職，二女爲劉聰左右貴嬪，大女兒月光爲劉聰皇后。殺劉粲后自號大將軍、漢大王，置百官，遣使稱藩於晋。後被劉聰故將王騰、馬忠等誅殺。

[4]左光禄大夫：官名，齊王曹芳正始元年（240）在光禄大夫上增置左、右，位在光禄大夫上。在朝顯職的加官，或授予年老有病致仕者，或授予死者。西晋時禄賜與特進同。二品，開府位從公者一品。

王談

王談，吴興烏程人也。[1]年十歲，父爲鄰人竇度所殺。談陰有復仇志，而懼爲度所疑，寸刃不畜，日夜伺度，未得。至年十八，乃密市利鍤，陽若耕鉏者。度常乘船出入，經一橋下，談伺度行還，伏草中，度既過，談於橋上以鍤斬之，應手而死。既而歸罪有司，太守孔巖義其孝勇，[2]列上宥之。巖諸子爲孫恩所害，[3]無嗣，談乃移居會稽，修理巖父子墳墓，盡其心力。後太守孔廞究其義行，元興三年，舉談爲孝廉，時稱其得人。談不應召，終于家。

[1]吴興：郡名，治所在烏程縣（今浙江省湖州市南）。
[2]大守孔巖：中華本校勘記："'巖'當從本傳作'嚴'。"
[3]孫恩：字靈秀，本書卷一〇〇有傳。

桑虞

桑虞，字子深，魏郡黎陽人也。[1]父冲，有深識遠量，惠帝時爲黄門郎。河間王顒執權，[2]引爲司馬。冲知顒必敗，就職一旬，便稱疾求退。虞仁孝自天至，年十四喪父，毁瘠過禮，日以米百粒用糁藜藿，其姊諭之曰：[3]"汝毁瘠如此，必至滅性，滅性不孝，宜自抑割。"虞曰："藜藿雜米，足以勝哀。"虞有園在宅北數里，瓜果初熟，有人逾垣盜之。虞以園援多棘刺，恐偷見人驚走而致傷損，乃使奴爲之開道。及偷負瓜將出，見道通利，知虞使除之，乃送所盜瓜，叩頭請罪。虞乃歡然，盡以瓜與之。嘗行，寄宿逆旅，[4]同宿客失脯，疑虞爲盗。虞默然無言，便解衣償之。主人曰：“此舍數失魚肉鷄鴨，多是狐貍偷去，君何以疑人？”乃將脯主至山冢間尋求，[5]果得之。客求還衣，虞投之不顧。

[1]魏郡：治所在鄴縣（今河北省臨漳縣西南）。　黎陽：縣名，治所在今河南省浚縣東北。

[2]河間王顒：司馬顒，字文載，本書卷五九有傳。

[3]其姊：姊，殿本作“師”。

[4]逆旅：旅店。

[5]冢間：冢，宋本作“家”。

虞諸兄仕于石勒之世，咸登顯位，惟虞耻臣非類，陰欲避地海東，會丁母憂，遂止。哀毁骨立，廬于墓側。五年後，石勒以爲武城令。[1]虞以密邇黄河，去海微近，將申前志，欣然就職。石季龍太守劉徵甚器重之，[2]徵遷青州刺史，[3]請虞爲長史，[4]帶祝阿郡。[5]徵遇疾還鄴，令虞監行州府屬。季龍死，國中大亂，朝廷以虞名父之子，必能立功海岱，潛遣東莞人華挺授虞寧朔將軍、青州刺史。[6]虞曰：“功名非吾志也。”乃附使者啓讓刺史，靖居海右，不交境外。雖歷僞朝，而不豫亂，世以此高之。卒于官。

[1]武城：縣名，治所在今山東省武城縣西北。

[2]石季龍：即石虎，石勒從子，本書卷一〇六有載記。

[3]青州：治所在臨淄縣（今山東省淄博市東北）。

[4]長史：官名，掌顧問參謀，爲所在官署掾屬之長。魏晋南北朝時王府、公府、軍府、邊郡均置。八至六品。

[5]祝阿郡：治所在祝阿縣（今山東省濟南市歷城區西南）

[6]東莞：郡名，東漢建安初置，治所在今山東省沂水縣東北，西晋元康間移治莒縣（今山東省莒縣）。　寧朔將軍：官名，西晋時多駐幽州，爲幽州地區軍政長官，兼管烏丸事務。四品。

虞五世同居，閨門邕穆。苻堅青州刺史苻朗甚重之，[1]嘗詣虞家，升堂拜其母，時人以爲榮。

[1]苻堅：字永固，本書卷一一三有載記。苻，原本、宋本作“符”，殿本作“苻”，據其載記及殿本改。本卷下文此姓字同。苻朗：字元達，本書卷一一四有載記。

何琦

何琦，字萬倫，司空充之從兄也。祖父龕，後將軍。[1]父阜，淮南内史。[2]琦年十四喪父，哀毁過禮。性沉敏有識度，好古博學，居于宣城陽穀縣，[3]事母孜孜，朝夕色養。常患甘鮮不贍，乃爲郡主簿，察孝廉，除郎中，以選補宣城涇縣令。[4]司徒王導引爲參軍，不就。

[1]後將軍：官名，漢代爲重號將軍，與前、左、右將軍並爲上卿。魏晋以後權位漸低，僅爲將軍名號，略高於一般雜號將軍。三品。

[2]淮南：郡名，治所在壽春縣（今安徽省壽縣）。　内史：官名，西晋武帝太康十年（289）改諸王國相爲内史，掌管民政。五品。周家禄《晋書校勘記》認爲：“晋制，以郡爲國，内史治民事，若郡太守。國除爲郡，復稱太守。然二名往往混淆，史家亦互稱之。”

[3]宣城：郡名，治所在宛陵縣（今安徽省宣城市宣州區）。陽穀縣：東晋孝武帝以春穀縣改名，治所在今安徽省繁昌縣西北。

[4]涇縣：治所在今安徽省涇縣西。

及丁母憂，居喪泣血，杖而後起。停柩在殯，爲鄰火所逼，烟焰已交，家乏僮使，計無從出，乃匍匐撫棺號哭。俄而風止火息，堂屋一間免燒，其精誠所感如此。服闋，乃慨然嘆曰："所以出身仕者，非謂有尺寸之能以效智力，實利微禄，私展供養。一旦煢然，[1]無復恃怙，豈可復以朽鈍之質塵黷清朝哉！"於是養志衡門，[2]不交人事，耽玩典籍，以琴書自娱。不營産業，節儉寡欲，豐約與鄉鄰共之。[3]鄉里遭亂，姊没人家，琦惟有一婢，便爲購贖。然不爲小謙，凡有贈遺，亦不苟讓，但於己有餘，[4]輒復隨而散之。任心而行，率意而動，不占卜，無所事。司空陸玩、太尉桓温並辟命，[5]皆不就。詔徵博士，[6]又不起。簡文帝時爲撫軍，[7]欽其名行，召爲參軍，固辭以疾。公車再徵通直散騎侍郎、散騎常侍，[8]不行。由是君子仰德，[9]莫能屈也。桓温嘗登琦縣界山，[10]喟然嘆曰："此山南有人焉，何公真止足者也！"

[1]一旦：旦，宋本作"且"。

[2]養志衡門：隱居養志。衡門，隱居的地方，亦指隱居。

[3]約與：宋本無"約"字。

[4]但於己：但，宋本作"伹"。

[5]陸玩：字士瑶，本書卷七七有傳。　太尉：官名，曹操爲丞相後，太尉府屬官歸相府，晋時太尉雖爲八公之一、三公之首，實爲名譽宰相，多爲大臣加官。一品。

[6]博士：學官，國子博士、太學博士或太常博士泛稱，教授儒學。六品。

[7]撫軍：官名，即撫軍將軍。三國蜀漢、孫吴皆置，爲加官，以示權重。晋沿置，與中軍將軍、鎮軍將軍並爲三名號將軍。三品。

[8]通直散騎侍郎：官名，亦稱通直散騎郎，簡稱通直郎，東晋元帝太興元年（318）使員外散騎侍郎二人與散騎侍郎通員當值，故名。後增至四人，屬散騎省，職同散騎侍郎，參平尚書奏事，兼掌侍從、諷諫，地位較高。五品。

[9]君子：宋本無“子”字。

[10]界山：界，殿本作“北”。

琦善養性，老而不衰，布褐蔬食，恒以述作爲事，著《三國評論》，[1]凡所撰録百許篇，皆行于世。年八十二卒。

[1]著《三國評論》：中華本校勘記：“《隋書·經籍志二》作‘論《三國志》’。”

吴逵

吴逵，吴興人也。經荒饑疾病，合門死者十有三人，逵時亦病篤，其喪皆鄰里以葦席裹而埋之。逵夫妻既存，家極貧窘，冬無衣被，晝則傭賃，夜燒磚甓，晝夜在山，未嘗休止，遇毒蟲猛獸，輒爲之下道。期年，成七墓、十三棺。時有賻贈，[1]一無所受。太守張崇義之，以羔雁之禮禮焉。卒於家。

[1]賻贈：贈與辦喪事用的財物。

史臣曰：尊親之道，禮經之明訓；孝友之義，詩人之美談，是知人倫之本，罔兹攸尚。盛翁子立行淳至，素蓄異才，流慟致其感通，含哺申其就養，戴昌賞其清韵，陸雲嘉其茂德。王裒隱居不從其辟，行己莫逾其禮，枯柏以應其誠，驚雷以危其慮。永言董、蔡，[1]異時均美。許孜少而敏學，禮備在三，馴雉栖其梁棟，猛獸擾其庭圃，居喪之禮，實古今之所難焉。庾叔褒不匱表於執勤，則裕存乎敬業，幽顯不易其操，疫癘不駭其心，急病讓夷之規，有古人之風烈矣。孫晷之匪懈，王談之復仇，神人惜其亡，良守宥其罪。劉殷幼丁艱酷，柴毁逾制，發三冬之堇，賜七年之粟，至誠之契，義形于兹。王延叩冰而召鱗，扇席而清暑，雖黄香、孟宗，[2]抑爲倫輩。其餘群子，並孝養可崇，清風素範，高山景行，會其宗流，同斯志也。

[1]蔡：原本作“察”，宋本、殿本作“蔡”，據宋本、殿本改。

[2]黄香：東漢江夏安陸（今湖北省安陸市北）人，字文彊。年九歲，失母，思慕憔悴，殆不免喪，鄉人稱其至孝。歷任郎中、尚書郎、尚書令、魏郡太守等。　孟宗：三國時江夏鄂（今湖北省鄂州市）人，字恭武。後避吴主孫皓字，改名仁。初爲驃騎將軍朱

據軍吏，後任監池司馬，遷吴令。歷任光禄勛、右御史大夫、司空等職。《楚國先賢傳》記載其孝感天地，使冬日竹林出筍，供其母食用。

贊曰：德之所届，有感必徵。孝哉王、許，永慕烝烝。揮泗凋柏，對榥巢鷹。密、彦、夏、庾，夙標至性。[1]文度、弘都，勤修懿行。敦彼孝友，載光謡咏。鳩馴長盛，魚薦延元。談、桑義闡，琦、吴道存。專洞之德，[2]咸摛左言。[3]

[1]夙標至性：標，宋本作“摽”。

[2]專洞之德：指不被天下所知的孝行。

[3]咸摛（chī）左言：全都靠史書傳播。摛，傳播。左言，《漢書》卷三〇《藝文志》有“右史記事，左史記言”之説，後以“左言”爲史官的代稱。

晉書　卷八九

列傳第五十九

忠義

嵇紹 從子含　王豹　劉沉　麴允 焦嵩　賈渾　王育　韋忠　辛勉 族弟賓[1]　劉敏元　周該　桓雄　韓階　周崎　易雄　樂道融　虞悝　沈勁　吉挹　王諒　宋矩　車濟　丁穆　辛恭靖　羅企生　張禕

古人有言：“君子殺身以成仁，不求生以害仁。”又云：“非死之難，處死之難。”信哉斯言也！是知隕節苟合其宜，義夫豈吝其沒；捐軀若得其所，烈士不愛其存。故能守鐵石之深衷，厲松筠之雅操，見貞心於歲暮，標勁節於嚴風，[2]赴鼎鑊其如歸，履危亡而不顧，書名竹帛，畫象丹青，前史以爲美談，後來仰其徽烈者也。

[1]原本總目録及卷首目録均無附傳人名“族弟賓”，據正文

及中華本目録補。

[2]標勁：標，宋本作“摽”。

晋自元康之後，政亂朝昏，禍難薦興，艱虞孔熾，[1]遂使奸凶放命，[2]戎狄交侵，函夏沸騰，蒼生塗炭，干戈日用，戰争方興。雖背恩忘義之徒不可勝載，而蹈節輕生之士無乏於時。至若嵇紹之衛難乘輿，卞壼之亡軀鋒鏑，桓雄之義高田叔，[3]周崎之節邁解揚，[4]羅、丁致命于舊君，辛、吉恥臣於戎虜，張褘引鴆以全節，王諒斷臂以厲忠，莫不志烈秋霜，精貫白日，足以激清風于萬古，厲薄俗于當年者歟！所謂亂世識忠臣，斯之謂也。卞壼、劉超、鍾雅、周虓等已入列傳，其餘即叙其行事以爲《忠義傳》，用旌晋氏之有人焉。

[1]艱虞孔熾：艱難憂患來勢凶猛。

[2]奸凶放命：奸凶之徒恣意違命。

[3]田叔：西漢趙國陘城（今河北省無極縣東北）人，喜任俠，任趙王張敖郎中。趙相貫高謀害劉邦事發，事牽趙王，田叔乃衣赭衣，自髡鉗，隨趙王至長安謝罪。劉邦感其義，任之爲漢中守。文帝時坐法失官，後復爲魯相。

[4]解揚：春秋時晋國人，字子虎。楚國伐宋，宋求救於晋。晋派解揚告訴宋國勿降。解揚過鄭國時被鄭人捕獲獻給楚國。楚莊王厚賜解揚，令他告訴宋國速速投降。解揚假意答應，不料在登樓車向城内宋人喊話時却説：“晋方悉國兵以救宋，宋雖急，慎毋降楚，晋兵今至矣！”楚莊王大怒，將殺之。解揚説：“君能制命爲義，臣能承命爲信。受吾君命以出，有死無隕。”莊王曰：“若之許我，已而背之，其信安在？”解揚曰：“所以許王，欲以成吾君命

也。”楚王諸弟皆諫王赦之，於是赦解揚使歸。晉爵之爲上卿。語見《史記》卷四二《鄭世家》。

嵇紹

嵇紹，字延祖，魏中散大夫康之子也。[1]十歲而孤，事母孝謹。以父得罪，靖居私門。山濤領選，[2]啓武帝曰：“《康誥》有言：‘父子罪不相及。’嵇紹賢侔郤缺，[3]宜加旌命，請爲秘書郎。”[4]帝謂濤曰：“如卿所言，乃堪爲丞，[5]何但郎也。”乃發詔徵之，起家爲秘書丞。

[1]中散大夫：官名，西漢平帝置，東漢隸屬光禄勛，與光禄、太中、諫議大夫及議郎等皆掌顧問應對。魏晋南北朝沿置，多養老疾，無職事。七品。　康：嵇康，字叔夜，本書卷四九有傳。

[2]山濤：字巨源，本書卷四三有傳。

[3]郤缺：又作冀缺，春秋時晋國人，因其先人食采邑於郤、冀，故名冀缺，亦稱郤成子。其父冀芮謀害晋文公未遂被殺，郤缺乃歸耕於冀。後經胥臣推薦，任晋國下軍大夫。歷晋襄公、靈公、景公，屢立功勛。

[4]秘書郎：官名，秘書令屬官，掌管文書機要，亦掌整理典籍、考核舊文。六品。

[5]丞：官名，此爲秘書丞，秘書監次官。負責典籍圖書的管理和整理，爲清要之官，多由士族高門擔任。六品。

紹始入洛，或謂王戎曰：[1]“昨於稠人中始見嵇紹，昂昂然如野鶴之在鷄群。”戎曰：“君復未見其父耳。”累遷汝陰太守。[2]尚書左僕射裴頠亦深器之，[3]每曰：

“使延祖爲吏部尚書，[4]可使天下無復遺才矣。”沛國戴晞少有才智，[5]與紹從子含相友善，時人許以遠致，紹以爲必不成器。晞後爲司州主簿，[6]以無行被斥，州黨稱紹有知人之明。轉豫章内史，[7]以母憂，不之官。服闋，[8]拜徐州刺史。[9]時石崇爲都督，[10]性雖驕暴，而紹將之以道，崇甚親敬之。後以長子喪去職。

[1]王戎：字濬冲，本書卷四三有傳。

[2]汝陰：郡名，西晋武帝復置，治所在汝陰縣（今安徽省阜陽市）。

[3]尚書左僕射：官名，尚書省次官，輔助尚書令執行政務，參議大政，諫諍得失，監察糾彈百官。有時尚書省不置令，衹設左、右僕射，此時左僕射居右僕射之上。三品。　裴頠：字逸民，本書卷三五有傳。

[4]吏部尚書：官名，三國魏時爲尚書省吏部曹長官，位居列曹尚書之上。三品。

[5]沛國：三國魏治所在沛縣（今江蘇省沛縣），西晋時治所在相縣（今安徽省濉溪縣西北）。

[6]司州：治所在洛陽縣（今河南省洛陽市東北）。　主簿：官名，開府屬官，典領文書籍簿，省録衆事，職權甚重。

[7]豫章：郡名，治所在南昌縣（今江西省南昌市）。　内史：官名，西晋武帝太康十年（289）改諸王國相爲内史，掌管民政。五品。周家禄《晋書校勘記》認爲：“晋制，以郡爲國，内史治民事，若郡太守。國除爲郡，復稱太守。然二名往往混淆，史家亦互稱之。”

[8]服闋：守喪期滿除去孝服。

[9]徐州：治所在彭城縣（今江蘇省徐州市）。

[10]石崇：字季倫，本書卷三三有傳。　都督：即都督徐州諸

軍事。石崇本傳載時爲監徐州諸軍事，非都督。

元康初，爲給事黄門侍郎。[1]時侍中賈謐以外戚之寵，[2]年少居位，潘岳、杜斌等皆附託焉。[3]謐求交於紹，紹距而不答。及謐誅，紹時在省，以不阿比凶族，封弋陽子，遷散騎常侍，[4]領國子博士。[5]太尉、廣陵公陳準薨，[6]太常奏謚，[7]紹駁曰："謚號所以垂之不朽，[8]大行受大名，細行受細名，文武顯於功德，靈厲表於暗蔽。自頃禮官協情，謚不依本。準謚爲過，宜謚曰繆。"事下太常。時雖不從，朝廷憚焉。

[1]給事黄門侍郎：官名，魏晋時爲侍中省或門下省次官。與侍中俱掌門下衆事，職掌略同，地位隨皇帝旨意或侍中地位而定。五品。

[2]侍中：官名，東漢建安中與給事黄門侍郎出入禁中，省尚書事。曹魏時爲門下之侍中省長官，常侍衛皇帝左右，掌顧問應對、諫諍糾察、平議奏事、駁奏異議等，權力甚重。三品。　賈謐：字長深，本書卷四〇有傳。

[3]潘岳：字安仁，本書卷五五有傳。　杜斌：西晋人，石崇"二十四友"之一。

[4]散騎常侍：官名，三國魏文帝黄初年間置，侍從皇帝左右，諫諍得失，顧問應對，與侍中等共平尚書奏事。也用作宰相、諸公等加官，入宫議政。三品。

[5]領：以地位較高的官員兼理較低的職務。　國子博士：學官，教授儒學。六品。

[6]太尉：官名，曹操爲丞相後，太尉府屬官歸相府，晋時太尉雖爲八公之一、三公之首，實爲名譽宰相，多爲大臣加官。一

品。　陳準：西晋人，歷任太尉、光禄大夫、中書令、録尚書事等職，封廣陵公。

[7]太常：官名，漢代稱奉常，本掌禮樂宗廟、社稷祭祀，魏晋時此職掌歸尚書裁定，太常成爲閑職。三品。

[8]所以：宋本無“所”字。

趙王倫簒位，[1]署爲侍中。惠帝復阼，遂居其職。司空張華爲倫所誅，[2]議者追理其事，欲復其爵，紹又駁之曰：“臣之事君，當除煩去惑。華歷位内外，雖粗有善事，然闔棺之責，著于遠近，兆禍始亂，華實爲之。故鄭討幽公之亂，斫子家之棺；[3]魯戮隱罪，終篇貶翬。[4]未忍重戮，事已弘矣，謂不宜復其爵位，理其無罪。”時帝初反正，紹又上疏曰：“臣聞改前轍者則車不傾，革往弊者則政不爽。太一統於元首，[5]百司役於多士，故周文興於上，[6]成康穆於下也。[7]存不忘亡，《易》之善義；願陛下無忘金墉，[8]大司馬無忘潁上，[9]大將軍無忘黄橋，[10]則禍亂之萌無由而兆矣。”

[1]趙王倫：司馬倫，字子彝，本書卷五九有傳。

[2]司空：官名，魏晋南北朝爲名譽宰相，多爲大臣加官。晋八公之一，位在三公之末。一品。　張華：字茂先，本書卷三六有傳。

[3]“鄭討幽公之亂”句：子家，春秋時鄭國人，與公子合謀殺死鄭幽公。子家死後，鄭國人爲了聲討子家殺害幽公的暴行，劈開了子家的棺材，且把他的族人趕出了鄭國。事見《左傳·宣公十年》。

[4]“魯戮隱罪”句：翬，公子翬。《春秋公羊傳》卷二《隱

公四年》:“秋，翬帥師會宋公、陳侯、蔡人、衛人伐鄭。”公羊壽傳:“翬者何? 公子翬也。何以不稱公子? 貶。何爲貶? 與弑公也。”

[5]太一：一，宋本作“乙”。

[6]周文：周文王，姓姬，名昌，王季之子，武王之父。

[7]成康：周成王和周康王。二人統治時期，社會安定，刑措不用，史稱“成康之治”。

[8]金墉：金墉城，三國魏明帝時築。在今河南省洛陽市東北漢魏洛陽故址西北角。三面開門，南曰乾光門，東曰含春門，北曰遲門。城内又置西宫，西晋改爲永昌宫。魏晋時被廢的皇帝及后妃都安置於此。城小而固，爲攻占戍守要地。

[9]大司馬無忘潁上：大司馬指司馬冏，八王之亂中被趙王司馬倫部將張泓大敗於潁上。

[10]大將軍無忘黄橋：大將軍指司馬穎，八王之亂中被趙王司馬倫部將許超等大敗於黄橋，死傷萬餘人，士衆振駭。

齊王冏既輔政，[1]大興第舍，驕奢滋甚，紹以書諫曰：“夏禹以卑室稱美，唐虞以茅茨顯德，豐屋蔀家，[2]無益危亡。竊承毁敗太樂以廣第舍，興造功力爲三王立宅，此豈今日之先急哉！今大事始定，萬姓顒顒，咸待覆潤，宜省起造之煩，深思謙損之理。復主之勛不可棄矣，矢石之殆不可忘也。”冏雖謙順以報之，而卒不能用。紹嘗詣冏諮事，遇冏讌會，召董艾、葛旟等共論時政。艾言於冏曰：“嵇侍中善於絲竹，公可令操之。”左右進琴，紹推不受。冏曰：“今日爲歡，卿何吝此邪！”紹對曰：“公匡復社稷，當軌物作則，垂之於後。紹雖虚鄙，忝備常伯，[3]腰紱冠冕，鳴玉殿省，豈可操執絲竹，以爲伶人之事！若釋公服從私宴，所不敢辭也。”冏大慚。艾等不自得而退。頃之，以公事免，冏以爲左司馬。[4]旬日，冏被誅。初，兵交，紹奔散赴宫，有持弩在東閣下者，將射之，遇有殿中將兵蕭隆，[5]見紹姿容長者，疑非凡人，趣前拔箭，[6]於此得免。遂還滎陽舊宅。[7]

[1]齊王冏：司馬冏，字景治，本書卷五九有傳。

[2]豐屋蔀家：語本《易·豐》："豐其屋，蔀其家，闚其户，闃其無人。"此指布置華美居住舒適的屋子。

[3]常伯：皇帝近臣泛稱。《尚書·主政》："王左右常伯、常任。"孔穎達疏："王之親近左右，常所長事，謂三公也。"

[4]左司馬：官名，府署高級幕僚。魏晋南北朝時王府、公府、軍府、邊郡均置司馬，有時分置左、右，掌参讚軍務、管理府内武職，位僅次於長史。八至六品。

[5]殿中將兵：官名，西晋置，統領殿中武士。

[6]趣：殿本作"趨"。

[7]滎陽：郡名，治所在滎陽縣（今河南省滎陽市東北）。

尋徵爲御史中丞，[1]未拜，復爲侍中。河間王顒、成都王穎舉兵向京都，[2]以討長沙王乂，[3]大駕次于城東。乂宣言於衆曰："今日西討，欲誰爲都督乎？"六軍之士皆曰："願嵇侍中勠力前驅，死猶生也。"遂拜紹使持節、平西將軍。[4]屬乂被執，紹復爲侍中。公王以下皆詣鄴謝罪於穎，紹等咸見廢黜，免爲庶人。尋而朝廷復有北征之役，徵紹，復其爵位。紹以天子蒙塵，承詔馳詣行在所。值王師敗績于蕩陰，[5]百官及侍衛莫不散潰，[6]唯紹儼然端冕，以身捍衛，兵交御輦，飛箭雨集，紹遂被害于帝側，血濺御服，天子深哀嘆之。及事定，左右欲浣衣，帝曰："此嵇侍中血，勿去。"

[1]御史中丞：官名，御史大夫副手，掌監察、執法，爲京師顯官，職權甚重。四品。

[2]河間王顒：司馬顒，字文載，本書卷五九有傳。　成都王穎：司馬穎，字章度，本書卷五九有傳。穎，原本、宋本作"潁"，殿本作"穎"，據殿本改。本段下文此人名同。

[3]長沙王乂：司馬乂，字士度，本書卷五九有傳。

[4]使持節：漢朝官吏奉使外出時，或由皇帝授予節杖，以提高其權力。魏晋以後，凡重要軍事長官出征或出鎮，加使持節，可誅殺二千石以下官員。持，殿本作"執"。　平西將軍：官名，與平北、平南、平東將軍合稱四平將軍，權任很重，多持節都督或監某一地區的軍事，有時亦作爲刺史等地方官員兼理軍務的加官。三品，加持節都督者二品。

[5]蕩陰：縣名，治所在今河南省湯陰縣。

[6]莫不散潰：散，宋本作"敗"。

初，紹之行也，侍中秦準謂曰："今日向難，卿有佳馬否？"紹正色曰："大駕親征，以正伐逆，理必有征無戰。若使皇輿失守，臣節有在，駿馬何爲！"聞者莫不嘆息。及張方逼帝遷長安，[1]河間王顒表贈紹司空，進爵爲公。會帝還洛陽，[2]事遂未行。東海王越屯許，[3]路經滎陽，過紹墓，哭之悲慟，刊石立碑，又表贈官爵。帝乃遣使册贈侍中、光禄大夫，[4]加金章紫綬，[5]進爵爲侯，賜墓田一頃，[6]客十户，祠以少牢。[7]元帝爲左丞相，[8]承制，[9]以紹死節事重，而贈禮未副勛德，更表贈太尉，祠以太牢。[10]及帝即位，賜謚曰忠穆，復加太牢之祠。

[1]張方：西晉河間（今河北省獻縣東南）人，本書卷六〇有傳。　長安：縣名，治所在今陝西省西安市西北。

[2]還洛陽：還，殿本作“遷”。

[3]東海王越：司馬越，字元超，本書卷五九有傳。　許：許昌，縣名，治所在今河南省許昌市東。

[4]光禄大夫：官名，三公等大臣告老回家即拜此職，或作爲在朝顯職的加官。三品，開府位從公者一品。

[5]金章紫綬：黄金印章紫色綬帶。

[6]一頃：一，宋本作“二”。

[7]少牢：祇用羊、豕二牲的祭品。

[8]左丞相：官名，此爲臨時分置，地位高於右丞相。

[9]承制：秉承皇帝旨意便宜行事。

[10]太牢：用牛羊豕三牲祭祀稱太牢。《莊子·至樂》：“具太牢以爲膳。”成玄英疏：“太牢，牛羊豕也。”

紹誕于行己，不飾小節，然曠而有檢，通而不雜。與從子含等五人共居，撫恤如所同生。門人故吏思慕遺愛，行服墓次，畢三年者三十餘人。長子眕，[1]有父風，早夭，以從孫翰襲封。成帝時追述紹忠，以翰爲奉朝請。[2]翰以無兄弟，自表還本宗。太元中，孝武帝詔曰：“褒德顯仁，哲王令典。故太尉、忠穆公執德高邈，在否彌宣，貞潔之風，[3]義著千載。每念其事，愴然傷懷。忠貞之胤，蒸嘗宜遠，[4]所以大明至節，崇獎名教，可訪其宗族，襲爵主祀。”於是復以翰孫曠爲弋陽侯。

[1]昣：宋本作“昵”。

[2]奉朝請：原爲兩漢朝廷給與退休大臣、列侯、宗室、外戚等的一種政治優待。西晋時成爲加官名號。晋武帝以宗室、外戚爲奉車都尉、駙馬都尉、騎都尉，並授此號。

[3]貞潔：潔，宋本作“絜”。

[4]蒸嘗：本指秋冬二祭。後泛指祭祀。

含，字君道。祖喜，[1]徐州刺史。父蕃，太子舍人。[2]含好學能屬文。家在鞏縣亳丘，[3]自號亳丘子，門曰歸厚之門，室曰慎終之室。楚王瑋辟爲掾。[4]瑋誅，坐免。舉秀才，除郎中。[5]

[1]喜：嵇喜，《世説新語·簡傲》注引《百官名》：“嵇喜字公穆，歷揚州刺史，康兄也。阮籍遭喪，往吊之。籍能爲青白眼，見凡俗之士，以白眼對之。及喜往，籍不哭，見其白眼，喜不懌而退。康聞之，乃賫酒挾琴而造之，遂相與善。”

[2]太子舍人：官名，掌行書令、表啓等。初隸太子太傅、太子少傅，後隸太子詹事。七品。

[3]鞏縣：治所在今河南省鞏義市西南。

[4]楚王瑋：司馬瑋，字彦度，本書卷五九有傳。

[5]郎中：官名，尚書省郎曹長官。位次尚書、左右丞，分曹執行政務。與“尚書郎”互稱。六品。

時弘農王粹以貴公子尚主，[1]館宇甚盛，圖莊周于室，廣集朝士，使含爲之讚。含援筆爲吊文，[2]文不加點。其序曰：“帝婿王弘遠華池豐屋，廣延賢彦，圖莊生垂綸之象，記先達辭聘之事，畫真人于刻桷之室，[3]載退士於進趣之堂，可謂託非其所，可吊不可讚也。”其辭曰：“邁矣莊周，天縱特放，大塊授其生，[4]自然資其量，器虚神清，窮玄極曠。人僞俗季，真風既散，野無訟屈之聲，朝有争寵之嘆，上下相陵，長幼失貫，於是借玄虚以助溺，引道德以自獎，户咏恬曠之辭，[5]家畫老莊之象。今王生沉淪名利，身尚帝女，連耀三光，[6]有出無處，[7]池非巖石之溜，[8]宅非茅茨之宇，[9]馳屈産于皇衢，[10]畫茲象其焉取！嗟乎先生，高迹何局！生處巖岫之居，死寄雕楹之屋，託非其所，没有餘辱，悼大道之湮晦，遂含悲而吐曲。”粹有愧色。

[1]弘農：郡名，治所在弘農縣（今河南省靈寶市）。　王粹：弘農（今河南省靈寶市）人，歷任魏郡太守、北中郎將等職，附賈謐，與石崇、歐陽建、潘岳等爲“二十四友”。

[2]吊文：吊祭逝者的文字。

[3]刻桷之室：指華美的屋子。刻桷，有繪飾的方椽。

[4]大塊：大自然。

[5]恬曠之辭：恬淡曠達的文辭。

[6]三光：三，殿本作“二”。

[7]有出無處：衹有出仕没有隱退之意。

[8]溜：宋本作“留”。

[9]茅茨：茅，原本作“芧”，宋本、殿本作“茅”，據宋本、殿本改。

[10]屈産：春秋時産良馬之地。《春秋公羊傳·僖公二年》：晋獻公欲攻打虢國，又怕虞國幫助虢國。荀息獻計“請以屈産之乘

與垂棘之白璧”獻給虞國，必然使兩國隔絶。何休注：“屈産，出名馬之地。”此指駿馬。　皇衢：皇城的大街。

齊王冏辟爲征西參軍，[1]襲爵武昌鄉侯。長沙王乂召爲驃騎記室督、尚書郎。[2]乂與成都王穎交戰，[3]穎軍轉盛，尚書郎旦出督戰，夜還理事。含言於乂曰：“昔魏武每有軍事，增置掾屬。青龍二年，尚書令陳矯以有軍務，[4]亦奏增郎。今奸逆四逼，王路擁塞，倒懸之急，不復過此。但居曹理事，[5]尚須增郎，況今都官、中、騎三曹晝出督戰，[6]夜還理事，一人兩役，内外廢乏。含謂今有十萬人，都督各有主帥，[7]推轂授綏，[8]委付大將，不宜復令臺僚雜與其間。”乂從之，乃增郎及令史。[9]

[1]征西參軍：官名，征西將軍府佐官。參軍，亦作參軍事，謂參謀軍事。兩晋公府、軍府皆置。

[2]驃騎記室督：官名，驃騎將軍府屬官，位在主簿下，掌記録、文書繕寫。　尚書郎：官名。東漢之制，取孝廉中之有才能者入尚書臺，在皇帝左右處理政務，初入臺稱守尚書郎中，滿一年稱尚書郎，滿三年稱侍郎。魏晋以後尚書各曹有侍郎、郎中等官，綜理職務，通稱爲尚書郎。六品。

[3]乂：宋本作“又”。

[4]尚書令：官名，秦漢時爲尚書署長官。秩位雖低，權力甚重。魏晋時沿置，爲尚書省長官，綜理全國政務，參議大政，爲高級政務長官。三品。　陳矯：三國時廣陵東陽（今江蘇省盱眙縣東）人，字季弼，本姓劉，嗣外祖改姓陳。歷曹魏武、文、明三帝，歷任司空掾、征南將軍長史、樂陵太守、魏郡太守等職，官至

尚書令。

[5]但居：但，宋本作“俎”。

[6]都官、中、騎三曹：指尚書省都官曹、中兵曹、騎兵曹。

[7]主帥：主，宋本作“王”。

[8]推轂授綬：古代帝王任命將帥時的隆重禮儀。

[9]郎及令史：官名，尚書郎和尚書令史。尚書令史，尚書省屬官，尚書省諸曹均置，頗有實權。八品。

懷帝爲撫軍將軍，[1]以含爲從事中郎。[2]惠帝北征，轉中書侍郎。[3]及蕩陰之敗，含走歸滎陽。永興初，除太弟中庶子。[4]西道阻閡，未得應召。范陽王虓爲征南將軍，[5]屯許昌，復以含爲從事中郎。尋授振威將軍、襄城太守。[6]虓爲劉喬所破，[7]含奔鎮南將軍劉弘於襄陽，[8]弘待以上賓之禮。含性通敏，好薦達才賢，常欲崇趙武之謚，[9]加臧文之罪。[10]屬陳敏作亂，[11]江揚震蕩，[12]南越險遠，而廣州刺史王毅病卒，[13]弘表含爲平越中郎將、廣州刺史、假節。[14]未發，會弘卒，時或欲留含領荆州。[15]含性剛躁，素與弘司馬郭勱有隙，勱疑含將爲己害，夜掩殺之，時年四十四。懷帝即位，謚曰憲。

[1]撫軍將軍：官名，三國蜀漢、孫吴皆置，爲加官，以示權重。晋沿置，與中軍將軍、鎮軍將軍並爲三名號將軍。三品。

[2]從事中郎：官名，東漢時爲大將軍屬官，地位較高。魏晋時爲將軍府或公府屬官。六品。此爲撫軍將軍府從事中郎。

[3]中書侍郎：官名，三國魏文帝黄初初年設中書省，在長官中書監、中書令以下有通事郎，後增設中書郎，亦稱中書侍郎。掌

草擬詔書，外出執行重要使命等。五品。

[4]太弟中庶子：同太子中庶子。成都王司馬穎爲皇太弟，故稱。

[5]范陽王虓：司馬虓，字武會，本書卷三七有傳。　征南將軍：官名，與征東、征西、征北將軍合稱四征將軍。三國魏蜀吴兩晋皆置，出鎮方面，地位顯要。三品，加持節都督者二品。

[6]振威將軍：官名，雜號將軍，統兵出征。四品。　襄城：郡名，西晋武帝置，治所在襄城縣（今河南省襄城縣）。

[7]劉喬：字仲彦，本書卷六一有傳。

[8]鎮南將軍：官名，與鎮東、鎮西、鎮北將軍合稱四鎮將軍。多爲持節都督，出鎮方面。曹魏二品。晋改三品，加持節都督者二品。　劉弘：字和季，本書卷六六有傳。　襄陽：郡名，東漢建安十三年（208）置，治所在襄陽縣（今湖北省襄陽市），西晋移治宜城縣（今湖北省宜城市南）。

[9]趙武：趙武靈王，戰國時趙國國君，名雍，謚武靈，趙肅侯之子，公元前325至前299年在位。在位期間改革軍事，胡服騎射，國勢大大增强。

[10]臧文：臧文仲，春秋時人，臧孫氏，名辰，字文仲，魯國大夫。歷事魯莊公、閔公、僖公、文公四世。《左傳·文公二年》：臧文仲"下展禽，廢六關，妾織蒲，三不仁也"。杜預注："家人販席，言其與民争利。"

[11]陳敏：字令通，本書卷一〇〇有傳。

[12]江揚：江州和揚州。江州，治所在南昌縣（今江西省南昌市）。揚州，三國魏、吴各置揚州，魏治所在壽春縣（今安徽省壽縣），吴治所在建業縣（今江蘇省南京市）。西晋統一後復合，治所在建鄴縣（今江蘇省南京市）。

[13]廣州：治所在番禺縣（今廣東省廣州市）。

[14]平越中郎將：官名，主管南越事務，設府置僚佐，治廣州，多兼任廣州刺史。　假節：假以節杖。指大臣臨時持節出巡，

爲權臣掌軍、秉政的地位象徵和政治待遇。

[15]荆州：三國時曹魏治所在新野縣（今河南省新野縣），孫吴治所在江陵縣（今湖北省江陵縣），西晋統一後治所在江陵縣（今湖北省江陵縣）。

王豹

王豹，順陽人也。[1]少而抗直。初爲豫州别駕，[2]齊王冏爲大司馬，[3]以豹爲主簿。冏驕縱，失天下心，豹致箋於冏曰：

豹聞王臣謇謇，[4]匪躬之故，將以安主定時，保存社稷者也。是以爲人臣而欺其君者，刑罰不足以爲誅；爲人主而逆其諫者，靈厲不足以爲謚。伏惟明公虚心下士，開懷納善，款誠以著，而逆耳之言未入於聽。豹伏思晋政漸缺，始自元康以來，宰相在位，未有一人獲終，乃事勢使然，未爲輒有不善也。今公克平禍亂，安國定家，故復因前傾敗之法，尋中間覆車之軌，欲冀長存，[5]非所敢聞。[6]今河間樹根於關右，[7]成都盤桓於舊魏，[8]新野大封於江漢，[9]三面貴王，各以方剛强盛，並典戎馬，處險害之地。且明公興義討逆，功蓋天下，聖德光茂，名震當世。今以難賞之功，挾震主之威，獨據京都，專執大權，進則亢龍有悔，[10]退則蒺藜生庭，冀此求安，未知其福。敢以淺見，陳寫愚情。

[1]順陽：郡名，治所在南鄉縣（今河南省淅川縣）。

[2]豫州：曹魏時治所在安城縣（今河南省正陽縣東北），西

晋移治陳縣（今河南省周口市淮陽區）。　別駕：官名，別駕從事、別駕從事史省稱。州部佐官，因從刺史行部，別乘傳車，故稱。位居州吏之右。

[3]大司馬：官名，八公之一，位在上公之下、大將軍及三公之上，高級將帥，多爲大臣加官。一品。

[4]謇謇：忠正耿直。

[5]欲冀長存：欲，宋本作“故”。

[6]敢聞：敢，宋本作“感”。

[7]河間：河間王司馬顒。　關右：地區名，即關西，泛指故函谷關或今潼關以西地區。

[8]成都：成都王司馬穎。　舊魏：戰國魏時舊地。

[9]新野：新野王司馬歆，字弘舒，本書卷三八有傳。

[10]亢龍有悔：語出《易·乾》：“上九，亢龍有悔。”

昔武王伐紂，封建諸侯爲二伯，自陝以東，周公主之，自陝以西，召公主之。及至其末，霸國之世，不過數州之地，四海强兵不敢入闚九鼎，所以然者，天下習於所奉故也。今誠能尊用周法，以成都爲北州伯，統河北之王侯，明公爲南州伯，以攝南土之官長，各因本職，出居其方，樹德於外，盡忠於内，歲終率所領而貢於朝，簡良才，命賢俊，[1]以爲天子百官，則四海長寧，萬國幸甚，明公之德當與周召同其至美，危敗路塞，社稷可保。願明公思高祖納婁敬之策，[2]悟張良履足之謀，[3]遠臨深之危，保泰山之安。若合聖思，宛許可都也。

[1]賢俊：俊，殿本作“儁”。

[2]高祖納婁敬之策：婁敬，即劉敬。西漢齊人。漢高帝五年（前202）聞劉邦欲建都洛陽，乃以戍卒求見，勸劉邦建都長安。他説周公營建洛邑時，"天下和洽，四夷鄉風，慕義懷德"，而當今經過大小百餘場戰争，"天下之民肝腦塗地，父子暴骨中野"，"哭泣之聲未絶，傷痍者未起，而欲比隆於成康之時，臣竊以爲不侔也"。劉邦接受了他的建議。語見《史記》卷九九《劉敬傳》。

[3]悟張良履足之謀：《史記》卷九二《淮陰侯列傳》：楚漢相争時，劉邦被項羽圍困於滎陽。韓信派人請求封其爲假齊王。劉邦大怒，駡道："吾困於此，旦暮望若來佐我，乃欲自立爲王！"張良、陳平躡劉邦足，因附耳語曰："漢方不利，寧能禁信之王乎？不如因而立，善遇之，使自爲守。不然，變生。"漢王亦悟，因復駡曰："大丈夫定諸侯，即爲真王耳，何以假爲！"乃遣張良往立信爲齊王，徵其兵擊楚。

書入，無報，豹重箋曰：

豹書御以來，[1]十有二日，而聖旨高遠，未垂采察，不賜一字之令，不敕可否之宜。蓋霸王之神寶，安危之秘術，不可須臾而忽者也。伏思明公挾大功，抱大名，懷大德，執大權，此四大者，域中所不能容，賢聖所以戰戰兢兢，日昃不暇食，[2]雖休勿休者也。[3]昔周公以武王爲兄，成王爲君，伐紂有功，以親輔政，執德弘深，聖恩博遠，[4]至忠至仁，至孝至敬。而攝事之日，四國流言，離主出奔，居東三年，賴風雨之變，成王感悟。[5]若不遭皇天之應，神人之察，恐公旦之禍未知所限也。[6]至于執政，猶與召公分陝爲伯。[7]今明公自視功德孰如周公。且元康以來，宰相之患，危機竊發，不及容思，密禍潛起，輒在呼噏，豈復晏然得全生計！[8]前鑒不遠，公所親見也。君子不有遠慮，必有近憂，憂至乃悟，悔無所及也。

[1]以來：以，宋本、殿本作“已”。

[2]日昃不暇食：太陽偏西都顧不上吃飯。昃，宋本作“昊”。

[3]雖休勿休：語出《尚書·吕刑》：“雖畏勿畏，雖休勿休。”意爲雖然被人敬畏，不要自以爲可敬可畏；雖然被人讚美，不要自以爲行善德美。

[4]聖恩：恩，宋本、殿本作“思”。

[5]感悟：悟，宋本作“寤”。

[6]公旦：旦，宋本作“且”。　未知所限：限，原本、宋本作“恨”，殿本作“限”，據殿本、中華本校勘記改。

[7]分陝：西周初周公旦、召公奭分陝而治，周公治陝以東，召公治陝以西。後謂官僚出任地方官爲“分陝”。

[8]晏然：晏，殿本作“宴”。

今若從豹此策，皆遣王侯之國，北與成都分河爲伯，[1]成都在鄴，[2]明公都宛，[3]規方千里，[4]以與圻内侯伯子男小大相率，結好要盟，同獎皇家；貢御之法，一如周典。若合聖規，可先旨與成都共論。雖以小才，願備行人。[5]昔厮養，燕趙之微者耳，[6]百里奚，[7]秦楚之商人也，一開其説，兩國以寧。况豹雖陋，大州之綱紀，加明公起事險難之主簿也。故身雖輕，其言未必否也。

冏令曰：“得前後白事，具意，輒别思量也。”

[1]北與成都分河爲伯：北，原本作“比”，宋本、殿本作“比”，據宋本、殿本改。

[2]鄴：縣名，曹魏五都之一，治所在今河北省臨漳縣西南。

[3]宛：縣名，治所在今河南省南陽市。

[4]規方千里：規，宋本、殿本作“寬”。

[5]願備行人：願意充當使者。

[6]廝養，燕趙之微者：《史記》卷八九《張耳陳餘列傳》：趙王武臣被燕軍俘獲。燕人向張耳、陳餘提出，分趙國一半土地，可釋放趙王。趙國派往燕軍的使者都因没滿足燕軍的要求而被殺。有廝養卒自告奮勇出使燕軍。燕將見之，廝養卒問燕將是否知道張耳、陳餘想要什麼，燕將回答想讓其釋放趙王。廝養卒乃笑道：“君未知此兩人所欲也。夫武臣、張耳、陳餘杖馬箠下趙數十城，此亦各欲南面而王，豈欲爲卿相終已邪？夫臣與主豈可同日而道哉，顧其勢初定，未敢參分而王，且以少長先立武臣爲王，以持趙心。今趙地已服，此兩人亦欲分趙而王，時未可耳。今君乃囚趙王。此兩人名爲求趙王，實欲燕殺之，此兩人分趙自立。夫以一趙尚易燕，況以兩賢王左提右挈，而責殺王之罪，滅燕易矣。”燕將以爲然，乃歸趙王，養卒爲御而歸。

[7]百里奚：春秋時秦國大夫。先爲虞國大夫，晋滅虞後入晋，又作爲晋獻公女兒陪嫁的媵臣入秦。後又逃至楚國。秦穆公聞其賢，用五張羊皮將其贖回，加以重用。

會長沙王乂至，於冏案上見豹箋，謂冏曰：“小子離間骨肉，何不銅駝下打殺！”[1]冏既不能嘉豹之策，遂納乂言，乃奏豹曰：“臣忿奸凶肆逆，皇祚顛墜，與成都、長沙、新野共興義兵，安復社稷，唯欲戮力皇家，與親親宗室腹心從事，此臣夙夜自誓，無負神明。而主簿王豹比有白事，敢造異端，謂臣忝備宰相，必遘危害，慮在一旦，[2]不祥之聲可蹻足而待，欲臣與成都分陜爲伯，盡出蕃王。上誣聖朝鑒御之威，下長妖惑，疑阻衆心，噂嗒背憎，巧賣兩端，訕上謗下，讒内間外，遘惡導奸，坐生猜嫌。昔孔丘匡魯，乃誅少正；[3]子産相鄭，[4]先戮鄧析。[5]誠以交亂名實，若趙高詭怪之類也。[6]豹爲臣不忠不順不義，輒敕都街考竟，以明邪正。”豹將死，曰：“懸吾頭大司馬門，[7]見兵之攻齊也。”衆庶冤之。俄而冏敗。

[1]銅駝：銅駝街，位於今河南省洛陽市東北漢魏洛陽城中。三國魏明帝置銅駝街於此。時有“金馬門外集衆賢，銅駝陌上集少年”之語。

[2]一旦：旦，宋本作“且”。

[3]少正：少正卯，春秋末魯國人，少正氏，名卯。相傳在魯國聚徒講學，使孔子之門三盈三虚。

[4]子産：春秋時鄭國人，名僑，字子産，鄭穆公之孫，公子發之子，因又稱公孫僑。鄭簡公時執掌國政，作丘賦、鑄刑書、擇賢能、護鄉校，進行一系列改革。

[5]鄧析：春秋時鄭國大夫，與子産同時。善口辯，多次非難子産的政治主張。

[6]趙高：先世爲趙國貴族，因父母有罪，没入秦宫，後爲宦者。因通於律法，舉爲中車府令。秦王政時兼符璽令。秦始皇三十七年（前 210）隨從東巡。秦始皇死於沙丘，趙高與李斯矯詔政變，迫始皇長子扶蘇自殺，立二世胡亥。後專擅朝政，害死李斯，自爲丞相。二世死後被子嬰誅殺。

[7]大司馬門：即司馬門，皇宫外門。

劉沉

劉沉，字道真，燕國薊人也。[1]世爲北州名族。少仕州郡，博學好古。太保衛瓘辟爲掾，[2]領本邑大中正。[3]敦儒道，愛賢能，進霍原爲二品，[4]及申理張華，皆辭旨明峻，爲當時所稱。

[1]燕國：郡國名，治所在薊縣（今北京市西南）。

[2]太保：官名，史上屢次廢置，三國魏末年復置。晋爲八公之一，位上公，在太宰、太傅之下。安置元老重臣，無職掌。一品。　衛瓘：字伯玉，本書卷三六有傳。

[3]大中正：州一級評定士人品第的官員。

[4]霍原：字休明，本書卷九四有傳。

齊王冏輔政，引爲左長史，[1]遷侍中。于時李流亂蜀，[2]詔沉以侍中、假節，統益州刺史羅尚、梁州刺史許雄等以討流。[3]行次長安，河間王顒請留沉爲軍司，[4]遣席薳代之。後領雍州刺史。[5]及張昌作亂，[6]詔顒遣沉將州兵萬人、征西府五千人，自藍田關以討之，[7]顒不奉詔。沉自領州兵至藍田，[8]顒又逼奪其衆。長沙王乂命沉將武吏四百人還州。

[1]左長史：官名，公府及將軍開府屬官，與右長史共領府中諸曹。六品。

[2]李流：字玄通，本書卷一二〇有載記。

[3]益州：治所在成都縣（今四川省成都市）。　羅尚：字敬之，本書卷五七有傳。　梁州：三國曹魏治所在沔陽縣（今陝西省勉縣東），西晋移治南鄭縣（今陝西省漢中市東）。

[4]軍司：官名，即軍師，因避司馬師諱，故改。爲軍府主要屬僚，佐主帥統軍隊，負有匡正監察主帥之責，地位很高，常繼任主帥。

[5]雍州：治所在姑臧縣（今甘肅省武威市）。東漢建安十八年（213）移治長安縣（今陝西省西安市西北）。

[6]張昌：少爲平氏縣吏，有武力，好論戰。太安二年（303），更名李辰，聚衆立山都縣吏丘沉爲天子，建元神鳳，自任相國。後失敗被殺。

[7]藍田關：一名藍關，位於今陝西省藍田縣。

[8]藍田：藍，殿本作“蓋”。

張方既逼京都，王師屢敗，王瑚、祖逖言於乂曰：[1]“劉沉忠義果毅，雍州兵力足制河間，宜啓上詔與沉，使發兵襲顒，顒窘急，必召張方以自救，[2]此計之良也。”乂從之。沉奉詔馳檄四境，合七郡之衆及守防諸軍、塢壁甲士萬餘人，以安定太守衛博、新平太守張光、安定功曹皇甫澹爲先登，[3]襲長安。顒時頓于鄭縣之高平亭，[4]爲東軍聲援，聞沉兵起，還鎮渭城，[5]遣督護虞夔率步騎萬餘人逆沉于好畤。[6]接戰，夔衆敗，顒大懼，退入長安，果急呼張方。沉渡渭而壘，顒每遣兵出門，輒不利。沉乘勝攻之，使澹、博以精甲五千，從長安門而入，力戰至顒帳下。沉軍來遲，顒軍見澹等無繼，氣益倍。馮翊太守張輔率衆救顒，[7]横擊之，大戰于府門，博父子皆死之，澹又被擒。[8]顒奇澹壯勇，將活之。澹不爲之屈，於是見殺。沉軍遂敗，率餘卒屯于故營。張方遣其將敦偉夜至，沉軍大驚而潰，與麾下百餘人南遁，爲陳倉令所執。[9]沉謂顒曰：“夫知己之顧輕，在三之節重，[10]不可違君父之詔，量强弱以苟全。投袂之日，期之必死，葅醢之戮，甘之如薺。”辭義慷慨，見者哀之。顒怒，鞭之而後腰斬。有識者以顒干上犯順，虐害忠義，知其滅亡不久也。

［1］王瑚：瑚，原本、宋本、殿本作“湖”，據中華本校勘記改。　祖逖：字士稚，本書卷六二有傳。

［2］自救：救，宋本作“殺”。

［3］安定：郡名，西漢置，治所在高平縣（今寧夏回族自治區固原市），東漢治所在臨涇縣（今甘肅省鎮原縣東南），東晋改治安定縣（今甘肅省涇川縣北）。　衛博：中華本校勘記：“《通鑑》八五作‘衙博’。《華陽國志》八、《廣韵》九麻皆有‘衙博’。”　新平：郡名，治所在漆縣（今陝西省彬州市）。　張光：字景武，本書卷五七有傳。　功曹：官名，即功曹史。郡縣屬官，執掌人事，參與郡縣政務。兩晋時，不開府將軍、太子二傅、特進、郡縣皆置。

［4］鄭縣：治所在今陝西省渭南市華州區。　高平亭：位於今陝西省渭南市華州區渭濱一帶。

［5］渭城：縣名，治所在今陝西省咸陽市東北二十二里聶家溝。

［6］好畤：縣名，治所在今陝西省乾縣東五里好畤村。

［7］馮翊：郡名，三國魏以左馮翊改置，治所在臨晋縣（今陝西省大荔縣）。　張輔：字世偉，本書卷六〇有傳。

［8］被擒：宋本無“擒”字。

［9］陳倉：縣名，治所在今陝西省寶鷄市東渭水北岸。

［10］在三：尊敬君、父、師。典出《國語·晋語一》：“‘民生於三，事之如一。’父生之，師教之，君食之。非父不生，非食不長，非教不知，生之族也，故一事之，唯其所在，則致死焉。”韋昭注：“三，君、父、師也。”

麴允

麴允，金城人也。[1]與游氏世爲豪族，西州爲之語曰："麴與游，牛羊不數頭。南開朱門，北望青樓。"

[1]金城：郡名，治所原來在允吾縣（今甘肅省永靖縣西北），曹魏時移治榆中縣（今甘肅省榆中縣西北黄河南岸）。

洛陽傾覆，閻鼎等立秦王爲皇太子於長安，[1]鼎總攝百揆。允時爲安夷護軍、始平太守，[2]心害鼎功，且規權勢，因鼎殺京兆太守梁綜，[3]乃與綜弟馮翊太守緯等攻鼎，[4]走之。會雍州刺史賈疋爲屠各所殺，[5]允代其任。

[1]閻鼎：字臺臣，本書卷六〇有傳。　秦王：即愍帝司馬鄴，本書卷五有紀。

[2]安夷護軍：官名，三國魏置。治美陽（今陝西省扶風縣以東），主管内附氐人事務。西晋改鎮安定，與郡守同。五品。　始平：郡名，治所在槐里縣（今陝西省興平市）。

[3]京兆：郡名，治所在長安縣（今陝西省西安市西北）。

[4]馮翊太守緯：中華本校勘記："《通鑑》八八'緯'作'肅'。"

[5]賈疋：字彦度，本書卷六〇有傳。　屠各：又稱休屠各、休著屠各等，匈奴部落名。東漢至西晋雜居西北沿邊諸郡。《後漢書》卷七三《公孫瓚傳》："續爲屠各所殺。"李賢注："屠各，胡號。"唐長孺先生對此有考論。（參見唐長孺《魏晋南北朝史論叢·魏晋雜胡考》，河北教育出版社2000年版）

愍帝即尊位，以允爲尚書左僕射、領軍、持節、西戎校尉、録尚書事，[1]雍州如故。時劉曜、殷凱、趙染數萬衆逼長安，[2]允擊破之，擒凱於陣。曜復攻北地，[3]允爲大都督、驃騎將軍，[4]次于青白城以救之。[5]曜聞而轉寇上郡，[6]允軍于靈武，[7]以兵弱不敢進。曜後復圍北地，太守麴昌遣使求救，允率步騎赴之。去城數十里，群賊繞城放火，烟塵蔽天，縱反間詐允曰："郡城已陷，焚燒向盡，無及矣。"允信之，衆懼而潰。後數日，麴昌突圍赴長安，北地遂陷。

[1]領軍：官名，即領軍將軍。三國曹丕置，職掌同於中領軍，但任職者資位重於中領軍，簡稱領軍。爲禁衛軍最高統帥，常由皇帝親信或宗室擔任。兩晉沿置。三品。　持節：官員外出持有皇帝授予的節杖，代表高等權威，常用於軍事長官出征。　西戎校尉：官名，亦稱護西戎校尉，西晉初治長治，掌雍州少數民族事務，領兵，多以征西、鎮西將軍兼任。四品。　録尚書事：官名，初爲職銜名，重臣加此名義始得總知國事，綜理政務，成爲真宰相。魏晉多以公卿權重者居之，總領尚書省政務，凡重號將軍、刺史皆得命曹授用，位在三公之上。

[2]劉曜：字永明，本書卷一〇三有載記。　趙染：中華本校勘記："《愍紀》《劉琨傳》作'趙冉'。"

[3]北地：郡名，三國魏治所在祋祤城（今陝西省銅川市耀州區城東），西晉移治泥陽縣（今甘肅省寧縣東南）。

[4]大都督：官名，高級軍事長官。三國初作爲加官於戰時臨時設置，後逐漸成爲常設加官官職，地位極高。　驃騎將軍：官名，西漢時爲重號將軍，東漢以後居諸名號將軍之首，僅作爲軍府名號加授大臣或重要州郡長官。二品，開府位從公者一品。

[5]青白城：中華本校勘記："《斠注》：當從《劉聰載記》作'黄白城'。"

[6]上郡：治所在膚施縣（今陝西省榆林市東南）。

[7]靈武：縣名，治所在今寧夏回族自治區銀川市北。

允性仁厚，無威斷，吴皮、王隱之徒，無賴凶人，皆加重爵，新平太守竺恢、始平太守楊像、扶風太守竺爽、安定太守焦嵩，[1]皆征鎮杖節，加侍中、常侍，村塢主帥小者，猶假銀青、將軍之號，[2]欲以撫結衆心。然諸將驕恣，恩不及下，人情頗離，由是羌胡因此跋扈，關中淆亂，劉曜復攻長安，百姓饑甚，死者大半。[3]久之，城中窘逼，帝將出降，嘆曰："誤我事者，麴、索二公也。"[4]帝至平陽，[5]爲劉聰所幽辱，[6]允伏地號哭不能起。聰大怒，幽之於獄，允發憤自殺。聰嘉其忠烈，贈車騎將軍，謚節愍侯。

[1]扶風：三國魏以右扶風改置，治所在槐里縣（今陝西省興平市東南南佐村）。西晋改爲扶風國，治所在郿縣（今陝西省眉縣東北渭河北岸）。

[2]銀青：官名，即銀青光禄大夫，對光禄大夫加銀章青綬。

[3]大半：大，宋本、殿本作"太"。

[4]索：索綝，字巨秀，本書卷六〇有傳。

[5]平陽：縣名，治所在今山西省臨汾市西南。

[6]劉聰：字玄明，一名載，本書卷一〇二有載記。

焦嵩，安定人。初率衆據雍。曜之逼京都，允告難於嵩，嵩素侮允，曰："須允困，當救之。"及京都敗，嵩亦尋爲寇所滅。

賈渾

賈渾，不知何郡人也。太安中，爲介休令。[1]及劉元海作亂，[2]遣其將喬晞攻陷之。渾抗節不降，曰："吾爲晋守，不能全之，豈苟求生以事賊虜，何面目以視息世間哉！"晞怒，執將殺之，晞將尹崧曰："將軍舍之，以勸事君。"晞不聽，遂害之。[3]

[1]介休：縣名，治所在今山西省介休市東南。休，宋本作"林"。

[2]劉元海：劉淵，本書卷一〇一有載記。

[3]害之：害，宋本作"殺"。

王育

王育，字伯春，京兆人也。少孤貧，爲人傭牧羊，每過小學，必歔欷流涕。時有暇，即折蒲學書，忘而失羊，爲羊主所責，[1]育將鬻己以償之。同郡許子章，敏達之士也，聞而嘉之，代育償羊，給其衣食，使與子同學，遂博通經史。身長八尺餘，鬚長三尺，容貌絶異，音聲動人。子章以兄之子妻之，爲立别宅，分之資業，育受之無愧色。然行己任性，頗不偶俗。妻喪，弔之者不過四五人，然皆鄉閭名士。

[1]所責：責，宋本作"債"。

太守杜宣命爲主簿。俄而宣左遷萬年令，[1]杜令王攸詣宣，[2]宣不迎之，攸怒曰："卿往爲二千石，吾所敬也。今吾儕耳，何故不見迎？欲以小雀遇我，使我畏死鶡乎？"育執刀叱攸曰："君辱臣死，自昔而然。我府君以非罪黜降，如日月之蝕耳，小縣令敢輕辱吾君！汝謂吾刀鈍邪，敢如是乎！"前將殺之。宣懼，跣下抱育，乃止。自此知名。

[1]左遷：降職。　萬年：縣名，治所在今陝西省西安市臨潼區東北武屯鎮附近古城村南。

[2]杜令：中華本校勘記："《斠注》：'杜'下當脱'陵'字。"

司徒王渾辟爲掾，[1]除南武陽令。[2]爲政清約，宿盜逃奔他郡。遷并州督護。[3]成都王穎在鄴，又以育爲振武將軍。[4]劉元海之爲北單于，[5]育説穎曰："元海今去，育請爲殿下促之，不然，懼不至也。"穎然之，以育爲破虜將軍。[6]元海遂拘之，其後以爲太傅。[7]

[1]司徒：官名，西漢哀帝元壽二年（前1）改丞相爲大司徒，東漢光武帝時改名爲司徒，東漢末又改爲丞相。三國魏恢復三公制，改丞相爲司徒，管理民政。兩晉沿制，爲八公之一，在太尉之下、司空之上。與丞相通職，一般不並置，爲名譽宰相。一品。王渾：字玄冲，本書卷四二有傳。

[2]南武陽：縣名，治所在今山東省平邑縣。

[3]并州：治所在晉陽縣（今山西省太原市西南）。　督護：官名，州郡及出鎮方面將軍府皆設，掌兵事。兩晉時常統軍征伐，祗督一軍。

[4]振武將軍：官名，屬常設將軍名號，統兵。四品。

[5]北單于：北，宋本作“比”。

[6]破虜將軍：官名，東漢末獻帝初平年間置，袁術表孫堅任此職。十六國前秦亦置。

[7]太傅：官名，晋爲八公之一。位上公，太宰之下、太保之上。一品。

韋忠

韋忠，字子節，平陽人也。少慷慨，有不可奪之志。好學博通，性不虚諾。閉門修己，不交當世，每至吉凶，親表贈遺，一無所受。年十二，喪父，哀慕毁悴，杖而後起。司空裴秀吊之，[1]匍匐號訴，哀慟感人。秀出而告人曰：“此子長大必爲佳器。”歸而命子頠造焉。服闋，遂廬於墓所。頠慕而造之，皆託行不見。家貧，藜藿不充，人不堪其憂，而忠不改其樂。頠爲僕射，[2]數言之於司空張華，華辟之，辭疾不起。人問其故，忠曰：“吾茨檐賤士，本無宦情。且茂先華而不實，裴頠欲而無厭，棄典禮而附賊後，若此，豈大丈夫之所宜行邪！裴常有心託我，常恐洪濤蕩岳，餘波見漂，況可臨尾閭而闚沃焦哉！”[3]

[1]裴秀：字季彦，本書卷三五有傳。

[2]僕射：官名，即尚書僕射。秦漢爲尚書令副貳，東漢建安四年（199）分置左、右，爲尚書省次官。三品。

[3]尾閭：古代傳説中泄海水之處。《莊子·秋水》：“天下之水，莫大於海：萬川歸之，不知何時止而不盈；尾閭泄之，不知何時已而不虚。”成玄英疏：“尾閭者，泄海水之所也。”　沃焦：《文

選·嵇康〈養生論〉》："自力服藥，半年一年，勞而未驗。志以厭衰，中路復廢，或益之以畎澮，而泄之以尾閭。"李善注引司馬彪曰："尾閭，水之從海水出者也。一名沃焦，在東大海之中。尾者在百川之下，故稱尾。閭者聚也，水聚族之處，故稱閭也。在扶桑之東，有一石，方圓四萬里，厚四萬里，海水注者無不焦盡，故名沃焦。"

太守陳楚迫爲功曹。會山羌破郡，楚携子出走，賊射之，中三創。忠冒刃伏楚，[1]以身捍之，泣曰："韋忠願以身代君，[2]乞諸君哀之。"亦遭五矢。賊相謂曰："義士也！"舍之。忠於是負楚以歸。後仕劉聰，爲鎮西大將軍、平羌校尉，[3]討叛羌，矢盡，不屈節而死。

[1]冒刃：刃，宋本作"忍"。

[2]韋忠願以身代君：中華本校勘記："《通志》一六六'君'上有'使'字。"

[3]鎮西大將軍：官名，三國魏置，執掌與鎮西將軍同，唯資歷深者得任此職，不常置。二品，開府位從公者一品。　平羌校尉：官名，統率征伐羌人的部隊。

辛勉

辛勉，字伯力，隴西狄道人也。[1]父洪，左衛將軍。[2]勉博學，有貞固之操。懷帝世，累遷爲侍中。及洛陽陷，隨帝至平陽。劉聰將署爲光禄大夫，勉固辭不受。聰遣其黄門侍郎喬度賫藥酒逼之，[3]勉曰："大丈夫豈以數年之命而虧高節，事二姓，下見武皇帝哉！"引藥將飲，度遽止之曰："主上相試耳，君真高士也！"嘆息而去。聰嘉其貞節，深敬異之，爲築室於平陽西山，月致酒米，勉亦辭而不受。年八十，卒。

[1]隴西：郡名，治所原在狄道縣（今甘肅省臨洮縣），曹魏時徙治襄武縣（今甘肅省隴西縣東南）。

[2]左衛將軍：官名，三國魏咸熙二年（265），司馬炎即晋王位，分中衛將軍爲左、右衛將軍。掌佽飛虎賁及前驅、由基、强弩三部司馬，屬下還有虎賁、羽林、上騎、異力、命中共五部督，負責宮禁侍衛。西晋屬中軍將軍，後屬領軍將軍。爲禁衛軍主要統帥之一，權任很重。四品。

[3]黄門侍郎：官名，魏晋時爲侍中省或門下省次官。侍從皇帝，顧問應對，多以重臣或外戚子弟擔任，位頗重要。五品。

勉族弟賓，愍帝時爲尚書郎。及帝蒙塵於平陽，劉聰使帝行酒洗爵，欲觀晋臣在朝者意。賓起而抱帝大哭。聰曰："前殺庾珉輩，[1]故不足爲戒邪！"引出，遂加害焉。

[1]庾珉：字子琚，本書卷五〇有傳。

劉敏元

劉敏元，字道光，北海人也。[1]厲己修學，不以險難改心。好星曆陰陽術數，潛心《易》《太玄》，不好讀史，常謂同志曰："誦書當味義根，何爲費功於浮辭之文！《易》者，義之源，《太玄》，理之門，能明此者，即吾師也。"

[1]北海：郡名，治所在劇縣（今山東省昌樂縣西）。

永嘉之亂，自齊西奔。同縣管平年七十餘，隨敏元而西，行及滎陽，爲盜所劫。敏元已免，乃還謂賊曰："此公孤老，餘年無幾，敏元請以身代，願諸君舍之。"賊曰："此公於君何親？"敏元曰："同邑人也。窮寠無子，依敏元爲命。諸君若欲役之，老不堪使，若欲食之，復不如敏元，乞諸君哀也。"有一賊瞋目叱敏元曰："吾不放此公，憂不得汝乎！"敏元奮劍曰："吾豈望生邪！當殺汝而後死。此公窮老，神祇尚當哀矜之。吾親非骨肉，義非師友，但以見投之故，[1]乞以身代。諸大夫慈惠，皆有聽吾之色，汝何有靦面目而發斯言！"顧謂諸盜長曰："夫仁義何常，寧可失諸君子！上當爲高皇、光武之事，下豈失爲陳項乎！[2]當取之由道，使所過稱咏威德，奈何容畜此人以損盛美！當爲諸君除此人，以成諸君霸王之業。"前將斬之。盜長遽止之，而相謂曰："義士也！害之犯義。"乃俱免之。後仕劉曜，爲中書侍郎、太尉長史。[3]

[1]但以：但，宋本作"伹"。

[2]陳項：陳勝和項羽。

[3]太尉長史：官名，掌太尉府顧問參謀，爲所在官署掾屬之長。六品。

周該

周該，天門人也。[1]性果烈，以義勇稱。雖不好學，而率由名教。叔父級爲宜都内史,[2]亦忠節士也。聞譙王承立義湘州,[3]甘卓又不同王敦之舉,[4]而書檄不至,級謂該曰:“吾嘗疾王敦挾陵上之心,[5]今稱兵構逆,有危社稷之勢。譙王宗室之望,據方州之重,建旗誓衆,圖襲武昌。[6]甘安南少著勇名,士馬器械當今爲盛,聞與譙王克期舉義。此乃烈士急病之秋,吾致死之時也,汝其成吾之志,申款于譙王乎?”該欣然奉命,潛至湘州,與承相見,口陳至誠。承大悦。會王敦遣其將魏乂圍承甚急,該乃與湘州從事周崎間出反命,俱爲乂所執,考之至死,竟不言其故,級由是獲免王敦之難。

[1]天門:郡名,三國孫吴置,治所在漊中縣(今湖南省慈利縣),西晋治所在澧陽縣(今湖南省石門縣)。

[2]宜都:郡名,治所在夷陵縣(今湖北省宜昌市東南長江北岸)。

[3]譙王承:司馬承,字敬才,本書卷三七有傳。　湘州:治所在臨湘縣(今湖南省長沙市)。

[4]甘卓:字季思,本書卷七〇有傳。　王敦:字處仲,本書卷九八有傳。

[5]嘗:宋本、殿本作“常”。

[6]武昌:郡名,治所在武昌縣(今湖北省鄂州市鄂城區)。

桓雄

桓雄,長沙人也。[1]少仕州郡。譙王承爲湘州刺史,命爲主簿。王敦之逆,承爲敦將魏乂所執,佐吏奔散,雄與西曹韓階、從事武延並毁服爲僮豎,[2]隨承向武昌。乂見雄姿貌長者,進退有禮,知非凡人,有畏憚之色,因害之。

[1]長沙：郡名，治所在臨湘縣（今湖南省長沙市）。

[2]西曹：官名，西曹書佐，州刺史佐吏，掌諸吏及選舉事，位在别駕、治中下，與主簿相亞而略低，但在諸從事上。 從事：官名，州部屬吏。東漢稱從事史，由州部長官自己選拔任命。

韓階

韓階，長沙人也。性廉謹篤慎，爲閭里所敬愛。刺史、譙王承辟爲議曹祭酒，[1]轉西曹書佐。[2]及承爲魏乂所執，送武昌，階與武延等同心隨從，在承左右。桓雄被害之後，二人執志愈固。及承遇禍，[3]階、延親營殯斂，送柩還都，朝夕哭奠，俱葬畢乃還。

[1]議曹祭酒：官名，州郡府屬吏，不領具體職司，參與謀議，地位較尊。

[2]西曹書佐：官名，州刺史佐吏。晋改功曹書佐置。掌諸吏及選舉事，位在别駕、治中下，與主簿相亞而略低，但在諸從事上。

[3]遇禍：禍，宋本作“害”。

周崎

周崎，邵陵人也。[1]爲湘州從事。王敦之難，譙王承使崎求救于外，與周該俱爲魏乂偵人所執，乂責崎辭情，臨以白刃。崎曰：“州將使求援于外，本無定指，隨時制宜耳。”乂謂崎曰：“汝爲我語城中，稱大將軍已破劉隗、戴若思，[2]甘卓住襄陽，無復異議，三江州郡，萬里肅清，外援理絶。如是者，我當活汝。”崎僞許之。既到城下，[3]大呼曰：“王敦軍敗於于湖，甘安南已克武昌，即日分遣大衆來赴此急，努力堅守，賊今散矣!”乂於是數而殺之。

[1]邵陵：郡名，治所在邵陵縣（今湖南省邵陽市）。

[2]大將軍：官名，高級軍事統帥。曹魏時多以之屯駐長安，對付蜀漢，蜀漢以其爲最高軍事長官，孫吴則别置上大將軍居其上。西晋時爲八公之一，位居上公、大司馬下，三公之上。東晋時常專擅軍政事務。一品。　劉隗：字大連，本書卷六九有傳。　戴若思：戴淵，本書卷六九有傳。

[3]既到城下：宋本無“到”字。

易雄

易雄，字興長，長沙瀏陽人也。[1]少爲縣吏，自念卑淺，[2]無由自達，乃脱幘挂縣門而去。因習律令及施行故事，交結豪右，州里稍稱之。仕郡，爲主簿。張昌之亂也，執太守萬嗣，將斬之，雄與賊争論曲直。賊怒，叱使牽雄斬之，雄趨出自若。賊又呼問之，雄對如初。如此者三，賊乃舍之。嗣由是獲免，雄遂知名。舉孝廉，[3]爲州主簿，遷别駕。自以門寒，不宜久處上綱，謝職還家。後爲春陵令。[4]

[1]瀏陽：縣名，治所在今湖南省瀏陽市東北官渡。

[2]卑淺：淺，宋本作“賤”。

[3]孝廉：漢代選拔人才的科目。

[4]春陵：縣名，治所在今湖南省寧遠縣西。

刺史、譙王承既距王敦，將謀起兵以赴朝廷。雄承符馳檄遠近，列敦罪惡，宣募縣境，數日之中，有衆千人，負糧荷戈而從之。承既固守，而湘中殘荒之後，城池不完，兵資又闕。敦遣魏乂、李恒攻之，雄勉厲所統，扞禦累旬，士卒死傷者相枕。力屈城陷，爲乂所虜，意氣慷慨，神無懼色。送到武昌，敦遣人以檄示雄而數之。雄曰："此實有之，惜雄位微力弱，不能救國之難。王室如毀，[1]雄安用生爲！今日即戮，得作忠鬼，乃所願也。"敦憚其辭正，釋之。衆人皆賀，雄笑曰："昨夜夢乘車，挂肉其傍。夫肉必有筋，筋者斤也，車傍有斤，吾其戮乎！"尋而敦遣殺之。當時見者，莫不傷惋。

[1]王室如毀：王室遭到焚毀。

樂道融

樂道融，丹楊人也。[1]少有大志，好學不倦，與朋友信，每約己而務周給，有國士之風。爲王敦參軍。

[1]丹楊：郡名，治所在建鄴縣（今江蘇省南京市）。楊，殿本作"陽"，本卷下文此地名同。

敦將圖逆，謀害朝賢，以告甘卓。卓以爲不可，遲留不赴。敦遣道融召之。道融雖爲敦佐，忿其逆節，因説卓曰："主上躬統萬機，[1]非專任劉隗。今慮七國之禍，[2]故割湘州以削諸侯，[3]而王氏擅權日久，卒見分政，便謂被奪耳。王敦背恩肆逆，舉兵伐主，國家待君至厚，今若同之，豈不負義！生爲逆臣，死爲愚鬼，永成宗黨之恥邪！君當僞許應命，而馳襲武昌，敦衆聞之，必不戰自散，大勛可就矣。"卓大然之，乃與巴東監軍柳純等露檄陳敦過逆，[4]率所統致討，又遣賫表詣臺。卓性不果决，且年老多疑，遂待諸方同進，出軍稽遲。至豬口，[5]敦聞卓已下兵，卓兄子印時爲敦參軍，[6]使印求和於卓，令其旋軍。卓信之，將旋，主簿鄧騫與道融勸卓曰：[7]"將軍起義兵而中廢，爲敗軍之將，竊爲將軍不取。今將軍之下，士卒各求其利，一旦而還，恐不可得也。"卓不從。道融晝夜涕泣諫卓，憂憤而死。

[1]萬機：機，殿本作"幾"。

[2]七國之禍：漢高祖劉邦死後，同姓諸侯王的勢力膨脹，漢景帝即位後，采納晁錯的削藩建議，逐步削奪楚、趙、吴、膠西等國封邑，引起諸國不滿。景帝三年（前 154），吴王劉濞聯合楚王戊、膠西王印、膠東王雄渠、濟南王辟光、淄川王賢、趙王遂發動叛亂，後被平定。

[3]削諸侯：削，宋本作"消"。

[4]巴東監軍：官名，即監巴東諸軍事，巴東地區軍事行政長官，位低於都督。四品。　柳純：東晋人，歷任巴東監軍、宜都太守、建平太守等職，爲王敦所害。

[5]豬口：一作堵口。位於今湖北省仙桃市，即古夏水入漢江之口。

[6]兄子印：印，宋本作"邛"。本段下文此人名同。

[7]鄧騫：字長真，本書卷七〇有傳。

虞悝

虞悝，長沙人也。弟望，字子都。並有士操，孝悌廉信爲鄉黨所稱，而俱好臧否，[1]以人倫爲己任。少仕州郡，兄弟更爲治中、别駕。[2]元帝爲丞相，招延四方之士，多辟府掾，時人謂之“百六掾”。望亦被召，耻而不應。

[1]臧否：品評，褒貶。

[2]治中：官名，治中從事史、治中從事的省稱。州之佐吏，掌選署及文書案卷。魏晋之世，身份雖低，職權極重。

譙王承臨州，知其名，檄悝爲長史。未到，遭母喪。會王敦作逆，承往吊悝，因留與語曰：“吾前被詔，遣鎮此州，正以王敦專擅，防其爲禍。今敦果爲逆謀，吾受任一方，欲率所領馳赴朝廷，而衆少糧乏，且始到貴州，恩信未著。卿兄弟南夏之翹俊，而智勇遠聞，古人墨絰即戎，[1]况今鯨鯢塞路，[2]王室危急，安得遂罔極之情，忘忠義之節乎！如今起事，將士器械可以濟不？”悝、望對曰：“王敦居分陝之任，一旦構逆，圖危社稷，此天地所不容，人神所忿疾。大王不以猥劣，枉駕訪及，悝兄弟並受國恩，敢不自奮！今天朝中興，人思晋德，大王以宗子之親，奉信順而誅有罪，孰不荷戈致命！但鄙州荒弊，糧器空竭，舟艦寡少，難以進討。宜且收衆固守，傳檄四方，其勢必分，然後圖之，事可捷也。”承以爲然，乃命悝爲長史，望爲司馬，督護諸軍。[3]

[1]墨絰即戎：居喪期間從軍征伐。

[2]鯨鯢：比喻凶惡的敵人。《左傳·宣公十二年》："古者明王伐不敬，取其鯨鯢而封之，以爲大戮。"杜預注："鯨鯢，大魚名，以喻不義之人吞食小國。"

[3]督護諸軍：一般督護衹督一軍，此督護督諸軍，權力高於一般督護。

湘東太守鄭澹，[1]敦之姊夫也，不順承旨。遣望討之，望率衆一旅，直入郡斬澹，以徇四境。及魏乂來攻，望每先登，力戰而死。城破，悝復爲乂所執，將害之，子弟對之號泣，悝謂曰："人生有死，闔門爲忠義鬼，亦何恨哉！"及王敦平，贈悝襄陽太守，望滎陽太守、遣謁者至墓，祭以少牢。

[1]湘東：郡名，治所在酃縣（今湖南省衡陽市東）。

沈勁

沈勁，字世堅，吴興武康人也。[1]父充，[2]與王敦構逆，衆敗而逃，爲部曲將吴儒所殺。勁當坐誅，鄉人錢舉匿之得免。其後竟殺仇人。

[1]吴興：郡名，治所在烏程縣（今浙江省湖州市南）。　武康：縣名，治所在今浙江省德清縣西千秋村。

[2]充：沈充，字士居，本書卷九八有傳。

勁少有節操，哀父死於非義，志欲立勛以雪先耻。年三十餘，以刑家不得仕進。郡將王胡之深異之，及遷平北將軍、司州刺史，[1]將鎮洛陽，上疏曰："臣當藩衛山陵，[2]式遏戎狄，雖義督群心，[3]人思自奮，[4]然方翦荆棘，奉宣國恩，艱難急病，非才不濟。吴興男子沈勁，清操著於鄉邦，貞固足以幹事。且臣今西，文武義故，吴興人最多，若令勁參臣府事者，見人既悦，義附亦衆。勁父充昔雖得罪先朝，然其門户累蒙曠蕩，不審可得特垂沛然，許臣所上否？"詔聽之。勁既應命，胡之以疾病解職。

[1]平北將軍：官名，與平東、平西、平南將軍合稱四平將軍。多持節都督或監某一地區的軍事，有時作爲刺史等地方官員監理軍務的加官。三品，加持節都督者二品。

[2]山陵：皇帝陵墓。

[3]群心：宋本無"心"字。

[4]自奮：奮，宋本作"百"。

升平中，慕容恪侵逼山陵。[1]時冠軍將軍陳祐守洛陽，[2]衆不過二千，勁自表求配祐效力，因以勁補冠軍長史，令自募壯士，得千餘人，以助祐擊賊，頻以寡制衆。而糧盡援絶，祐懼不能保全。會賊寇許昌，祐因以救許昌爲名，興寧三年，[3]留勁以五百人守城，祐率衆而東。會許昌已没，祐因奔崖塢。勁志欲致命，欣獲死所。尋爲恪所攻，城陷，被執，神氣自若。恪奇而將宥之，其中軍將軍慕容虔曰：[4]"勁雖奇士，觀其志度，終不爲人用。今若赦之，必爲後患。"遂遇害。恪還，從容言於慕容暐曰：[5]"前平廣固，[6]不能濟辟閭，[7]今定洛陽而殺沈勁，實有愧於四海。”朝廷聞而嘉之，贈東陽太守。[8]子赤黔爲大長秋。[9]赤黔子叔任，義熙中爲益州刺史。

[1]慕容恪：字玄恭，本書卷一一一有載記。

[2]冠軍將軍：官名，曹魏、孫吴、西晋皆置。西晋時領營兵。三品。

[3]興寧三年：中華本校勘記：“周校：《哀紀》在興寧二年。按：《通鑑》亦在興寧二年，疑‘三’爲‘二’之誤。”

[4]中軍將軍：官名，西晋時統左右衛、前後左右驍騎等宿衛七營禁軍，主管京師及朝廷警衛。泰始四年（268）罷，置北軍中候代其職。後爲將軍名號，與鎮軍將軍、撫軍將軍並爲三名號將軍，不統禁兵。三品。

[5]慕容暐：字景茂，本書卷一一一有載記。

[6]廣固：廣固城，位於今山東省青州市西北。

[7]濟辟閭：利用發揮人才作用。濟，發揮利用。辟閭，古劍名，此喻人才。

[8]東陽：郡名，治所在長山縣（今浙江省金華市）。

[9]大長秋：官名，宣達皇后旨意，領受皇帝詔命。魏晋南北朝時領諸宦者，管理宫闈。三品。

吉挹

吉挹，字祖冲，馮翊蓮芍人也。[1]祖朗，愍帝時爲御史中丞。西朝不守，[2]朗嘆曰：“吾智不能謀，勇不能死，何忍君臣相隨北面事賊虜乎！”乃自殺。

[1]蓮芍：縣名，治所在今陝西省渭南市北下邽鎮東北。

[2]西朝：指在長安的愍帝西晋朝廷。

挹少有志節。孝武帝初，苻堅陷梁益，[1]桓豁表挹爲魏興太守，[2]尋加輕車將軍，[3]領晋昌太守。[4]以距堅之功，拜員外散騎侍郎。[5]苻堅將韋鍾攻魏興，挹遣衆距之，斬七百餘級，加督五郡軍事。[6]鍾率衆欲趣襄陽，挹又邀擊，斬五千餘級。鍾怒，回軍圍之，挹又屢挫其鋭。其後賊衆繼至，挹力不能抗，城將陷，引刀欲自殺，其友止之曰："且苟存以展他計，爲計不立，死未晚也。"挹不從，友人逼奪其刀。會賊執之，挹閉口不言，不食而死。

[1]苻堅：字永固，本書卷一一三有載記。苻，原本作"符"，宋本、殿本作"苻"，據其載記及宋本、殿本改。

[2]桓豁：字朗子，本書卷七四有傳。　魏興：郡名，東漢建安二十年（215）分漢中郡置西城郡，曹魏黄初二年（221）改名魏興，治所在西城縣（今陝西省安康市西北）。

[3]輕車將軍：官名，東漢末一度地位較高，在九卿及衛將軍之上。三國魏以後地位稍降，爲將軍名號。五品。

[4]晋昌：郡名，治所在冥安縣（今甘肅省瓜州縣東南鎖陽城）。

[5]員外散騎侍郎：官名，西晋武帝始置。初爲正員之外添差之散騎侍郎，無員數，後成定員官。五品。

[6]督五郡軍事：即督五郡諸軍事，五郡軍事行政長官，位次於都督和監。

車騎將軍桓冲上言曰：[1]"故輕車將軍、魏興太守吉挹祖朗，西臺傾覆，[2]隕身守節。挹世篤忠孝，乃心本朝。臣亡兄温昔伐咸陽，[3]軍次灞水，[4]挹携將二弟，單馬來奔，録其此誠，仍加擢授，自新野太守轉在魏興。[5]久處兵任，委以邊戍，疆埸歸懷，著稱所莅。前年狄氏縱逸，浮河而下，挹孤城獨立，衆無一旅，外摧凶鋭，内固津要，虜賊舟船，俘馘千計。[6]而賊并力攻圍，經歷時月，會襄陽失守，邊情沮喪，加衆寡勢殊，以至陷没。挹辭氣慷慨，志在不辱，杖刃推戈，[7]期之以隕，將吏持守，用不即斃，[8]遂乃杜口無言，絶粒而死。挹參軍史穎，近於賊中得還，[9]賫挹臨終手疏，并具説意狀。挹之忠志，猶在可録。若蒙天地垂曲宥之恩，[10]則榮加枯朽，惠隆泉壤矣。”帝嘉之，追贈益州刺史。

[1]車騎將軍：官名，魏晋南北朝時位次於驃騎將軍，在諸名號將軍之上，多作爲軍府名號，以加授大臣及重要州郡長官。二品，開府位從公者一品。　桓冲：字幼子，本書卷七四有傳。

[2]西臺：兩晋、南朝稱朝廷禁省及中樞政權機構爲臺。西晋末丞相司馬睿南渡，在江左建立政權，承制行事，長安朝廷遂號西臺。

[3]温：桓温，字元子，本書卷九八有傳。　咸陽：縣名，治所在今陝西省咸陽市東北聶家溝一帶。

[4]次：駐扎。　灞水：今陝西省渭河支流灞河。

[5]新野：郡名，西晋惠帝時改義陽郡置，治所在新野縣（今河南省新野縣）。

[6]俘馘：生俘的敵人和被殺的敵人的左耳。《左傳·僖公二十二年》：“丙子晨，鄭文夫人羋氏、姜氏勞楚子于柯澤。楚子使師

繒示之俘馘。”杜預注：“俘，所得囚；馘，所截耳。”孔穎達疏：“俘者，生執囚之；馘者，殺其人截取其左耳，欲以計功也。”

[7]杖刃：杖，宋本作“快”。

[8]用不即斃：因此没有馬上死去。用，因此。

[9]近於賊中得還：原本、殿本無“還”字，宋本有，據宋本、中華本校勘記補。

[10]天地：地，宋本作“施”。

王諒

王諒，字幼成，丹楊人也。少有幹略，爲王敦所擢，參其府事，稍遷武昌太守。

初，新昌太守梁碩專威交土，[1]迎立陶咸爲刺史。咸卒，王敦以王機爲刺史，[2]碩發兵距機，自領交趾太守，[3]乃迎前刺史修則子湛行州事。永興三年，敦以諒爲交州刺史。諒將之任，敦謂曰：“修湛、梁碩皆國賊也，卿至，便收斬之。”諒既到境，湛退還九真。[4]廣州刺史陶侃遣人誘湛來詣諒所，[5]諒敕從人不得入閤，既前，執之。碩時在坐，曰：“湛故州將之子，有罪可遣，不足殺也。”諒曰：“是君義故，無豫我事。”即斬之。碩怒而出。諒陰謀誅碩，使客刺之，弗克，遂率衆圍諒於龍編。[6]陶侃遣軍救之，未至而諒敗。碩逼諒奪其節，諒固執不與，遂斷諒右臂。諒正色曰：“死且不畏，臂斷何有！”十餘日，憤恚而卒。碩據交州，凶暴酷虐，一境患之，竟爲侃軍所滅，傳首京都。

[1]新昌：郡名，治所在泠縣（今越南社會主義共和國永福

省）。

［2］王機：字令明，本書卷一〇〇有傳。

［3］交趾：又作交阯，郡名，治所在龍編縣（今越南社會主義共和國河北省仙游縣東）。趾，宋本、殿本作"阯"。

［4］九真：郡名，西漢文帝時南越王趙佗置。漢武帝時爲漢郡，治所在胥浦縣（今越南社會主義共和國清化省清化市西北）。

［5］陶侃：字士行，本書卷六六有傳。

［6］龍編：縣名，治所在今越南社會主義共和國北寧省仙游縣東。

宋矩

宋矩，字處規，敦煌人也。[1]慷慨有志節。張重華據凉州地，[2]以矩爲宛戍都尉。石季龍遣將麻秋攻大夏，[3]護軍梁式執太守宋晏，[4]以城應秋。秋遣晏以書致矩。矩既至，謂秋曰："辭父事君，當立功與義；苟功義不立，當守名節。矩終不背主覆宗，偷生於世。"先殺妻子，自刎而死。秋曰："義士也！"命葬之。重華嘉其誠節，贈振威將軍。

［1］敦煌：郡名，治所在敦煌縣（今甘肅省敦煌市西）。

［2］張重華：字泰臨，本書卷八六有傳。　凉州：東漢治所在隴縣（今甘肅省張家川回族自治縣），三國魏移治姑臧縣（今甘肅省武威市）。

［3］石季龍：即石虎，石勒從子，本書卷一〇六有載記。　大夏：縣名，治所在今甘肅省廣河縣西北。

［4］梁式：式，宋本、殿本作"彧"。

車濟

車濟，字萬度，敦煌人也。果毅有大量。張重華以爲金城令，爲石季龍將麻秋所陷，濟不爲秋屈。秋必欲降之，乃臨之以兵。濟辭色不撓，曰："吾雖才非龐德，[1]而受任同之。身可殺，志不可移。"乃伏劍而死。秋嘆其忠節，以禮葬之。後重華迎致其喪，親臨慟哭，贈宜禾都尉。[2]

[1]龐德：東漢末南安獂道（今甘肅省隴西縣東南）人，字令明。初平中從馬騰擊氐羌，後跟隨馬騰子馬超進擊袁譚部將高幹、郭援，又隨馬超投漢中張魯。曹操定漢中，乃降曹，拜立義將軍。建安二十四年（219），助曹仁守樊城，被關羽所擒殺。

[2]宜禾都尉：官名，西漢爲敦煌郡所轄部都尉，治昆侖障。東漢主伊吾盧屯田。魏晋時主宜禾一帶軍務。宜禾，縣名，治所在今甘肅省瓜州縣南。

丁穆

丁穆，字彦遠，譙國人也。[1]積功勞，封真定侯，累遷爲順陽太守。太元四年，除振武將軍、梁州刺史。受詔未發，會苻堅遣衆寇順陽，[2]穆戰敗，被執至長安，稱疾不仕僞朝。堅又傾國南寇，穆與關中人士唱義，謀襲長安，事泄，遇害，臨死作表以付其妻周。其後周得至京師，詣闕上之。孝武帝下詔曰："故順陽太守、真定侯丁穆力屈身陷，而誠節彌固，直亮壯勁，義貫古烈。其喪柩始反，言尋傷悼。可贈龍驤將軍、雍州刺史，[3]賻賜一依周虓故事。[4]爲立屋宅，并給其妻衣食，以終厥身。”

[1]譙國：郡國名，曹魏置，治所在譙縣（今安徽省亳州市）。

[2]苻堅：苻，原本、宋本作“符”，殿本作“苻”，據殿本改。

[3]龍驤將軍：官名，高級軍事將領。三品。

[4]賻賜：皇帝賜與辦喪事用的財物。　周虓：字孟威，本書卷五八有傳。

辛恭靖

辛恭靖，隴西狄道人也。[1]少有器幹，才量過人。隆安中，爲河南太守。[2]會姚興來寇，[3]恭靖固守百餘日，以無救而陷，被執至長安。興謂之曰：“朕將任卿以東南之事，可乎？”恭靖厲色曰：“我寧爲國家鬼，不爲羌賊臣。”興怒，幽之别室。經三年，至元興中，誑守者，乃逾垣而遁，歸于江東，安帝嘉之。桓玄請爲諮議參軍，[4]置之朝首。尋而病卒。

[1]狄道：縣名，治所在今甘肅省臨洮縣。

[2]河南：郡名，治所在洛陽縣（今河南省洛陽市東北）。

[3]姚興：字子略，本書卷一一七有載記。

[4]桓玄：字敬道，本書卷九九有傳。　諮議參軍：官名，兩晋時大將軍府、丞相府、公府、位從公府、州軍府均有置者，掌顧問謀議。

羅企生

羅企生，字宗伯，豫章人也。多才藝。初拜佐著作郎,[1]以家貧親老，求補臨汝令,[2]刺史王凝之請爲别駕。[3]殷仲堪之鎮江陵,[4]引爲功曹。累遷武陵太守。[5]未之郡而桓玄攻仲堪，仲堪更以企生爲諮議參軍。仲堪多疑少決，企生深憂之，謂弟遵生曰："殷侯仁而無斷，事必無成。成敗，天也，吾當死生以之。"仲堪果走，文武無送者，唯企生從焉。路經家門，遵生曰："作如此分離，何可不執手!"企生回馬授手，遵生有勇力，便牽下之，謂曰："家有老母，將欲何之?"企生揮淚曰："今日之事，我必死之。汝等奉養不失子道，一門之中有忠與孝，亦復何恨!"遵生抱之愈急。仲堪於路待之，企生遥呼曰："生死是同，願少見待。"仲堪見企生無脱理，策馬而去。

[1]佐著作郎：官名，三國時隸屬中書省，西晋改隸屬秘書省，協助著作郎修撰國史及起居注，整理秘書省所藏典籍。七品。

[2]臨汝：縣名，治所在今江西省撫州市臨川區西。

[3]王凝之：《世説新語·言語》注引《王氏譜》："王凝之，字叔平，右將軍羲之第二子。歷江州刺史、左將軍、會稽内史。"信奉五斗米道。

[4]殷仲堪：本書卷八四有傳。　江陵：縣名，治所在今湖北省江陵縣。

[5]武陵：郡名，治所在臨沅縣（今湖南省常德市）。

玄至荆州，人士無不詣者，企生獨不往，而營理仲堪家。或謂之曰："玄猜忍之性，未能取卿誠節,[1]若遂不詣，禍必至矣。"企生正色曰："我是殷侯吏，見遇以國士，爲弟以力見制，遂不我從，不能共殄醜逆，致此奔敗，亦何面目復就桓求生乎！”玄聞之大怒，然素待企生厚，先遣人謂曰：“若謝我，當釋汝。”企生曰：“爲殷荆州吏，荆州奔亡，存亡未判，何顔復謝！”玄即收企生，遣人問欲何言，答曰：“文帝殺嵇康，嵇紹爲晋忠臣。[2]從公乞一弟，以養老母。”玄許之。又引企生於前，謂曰：“吾相遇甚厚，何以見負？今者死矣！”企生對曰：“使君既興晋陽之甲，[3]軍次尋陽，[4]並奉王命，各還所鎮，升壇盟誓，口血未乾，而生奸計。自傷力劣，不能翦滅凶逆，恨死晚也。”玄遂害之，時年三十七，衆咸悼焉。先是，玄以羔裘遺企生母胡氏，及企生遇害，即日焚裘。

[1]未能：能，宋本作“寵”。

[2]嵇紹爲晋忠臣：中華本此句末用逗號。汪維輝先生認爲應當用句號。因爲羅企生是援引嵇康、嵇紹父子的事來向桓玄求留其弟，引據完畢，理當句斷。（參見汪維輝《〈晋書〉點校商兑》，《古籍整理研究學刊》1997年第1期）

[3]晋陽之甲：《左傳·定公十三年》：晋趙鞅起晋陽之兵，以“清君側”爲名，逐荀寅、士吉射。後因稱地方長吏不滿朝廷而舉兵内向爲興“晋陽之甲”。

[4]尋陽：縣名，治所在今湖北省黄梅縣西南。

張禕

張禕，[1]吴郡人也。[2]少有操行。恭帝爲琅邪王，以禕爲郎中令。[3]及帝踐祚，[4]劉裕以禕帝之故吏，[5]素所親信，封藥酒一罌付禕，密令鴆帝。禕既受命而嘆曰：“鴆君而求生，何面目視息世間哉，不如死也！”因自飲之而死。

[1]張禕：中華本校勘記：“《通鑑》一一九作‘張偉’。”

[2]吴郡：治所在吴縣（今江蘇省蘇州市）。

[3]郎中令：官名，王國公侯屬官，魏晋爲王國中的三卿之一。六品。

[4]踐祚：祚，殿本作“阼”。

[5]劉裕：字德輿，小名寄奴，彭城（今江蘇省徐州市）人，南朝宋開國皇帝。世居京口，初爲東晋冠軍司馬，後被劉牢之任爲參軍。歷任鎮軍將軍、都督十六州諸軍事，官至相國，受封宋王。元熙二年（420）代晋稱帝。卒謚武皇帝，廟號高祖。

史臣曰：中散以膚受見誅，[1]王儀以抗言獲戾，時皆可謂死非其罪也。偉元耻臣晋室，延祖甘赴危亡，所由之理雖同，所趣之塗即異，而並見稱當世，垂芳竹帛，豈不以君父居在三之極，忠孝爲百行之先者乎！且裒獨善其身，[2]故得全其孝，而紹兼濟於物，理宜竭其忠，可謂蘭桂異質而齊芳，《韶》《武》殊音而並美。[3]或有論紹者以死難獲譏，楊摧言之，[4]未爲篤論。夫君，天也，天可讎乎！安既享其榮，危乃違其禍，進退無據，何以立人！嵇生之隕身全節，用此道也。

[1]膚受：遭受讒言之害。

[2]裒：王裒，字偉元，本書卷八八有傳。裒，原本、宋本作“褎”，殿本作“裒”，據殿本及其本傳改。

[3]《韶》：《大韶》，《周禮·春官·大司樂》鄭玄注："《大韶》，舜樂也。言其德能紹堯之道也。"　《武》：即《大武》。《周禮·春官·大司樂》鄭玄注："《大武》，武王樂也。武王伐紂以除其害，言其德能成武功。"

[4]楊摧言之：辨析起來。楊，宋本、殿本作"揚"。

贊曰：重義輕生，亡軀殉節。勁松方操，嚴霜比烈。白刃可陵，貞心難折。道光振古，芳流來哲。

晋書　卷九〇

列傳第六十

良吏

魯芝　胡威　杜軫　竇允　王宏　曹攄　潘京　范晷
丁紹　喬智明　鄧攸　吴隱之

漢宣帝有言："百姓所以安其田里而無嘆息愁恨之心者，政平訟理也。與我共此者，其唯良二千石乎！"此則長吏之官實爲撫導之本。是以東里相鄭，[1]西門宰鄴，[2]潁川黄霸，[3]蜀郡文翁，[4]或吏不敢欺，或人懷其惠，或教移齊魯，或政務寬和，斯並惇史播其徽音，[5]良吏以爲準的。[6]

[1]東里：指春秋時鄭國子産，因其所居稱東里，故言。

[2]西門宰鄴：西門，指西門豹，戰國時魏國大臣。西門氏，名豹。魏文侯任之爲鄴縣令，在任廢除爲河伯娶婦之陋習，懲辦貪官，移風易俗，發展生産，興修水利，爲官清廉。在任期間，消除

了來自趙、燕的威脅。鄴，縣名，治所在今河北省臨漳縣西南。

[3]潁川：郡名，治所在許昌縣（今河南省許昌市東）。潁，原本作“穎”，宋本、殿本作“潁”，據宋本、殿本改。本卷下同。黄霸：西漢淮陽陽夏（今河南省太康縣）人，字次公。少學律令，武帝末年補侍郎、謁者。昭帝時任河東均輸長、河南太守丞。宣帝時歷任廷尉正、諫大夫、揚州刺史、潁川太守等職。治爲天下第一。後徵爲太子太傅，遷御史大夫，後任丞相，政績不如在郡爲官。

[4]蜀郡：治所在成都縣（今四川省成都市）。　文翁：西漢廬江舒（今安徽省廬江縣西南）人，少好學，通《春秋》。景帝末年任蜀郡太守。在任上選拔人才，培養學者，興辦學校，鼓勵學習。在他的治理下，蜀郡社會風氣大變，吏民争欲爲學官弟子。蜀地學於京師者比於齊魯。漢代郡國立學校官自其始。

[5]惇史：惇，原本作“惇”，宋本、殿本作“惇”，據宋本、殿本改。

[6]良吏：良，宋本、殿本作“能”。

有晋肇兹王業，光啓霸圖，授方任能，經文緯武。泰始受禪，更物君臨，[1]纂三葉之鴻基，膺百王之大寶，勞心庶績，[2]垂意黎元，申敕守宰之司，屢發憂矜之詔，辭旨懇切，[3]誨諭殷勤，欲使直道正身，抑末敦本。當此時也，可謂農安其業，吏盡其能者歟！而帝寬厚足以君人，明威未能厲俗，政刑以之私謁，賄賂於此公行，結綬者以放濁爲通，[4]彈冠者以苟得爲貴，[5]流遁忘反，寖以爲常。劉毅抗賣官之言，[6]當時以爲矯枉，察其風俗，豈虚也哉！爰及惠懷，中州鼎沸，逮於江左，[7]晋政多門，元帝比少康之隆，[8]處仲爲梗，[9]海西微昌邑之罪，[10]元子亂常，[11]既權逼是憂，故羈縻成俗。莅職者爲身擇利，銓綜者爲人擇官，[12]下僚多英雋之才，[13]勢位必高門之胄，遂使良能之績僅有存焉。雖復茂弘以明允贊經綸，[14]安石以時宗鎮雅俗，[15]然外虞孔熾，[16]内難方殷，而匡救彌縫，方免傾覆，[17]弘風革弊，彼則未遑。今采其政績可稱者，以爲《良吏傳》。

[1]更物：更，宋本、殿本作“改”。

[2]勞心庶績：勞心於各種政務。

[3]辭旨：旨，殿本作“音”。

[4]結綬者以放濁爲通：爲官者以放縱邪行爲通達。結綬者，爲官者。放濁，放縱邪行。

[5]彈冠者以苟得爲貴：想當官者以不當而得爲貴。彈冠，典出《漢書》卷七二《王吉傳》：“吉與貢禹爲友，世稱‘王陽在位，貢公彈冠’，言其取捨同也。”意爲王吉、貢禹友善，王吉做官，貢禹也準備出仕。

[6]劉毅：字仲雄，本書卷四五有傳。

[7]江左：江東。因自北方視之，江東在左，江西在右，故稱。

[8]少康：夏王，相之子。夏太康失位，后羿取代夏政，寒浞又殺后羿。夏相之后緡逃回母家，生少康。後夏臣伯靡聚衆殺寒浞，迎少康復位。史稱少康中興。

[9]處仲爲梗：王敦從中梗阻。

[10]昌邑：昌邑王，即劉賀，漢武帝孫，襲父爵爲昌邑王。昭帝死後被霍光立爲帝，旋即廢黜，宣帝時封爲海昏侯。

[11]元子亂常：桓温打亂了正常的政治秩序。

[12]銓綜者：選拔人才的官員。

[13]英雋：雋，殿本作“儁”。

[14]茂弘：王導，字茂弘，本書卷六五有傳。

[15]安石：謝安，字安石，本書卷七九有傳。

[16]外虞孔熾：外界的憂患愈演愈烈。

[17]方免：方，宋本作“劣”。

魯芝

魯芝，字世英，扶風郿人也。[1]世有名德，爲西州豪族。父爲郭汜所害，[2]芝襁褓流離，年十七，乃移居雍，耽思墳籍。郡舉上計吏，[3]州辟别駕。[4]魏車騎將軍郭淮爲雍州刺史，[5]深敬重之。舉孝廉，[6]除郎中。[7]會蜀相諸葛亮侵隴右，[8]淮復請芝爲别駕。事平，薦於公府，辟大司馬曹真掾，[9]轉臨淄侯文學。[10]鄭袤薦於司空王朗，[11]朗即加禮命。後拜騎都尉、參軍事、行安南太守，[12]遷尚書郎。[13]曹真出督關右，[14]又參大司馬軍事。[15]真薨，宣帝代焉，乃引芝參驃騎軍事，[16]轉天水太守。[17]郡鄰于蜀，數被侵掠，户口減削，寇盗充斥，芝傾心鎮衛，更造城市，數年間舊境悉復。遷廣平太守。[18]天水夷夏慕德，老幼赴闕獻書，乞留芝。魏明帝許焉，仍策書嘉嘆，勉以黄霸之美，加討寇將軍。[19]

[1]扶風：封國名，治所在郿縣（今陝西省眉縣東北渭河北岸）。

[2]郭汜：東漢末人，董卓部將。董卓被殺後與李傕攻陷長安，縱兵殺掠，專擅朝政。後獻帝東歸，又與李傕追殺朝官，擄掠輜重。不久又互相攻殺，造成長安城空，人互相食，二三年間，關中無復人迹。汜，宋本作“巳”。

[3]上計吏：亦稱計吏，地方政府派赴中央呈遞計簿的官員。上，宋本作“工”。

[4]别駕：官名，别駕從事、别駕從事史省稱。州部佐官，因從刺史行部，别乘傳車，故稱。位居州吏之右。

[5]車騎將軍：官名，魏晋南北朝時位次於驃騎將軍，在諸名號將軍之上，多作爲軍府名號，以加授大臣及重要州郡長官。二品，開府位從公者一品。　郭淮：三國時太原陽曲（今山西省陽曲縣西南）人，歷任曹魏鎮西長史、雍州刺史、征西將軍、都督雍凉諸軍事等職。在關内三十餘年，有大功，死後追贈大將軍。　雍州：治所在姑臧縣（今甘肅省武威市）。東漢建安十八年（213）移治長安（今陝西省西安市西北）。

[6]孝廉：漢代選拔人才的科目。

[7]郎中：官名，尚書省郎曹長官。位次尚書、左右丞，分曹執行政務。與“尚書郎”互稱。六品。

[8]諸葛亮：三國時琅邪陽都（今山東省沂南縣南）人，字孔明。東漢末隨叔父諸葛玄依附荆州劉表，隱居躬耕於隆中。後加入劉備集團，協助劉備占領荆州、益州，實現三分之勢。劉備死後輔佐劉禪，南征南中，北伐曹魏，最終病逝於北伐前綫。　隴右：地區名，指今甘肅省隴山以西地區。

[9]大司馬：官名，八公之一，位在上公之下、大將軍及三公之上，高級將帥，多爲大臣加官。一品。　曹真：三國時沛國譙縣人，曹操養子，官至上軍大將軍、都督中外諸軍事。

[10]臨淄侯：即曹植，三國時沛國譙縣（今安徽省亳州市）人，字子建，曹操第三子。東漢建安十九年（214）封臨淄侯，後封陳王，謚號思，故稱陳思王。善辭賦，建安文學領袖。　文學：官名，州郡王國屬官，或稱文學掾、文學史，以明經者擔任。

[11]鄭袤：字林叔，本書卷四四有傳。　司空：官名，魏晋南北朝爲名譽宰相，多爲大臣加官。晋八公之一，位在三公之末。一品。　王朗：三國時東海郯縣（今山東省郯城縣北）人，字景興。曾任會稽太守，被孫策攻破，降附孫策。後被曹操徵召，任諫議大夫、御史大夫等職。魏文帝、明帝時任司空、司徒等。

[12]騎都尉：官名，最高位領騎兵之武職，不領兵時爲侍衛武官。因親近皇帝，多以侍中兼任。與駙馬都尉、奉車都尉並爲三都尉。六品。　參軍事：官名，亦作參軍，謂參謀軍事。兩晋公府、軍府皆置。此爲司空府參軍。　行：兼攝官職。　安南太守：中華本校勘記："周校：《地理志》無安南郡，秦州有南安郡，故下就近轉天水太守，當作'南安'。"

[13]尚書郎：官名。東漢之制，取孝廉中之有才能者入尚書臺，在皇帝左右處理政務，初入臺稱守尚書郎中，滿一年稱尚書郎，滿三年稱侍郎。魏晋以後尚書各曹有侍郎、郎中等官，綜理職務，通稱爲尚書郎。六品。

[14]關右：地區名，即關西，泛指故函谷關或今潼關以西地區。

[15]參大司馬軍事：官名，大司馬府參軍事。參軍事，亦作參軍，謂參謀軍事。兩晋公府、軍府皆置。

[16]參驃騎軍事：官名，驃騎將軍府參軍事。宋本無"參"字。

[17]天水：郡名，治所在上邽縣（今甘肅省天水市）。

[18]廣平：郡名，治所在曲梁侯國（今河北省邯鄲市永年區東南）。

[19]討寇將軍：官名，統兵出征或作爲太守等地方長官的加官。八品。

曹爽輔政，[1]引爲司馬。[2]芝屢有讜言嘉謀，爽弗能納。及宣帝起兵誅爽，芝率餘衆犯門斬關，馳出赴爽，勸爽曰："公居伊周之位，[3]一旦以罪見黜，雖欲牽黄犬，[4]復可得乎！若挾天子保許昌，[5]杖大威以羽檄徵四方兵，孰敢不從！捨此而去，欲就東市，豈不痛哉！"爽懦惑不能用，遂委身受戮。芝坐爽下獄，當死，而口不訟直，志不苟免。宣帝嘉之，赦而不誅。俄而起爲使持節、領護匈奴中郎將、振威將軍、并州刺史。[6]以綏緝有方，遷大鴻臚。[7]

[1]曹爽：三國時沛國譙縣（今安徽省亳州市）人，字昭伯，曹真子。明帝死，受遺詔與司馬懿共同輔政。後與司馬懿争權，爲司馬懿所殺。

[2]司馬：官名，府署高級幕僚。掌參讚軍務、管理府内武職，位僅次於長史。魏晋南北朝時王府、公府、軍府、邊郡均置。八至六品。

[3]伊周：伊尹、周公。伊尹是輔佐商湯及其後代外丙、仲壬、太甲的賢臣，周公是輔佐周武王、成王的重臣。

[4]牽黄犬：《史記》卷八七《李斯列傳》：李斯被腰斬咸陽市中，臨刑，顧謂其中子曰："吾欲與若復牽黄犬俱出上蔡東門逐狡兔，豈可得乎！"遂父子相哭，而夷三族。

[5]許昌：縣名，治所在許昌城（今河南省許昌市東）。

[6]使持節：漢朝官吏奉使外出時，或由皇帝授予節杖，以提高其權力。魏晋以後，凡重要軍事長官出征或出鎮，加使持節，可誅殺二千石以下官員。　領：以地位較高的官員兼理較低的職務。　護匈奴中郎將：官名，亦作使匈奴中郎將、匈奴中郎將，掌監護南匈奴事務，多以并州刺史兼任，使持節或假節。四品。　振威將軍：官名，雜號將軍，統兵出征。四品。　并州：治所在晋陽縣（今山西省太原市西南）。

[7]大鴻臚：官名，九卿之一，掌賓客迎送接待、贊襄引導朝會百官等。三品。

高貴鄉公即位，[1]賜爵關内侯，邑二百户。毌丘儉平，[2]隨例增邑二百户，拜揚武將軍、荆州刺史。[3]諸葛誕以壽春叛，[4]文帝奉魏帝出征，徵兵四方，芝率荆州文武以爲先驅。誕平，進爵武進亭侯，又增邑九百户。遷大尚書，[5]掌刑理。

[1]高貴鄉公：曹髦，字彦士，曹丕孫。曹芳被廢後立爲帝。後爲司馬昭部下成濟所殺。

[2]毌丘儉：三國時河東聞喜（今山西省聞喜縣東北）人，字仲恭。歷任曹魏尚書郎、羽林監、洛陽典農、荆州刺史、幽州刺史等職。後舉兵反司馬師，兵敗被殺。

[3]揚武將軍：官名，統兵出征。四品。　荆州：三國時曹魏治所在新野縣（今河南省新野縣），孫吴治所在江陵縣（今湖北省江陵縣），西晋統一後治所在江陵縣（今湖北省江陵縣）。

[4]諸葛誕：三國時琅邪陽都（今山東省沂南縣南）人，字公休。歷任曹魏滎陽令、御史中丞、尚書、揚州刺史、鎮東將軍、鎮南將軍、征東大將軍等職。後起兵反司馬昭，兵敗被殺。　壽春：縣名，治所在今安徽省壽縣東南。

[5]大尚書：官名，吏部尚書的别稱。因吏部居尚書列曹之首，且權任重要，故名。三品。

常道鄉公即位，[1]進爵纛城鄉侯，又增邑八百户，遷監青州諸軍事、振武將軍、青州刺史，[2]轉平東將軍。[3]五等建，封陰平伯。

[1]常道鄉公：即曹奂，原名璜。曹魏皇帝，公元260年即位，264年被廢爲陳留王。

[2]監青州諸軍事：青州軍事行政長官，位次於都督。　振武將軍：官名，屬常設將軍名號，統兵。四品。　青州：治所在臨淄縣（今山東省淄博市東北）。

［3］平東將軍：官名，與平北、平南、平西將軍合稱四平將軍，權任很重，多持節都督或監某一地區的軍事，有時亦作爲刺史等地方官員兼理軍務的加官。三品，加持節都督者二品。

武帝踐阼，轉鎮東將軍，[1]進爵爲侯。帝以芝清忠履正，素無居宅，使軍兵爲作屋五十間。芝以年及懸車，[2]告老遜位，章表十餘上，於是徵爲光禄大夫，[3]位特進，[4]給吏卒，門施行馬。[5]羊祜爲車騎將軍，[6]乃以位讓芝，曰："光禄大夫魯芝潔身寡欲，[7]和而不同，服事華髮，以禮終始，未蒙此選，臣更越之，何以塞天下之望！"上不從。其爲人所重如是。

［1］鎮東將軍：官名，東漢建安年間置，與鎮西、鎮南、鎮北將軍合稱四鎮將軍，多爲持節都督，出鎮方面。曹魏二品。晋三品，加持節都督者二品。

［2］懸車：致仕，退休。

［3］光禄大夫：官名，三公等大臣告老回家即拜此職，或作爲在朝顯職的加官。三品，開府位從公者一品。

［4］特進：官名，三國兩晋時表示有特殊地位，或用作安置閑退大臣。二品。

［5］行馬：古代官署前攔阻人馬通行的木架。俗稱"鹿角"，亦稱"梐枑"。

［6］羊祜：字叔子，本書卷三四有傳。

［7］潔身：潔，宋本作"絜"。

泰始九年卒，年八十四。帝爲舉哀，賵贈有加，[1]謚曰貞，賜塋田百畝。

[1]賵贈：贈送財物供辦喪事。

胡威

胡威，字伯武，[1]一名貔，淮南壽春人也。[2]父質，[3]以忠清著稱，少與鄉人蔣濟、朱績俱知名於江淮間，[4]仕魏至征東將軍、荆州刺史。[5]威早厲志尚。質之爲荆州也，威自京都定省，家貧，無車馬僮僕，自驅驢單行。每至客舍，躬放驢，取樵炊爨，食畢，復隨侶進道。既至，見父，停厩中十餘日。告歸，父賜絹一匹爲裝。威曰："大人清高，不審於何得此絹？"[6]質曰："是吾俸禄之餘，以爲汝糧耳。"威受之，辭歸。質帳下都督先威未發，[7]請假還家，陰資裝於百餘里，要威爲伴，每事佐助。行數百里，威疑而誘問之，既知，乃取所賜絹與都督，謝而遣之。後因他信以白質，質杖都督一百，除吏名。其父子清慎如此。於是名譽著聞。

[1]胡威，字伯武：中華本校勘記："《斠注》：《魏志·胡質傳》注、《世説·德行》注引《晋陽秋》均作'伯虎'，此唐人避諱改。按：《通志》一七〇亦作'伯虎'。"

[2]淮南：郡名，治所在壽春縣（今安徽省壽縣）。

[3]質：胡質，字文德，楚國壽春（今安徽省壽縣）人。歷任曹魏頓丘令、丞相東曹議令史、吏部郎、常山太守、東莞太守、荆州刺史、振威將軍等職。

[4]蔣濟：三國時楚國平阿（今安徽省懷遠縣西南）人，字子通。歷任揚州别駕、丞相主簿西曹署，典選舉。齊王曹芳時官至太尉。　朱績：三國吴丹楊故鄣（今浙江省安吉縣西北）人，字公緒，初任爲郎，後拜建忠都尉。隨潘濬討五溪，以膽力稱。後任偏

將軍、營下督，領盜賊事，持法不傾。歷任平魏將軍、樂鄉督、鎮東將軍、驃騎將軍、上大將軍、都護督等職。

[5]征東將軍：官名，東漢末置，與征西、征南、征北將軍合稱四征將軍。魏晋時多爲持節都督，出鎮方面。三品，加持節都督者二品。

[6]何得：宋本無“得”字。

[7]帳下都督：官名，公府及開府位從公加兵者屬官，統領帳下親軍，侍衛主將。

拜侍御史，[1]歷南鄉侯、安豐太守，[2]遷徐州刺史。[3]勤於政術，風化大行。

[1]侍御史：官名，簡稱御史、侍御。御史臺屬官，曹魏時分掌治書、課第等八曹，尚書、符節等三臺。西晋時分掌吏、課第、直事、印、中都督、外都督、媒、符節、水、中壘、軍營、法、算十三曹。六品。

[2]安豐：郡名，曹魏文帝分廬江郡置，西晋治所在安風縣（今安徽省霍邱縣西南）。

[3]徐州：治所在彭城縣（今江蘇省徐州市）。

後入朝，武帝語及平生，因嘆其父清，謂威曰：“卿孰與父清？”對曰：“臣不如也。”帝曰：“卿父以何爲勝耶？”[1]對曰：“臣父清恐人知，臣清恐人不知，是臣不及遠也。”帝以威言直而婉，謙而順。累遷監豫州諸軍事、右將軍、豫州刺史，[2]入爲尚書，[3]加奉車都尉。[4]

[1]爲勝耶：耶，殿本作“邪”。

[2]監豫州諸軍事：豫州軍事行政長官，位次於都督。　右將軍：官名，漢代重號將軍之一，與前、左、後將軍並爲上卿。魏晋時常設，權位漸低，僅爲武官名號，略高於一般雜號將軍。三品。　豫州：曹魏時治所在安城縣（今河南省正陽縣東北），西晋移治陳縣（今河南省周口市淮陽區）。

[3]尚書：官名，東漢尚書臺六曹各置尚書，秩六百石。魏晋出爲朝官，分掌尚書省諸曹，品秩提高。三品。

[4]奉車都尉：官名，魏晋時作加官，與駙馬都尉、騎都尉并號三都尉。六品。

威嘗諫時政之寬，帝曰：“尚書郎以下，吾無所假借。”威曰：“臣之所陳，豈在丞郎令史，[1]正謂如臣等輩，始可以肅化明法耳。”拜前將軍、監青州諸軍事、青州刺史，[2]以功封平春侯。太康元年，卒于位，追贈使持節、都督青州諸軍事、鎮東將軍，[3]餘如故，謚曰烈。子奕嗣。[4]

[1]丞：官名，尚書丞，尚書令的佐官，地位次於僕射。掌尚書都省庶務。六品。　郎：官名，尚書郎。六品。　令史：官名，尚書令史，尚書省屬官，尚書省諸曹均置，頗有實權。八品。

[2]前將軍：官名，漢代重號將軍之一，與左、右、後將軍並爲上卿。魏晋時常設，權位較兩漢時漸低，僅爲武官名號，略高於一般雜號將軍，不典禁兵，不與朝政。三品。

[3]都督青州諸軍事：青州最高行政軍事長官。

[4]奕：宋本、殿本作“弈”。本卷下文此人名同。

奕，字次孫，仕至平東將軍。[1]威弟羆，字季象，亦有幹用，仕至益州刺史、安東將軍。[2]

[1]平東將軍：平東，殿本乙作“東平”。

[2]仕至：仕，宋本作“任”。　益州：治所在成都縣（今四川省成都市）。　安東將軍：官名，東漢建安年間置，與安西、安南、安北將軍合稱四安將軍，爲出鎮某一地區的軍事長官，或作爲刺史等兼理軍務的加官，權任頗重。三品，加持節都督者二品。

杜軫

杜軫，字超宗，蜀郡成都人也。[1]父雄，綿竹令。[2]軫師事譙周，[3]博涉經書。州辟不就，爲郡功曹史。[4]時鄧艾至成都，[5]軫白太守曰：“今大軍來征，必除舊布新，明府宜避之，此全福之道也。”太守乃出。艾果遣其參軍牽弘自之郡，[6]弘問軫前守所在，軫正色對曰：“前守達去就之機，輒自出官舍以俟君子。”弘器之，命復爲功曹，軫固辭。

[1]蜀郡：治所在成都縣（今四川省成都市）。

[2]綿竹：縣名，治所在今四川省德陽市北。

[3]譙周：三國蜀漢巴西西充（今四川省閬中市西南）人，字允南。蜀中儒學大師，歷任蜀漢勸學從事、典學從事、太子家令、光禄大夫等職。後勸後主降魏。西晋時任騎都尉、散騎常侍等職。

[4]郡功曹史：官名，郡府屬吏。功曹史，官名，亦稱功曹，晋朝不開府將軍、太子二傅、特進、郡縣皆置的屬官，掌吏員賞罰任免事宜。

[5]鄧艾：三國時義陽棘陽（今河南省南陽市南）人，字士載。歷任典農綱紀、尚書郎、討寇將軍、汝南太守、兖州刺史等

職。平蜀漢有功，官至太尉。後爲鍾會所誣，以檻車徵回京師，中途爲衛瓘所殺。

[6]參軍：官名，亦作參軍事，謂參謀軍事。兩晋公府、軍府皆置。　牽弘：西晋人，歷任隴西太守、揚州刺史、凉州刺史，太和七年（372）死於討伐北地胡的戰役中。

察孝廉，除建寧令，[1]導以德政，風化大行，夷夏悦服。秩滿將歸，群蠻追送，賂遺甚多，軫一無所受，去如初至。又除池陽令，[2]爲雍州十一郡最。百姓生爲立祠，得罪者無怨言。累遷尚書郎。

[1]建寧：縣名，治所在今湖南省株洲市西北。

[2]池陽：縣名，治所在今陝西省涇陽縣西北。

軫博聞廣涉，奏議駁論多見施用。時涪人李驤亦爲尚書郎，[1]與軫齊名，每有論議，[2]朝廷莫能逾之，號蜀有二郎。軫後拜犍爲太守，[3]甚有聲譽。當遷，會病卒，年五十一。子毗。

[1]涪：涪縣，治所在今四川省綿陽市東涪江東岸。

[2]“多見施用”至“每有論議”：宋本無此二十二字。

[3]犍爲：郡名，治所在武陽縣（今四川省眉山市彭山區東）。

毗，字長基。州舉秀才，[1]成都王穎辟大將軍掾，[2]遷尚書郎，參太傅軍事。[3]及洛陽覆没，毗南渡江，王敦表爲益州刺史，[4]將與宜都太守柳純共固白帝。[5]杜弢遣軍要毗，[6]遂遇害。

[1]秀才：察舉科目，州舉秀才，郡舉孝廉。

[2]成都王穎：司馬穎，字章度，本書卷五九有傳。　大將軍：官名，高級軍事統帥。曹魏時多以之屯駐長安，對付蜀漢，蜀漢以其爲最高軍事長官，孫吴則别置上大將軍居其上。西晋時爲八公之一，位居上公、大司馬下，三公之上。東晋時常專擅軍政事務。一品。

[3]參太傅軍事：官名，太傅府參軍事。太，殿本作"大"。

[4]王敦：字處仲，本書卷九八有傳。

[5]宜都：郡名，治所在夷陵縣（今湖北省宜昌市東南長江北岸）。　固：殿本作"圖"。　白帝：即白帝城，位於今重慶市奉節縣。

[6]杜弢：字景文，本書卷一〇〇有傳。

毗弟秀，字彦穎，爲羅尚主簿。[1]州没，爲氐賊李驤所得，[2]欲用爲司馬。秀不受，見害。

[1]羅尚：字敬之，本書卷五七有傳。　主簿：官名，開府屬官，典領文書籍簿，省録衆事，職權甚重。

[2]李驤：十六國時略陽臨渭（今甘肅省天水市東北渭河北岸）人，原籍巴西宕渠（今四川省渠縣東北），字玄龍，李特幼弟。本書卷一二〇、一二一及《華陽國志》有詳載。

毗次子歆，舉秀才。

軫弟烈，明政事，察孝廉，歷平康、安陽令，[1]所居有異績，遷衡陽太守。[2]聞軫亡，因自表兄子幼弱，求去官，詔轉犍爲太守，蜀土榮之。後遷湘東太守，[3]爲成都王穎郎中令，[4]病卒。

[1]平康：縣名，治所在今四川省黑水縣東北。　安陽：縣名，治所在今河南省安陽縣西南。

[2]衡陽：郡名，治所在湘南縣（今湖南省湘潭市西南）。

[3]湘東：郡名，三國孫吴置，治所在酃縣（今湖南省衡陽市東）。

[4]郎中令：官名，王國公侯屬官，魏晋爲王國中的三卿之一。六品。

烈弟良，舉秀才，除新都令、涪陵太守，[1]不就，補州大中正，[2]卒。

[1]新都：縣名，治所在今四川省成都市新都區西。　涪陵：郡名，劉備置，治所在涪陵縣（今重慶市彭水苗族土家族自治縣），至晋移治漢復縣（今重慶市酉陽土家族苗族自治縣）。

[2]大中正：州一級評定士人品第的官員。

竇允

竇允，字雅，始平人也。[1]出自寒門，清尚自修。少仕縣，稍遷郡主簿。察孝廉，除浩亹長。[2]勤於爲政，勸課田蠶，平均調役，百姓賴之。遷謁者。[3]泰始中，詔曰："當官者能潔身修己，[4]然後在公之節乃全。身善有章，雖賤必賞，此興化立教之務也。謁者竇允前爲浩亹長，以修勤清白見稱河右。[5]是輩當擢用，使立行者有所勸。主者詳復參訪，有以旌表之。"拜臨水令。[6]克己厲俗，改修政事，士庶悦服，咸歌咏之。遷鉅鹿太守，[7]甚有政績。卒於官。

[1]始平：郡名，治所在槐里縣（今陝西省興平市）。

[2]浩亹：縣名，治所在今甘肅省永登縣西南大通河東岸。

[3]謁者：官名，謁者臺屬官。掌賓禮司儀、傳宣詔命、奉命出使等。又有監國謁者，監視諸侯王，權勢頗重。七品。

[4]潔身：潔，宋本作“絜”。

[5]河右：即河西，今甘肅、青海二省之間黃河南段以西地區，即河西走廊、湟水流域一帶。

[6]臨水：縣名，治所在今河北省磁縣。

[7]鉅鹿：郡名，治所在巨鹿縣（今河北省平鄉縣西南）。

王宏

王宏，字正宗，高平人，[1]魏侍中粲之從孫也。[2]魏時辟公府，累遷尚書郎，歷給事中。[3]泰始初，爲汲郡太守，[4]撫百姓如家，耕桑樹藝，屋宇阡陌，莫不躬自教示，曲盡事宜，在郡有殊績。司隸校尉石鑒上其政術，[5]武帝下詔稱之曰：“朕惟人食之急，而懼天時水旱之運，夙夜警戒，念在於農。雖詔書屢下，敕厲殷勤，猶恐百姓廢惰以損生植之功。而刺史、二千石、百里長吏未能盡勤，至使地有遺利而人有餘力，每思聞監司糾舉能不，將行其賞罰，以明沮勸。今司隸校尉石鑒上汲郡太守王宏勤恤百姓，導化有方，督勸開荒五千餘頃，而熟田常課頃畝不減。比年普饑，人不足食，[6]而宏郡界獨無匱乏，可謂能矣。其賜宏穀千斛，布告天下，咸使聞知。”

[1]高平：郡名，治所在昌邑縣（今山東省巨野縣南）。

[2]侍中：官名，東漢建安中與給事黃門侍郎出入禁中，省尚

書事。曹魏時爲門下之侍中省長官，常侍衛皇帝左右，掌顧問應對、諫諍糾察、平議奏事、駁奏異議等，權力甚重。三品。　粲：王粲，東漢末山陽高平（今山東省鄒城市西南）人，字仲宣。“建安七子”之一，善詩賦。任曹操丞相掾、侍中。

[3]給事中：官名，爲加官，所加爲三公、將軍、中書監令、博士、郎等。常侍從皇帝左右，諫諍糾彈，爲中朝要職。五品。

[4]汲郡：西晋始置，治所在汲縣（今河南省衛輝市西南）。

[5]司隸校尉：官名，三國魏時先治弘農，後治河南，轄司州所屬河南、河東、河内、弘農、平陽五郡。掌監察京師、糾察京都百官。西晋沿置。三品。　石鑒：字林伯，本書卷四四有傳。

[6]人不足食：足食，宋本乙作“食足”。

俄遷衛尉、河南尹、大司農，[1]無復能名，更爲苛碎。坐桎梏罪人，以泥墨塗面，置深坑中，餓不與食，又擅縱五歲刑以下二十一人，爲有司所劾。帝以宏累有政績，聽以贖罪論。太康中，代劉毅爲司隸校尉，於是檢察士庶，[2]使車服異制，[3]庶人不得衣紫絳及綺綉錦繢。帝常遣左右微行，觀察風俗，宏緣此復遣吏科檢婦人袒服，[4]至褰發於路。[5]論者以爲暮年謬妄，由是獲譏於世，復坐免官。後起爲尚書。太康五年卒，追贈太常。[6]

[1]衛尉：官名，掌宫廷禁衛，兼管武庫、冶鑄，領江北治令三十九員、南北東西諸督冶掾。三品。　河南尹：官名，京都洛陽所在河南郡長官，主管京都事務。三品。　大司農：官名，掌管全國財政和各地的屯田。三品。

[2]檢察：檢，宋本作“撿”。

[3]異制：宋本無“制”字。

[4]衵服：内衣。《左傳·宣公九年》：“陳靈公與孔寧、儀行父通於夏姬，皆衷其衵服以戲于朝。”杜預注：“衵服，近身衣。”

[5]褰發於路：在路上就被撩起衣裳。

[6]太常：官名，漢代稱奉常，本掌禮樂宗廟、社稷祭祀，魏晋時此職掌歸尚書裁定，太常成爲閑職。三品。

曹攄

曹攄，字顔遠，譙國譙人也。[1]祖肇，魏衛將軍。[2]攄少有孝行，好學善屬文，太尉王衍見而器之，[3]調補臨淄令。[4]縣有寡婦，養姑甚謹。姑以其年少，勸令改適，婦守節不移。姑愍之，密自殺。親黨告婦殺姑，官爲考鞫，[5]寡婦不勝苦楚，乃自誣。獄當决，適值攄到。攄知其有冤，更加辨究，[6]具得情實，時稱其明。獄有死囚，歲夕，攄行獄，愍之，曰：“卿等不幸致此非所，如何？新歲人情所重，豈不欲暫見家邪？”衆囚皆涕泣曰：“若得暫歸，死無恨也。”攄悉開獄出之，克日令還。掾吏固争，[7]咸謂不可。攄曰：“此雖小人，義不見負，自爲諸君任之。”至日，相率而還，並無違者，一縣嘆服，號曰聖君。入爲尚書郎，轉洛陽令，[8]仁惠明斷，百姓懷之。時天大雨雪，宫門夜失行馬，群官檢察，莫知所在。攄使收門士，衆官咸謂不然。攄曰：“宫掖禁嚴，非外人所敢盗，必是門士以燎寒耳。”詰之，果服。以病去官。復爲洛陽令。

[1]譙國：郡國名，曹魏置，治所在譙縣（今安徽省亳州市）。

［2］衛將軍：官名，魏晋時位在名號將軍之上，多爲軍府名號，加給大臣、重要州郡長官。二品，開府位從公者一品。

［3］太尉：官名，曹操爲丞相後，太尉府屬官歸相府，晋時太尉雖爲八公之一、三公之首，實爲名譽宰相，多爲大臣加官。一品。　王衍：字夷甫，本書卷四三有傳。

［4］臨淄：縣名，治所在今山東省淄博市東北。

［5］考鞫：刑訊，拷問。

［6］辨究：辨，殿本作"辯"。

［7］掾吏固争：吴金華等先生認爲，"吏"應作"史"。"掾史"連文，屢見於六朝文獻。楊鴻年《漢魏制度史》指出："漢世，上自三公，下至郡縣，佐屬地位高的稱掾，低的稱史。"（參見吴金華、吴新江《〈晋書〉辨疑》，《古籍整理研究學刊》2000 年第 4 期）

［8］洛陽：縣名，治所在今河南省洛陽市東北。

及齊王冏輔政，[1]攄與左思俱爲記室督。[2]冏嘗從容問攄曰："天子爲賊臣所逼，莫有能奮。吾率四海義兵興復王室，今入輔朝廷，匡振時艱，或有勸吾還國，於卿意如何？"攄曰："蕩平國賊，匡復帝祚，[3]古今人臣之功未有如大王之盛也。然道罔隆而不殺，[4]物無盛而不衰，非惟人事，[5]抑亦天理。竊預下問，敢不盡情。願大王居高慮危，在盈思冲，精選百官，存公屏欲，舉賢進善，務得其才，然後脂車秣馬，[6]高揖歸藩，則上下同慶，攄等幸甚。"冏不納。尋轉中書侍郎，[7]長沙王乂以爲驃騎司馬。[8]乂敗，免官。因丁母憂。惠帝末，起爲襄城太守。[9]時襄城屢經寇難，攄綏懷振理，旬月克復。

[1]齊王冏：司馬冏，字景治，本書卷五九有傳。

[2]左思：字太冲，本書卷九二有傳。　記室督：官名，公府及開府位從公加兵者屬官，位在主簿下，掌記録、文書繕寫。

[3]�復：匡，宋本作“臣”。

[4]道罔隆而不殺：没有道路隆起而不被削減的。

[5]非惟：惟，宋本、殿本作“唯”。

[6]脂車秣馬：給車軸涂好油脂，把馬餵飽，準備動身。

[7]中書侍郎：官名，三國魏文帝黄初初年設中書省，在長官中書監、中書令以下有通事郎，後增設中書郎，亦稱中書侍郎。掌草擬詔書，外出執行重要使命等。五品。

[8]長沙王乂：司馬乂，字士度，本書卷五九有傳。　驃騎司馬：官名，驃騎將軍府高級幕僚。掌參讚軍務、管理府内武職，位次於長史。六品。

[9]襄城：郡名，治所在襄城縣（今河南省許昌市襄城縣）。

永嘉二年，高密王簡鎮襄陽，[1]以攄爲征南司馬。[2]其年流人王逌等聚衆屯冠軍，[3]寇掠城邑。簡遣參軍崔曠討之，令攄督護曠。曠，奸凶人也，譎攄前戰，期爲後繼，既而不至。攄獨與逌戰于酈縣，[4]軍敗死之。故吏及百姓並奔喪會葬，號哭即路，如赴父母焉。

[1]高密王簡：即高密王司馬略，字元簡。《通鑑》八五“簡”作“略”。《通鑑考異》認爲，《宗室傳》高密孝王略，字元簡，蓋“簡”即“略”也。《劉暾傳》亦作“略”，蓋以字行。　郡名，東漢建安十三年（208）置，治所在襄陽縣（今湖北省襄陽市），西晋移治宜城縣（今湖北省宜城市南）。

[2]征南司馬：官名，征南將軍府高級幕僚。掌參讚軍務、管理府内武職，位次於長史。七品。

[3]冠軍：縣名，治所在今河南省鄧州市西北。

[4]酈縣：治所在今河南省南陽市西北。

潘京

潘京，字世長，武陵漢壽人也。[1]弱冠，[2]郡辟主簿，太守趙廞甚器之，[3]嘗問曰："貴郡何以名武陵？"京曰："鄙郡本名義陵，在辰陽縣界，[4]與夷相接，數爲所攻，光武時移東出，遂得全完，[5]共議易號。《傳》曰止戈爲武，《詩》稱高平曰陵，於是名焉。"爲州所辟，因謁見問策，探得"不孝"字，刺史戲京曰："辟士爲不孝邪？"[6]京舉版答曰："今爲忠臣，不得復爲孝子。"其機辯皆此類。後太廟立，州郡皆遣使賀，京白太守曰："夫太廟立，移神主，應問訊，不應賀。"遂遣京作文，使詣京師，以爲永式。

[1]武陵：郡名，治所在臨沅縣（今湖南省常德市）。　漢壽：縣名，治所在今四川省廣元市西南。

[2]弱冠：指男子二十歲時。《禮記·曲禮上》："二十曰弱，冠。"年少爲弱，待至二十，即爲成年，舉行冠禮。

[3]趙廞：西晋益州刺史。朝廷徵其爲大長秋，因不滿而反叛，自稱大都督、大將軍、益州牧。後被李特所殺。

[4]辰陽縣：治所在今湖南省辰溪縣西南。

[5]遂得全完：遂，殿本作"送"。

[6]辟士：被徵辟的人士。

京仍舉秀才，到洛。尚書令樂廣，[1]京州人也，共談累日，深嘆其才，謂京曰："君天才過人，恨不學耳。

若學，必爲一代談宗。”京感其言，遂勤學不倦。時武陵太守戴昌亦善談論，與京共談，京假借之，昌以爲不如己，笑而遣之，令過其子若思，[2]京方極其言論。昌竊聽之，乃嘆服曰：“才不可假。”遂父子俱屈焉。歷巴丘、邵陵、泉陵三令。[3]京明於政術，路不拾遺。遷桂林太守，[4]不就，歸家，年五十卒。

[1]尚書令：官名，秦漢時爲尚書署長官。秩位雖低，權力甚重。魏晋時沿置，爲尚書省長官，綜理全國政務，參議大政，爲高級政務長官。三品。　樂廣：字彦輔，本書卷四三有傳。

[2]若思：戴淵，字若思，本書卷六九有傳。

[3]巴丘：縣名，治所在今江西省峡江縣巴邱鎮北。　邵陵：縣名，治所在今湖南省邵陽市。　泉陵：縣名，治所在今湖南省永州市。

[4]桂林：郡名，治所在潭中縣（今廣西壯族自治區柳州市東南柳江東南岸）。

范晷

范晷，字彦長，南陽順陽人也。[1]少游學清河，[2]遂徙家僑居。郡命爲五官掾，[3]歷河内郡丞。[4]太守裴楷雅知之，[5]薦爲侍御史。調補上谷太守，[6]遭喪，不之官。後爲司徒左長史，[7]轉馮翊太守，[8]甚有政能，善於綏撫，百姓愛悦之。徵拜少府，[9]出爲凉州刺史，[10]轉雍州。于時西土荒毁，氐羌蹈籍，[11]田桑失收，百姓困弊，晷傾心化導，勸以農桑，所部甚賴之。元康中，加左將軍，[12]卒於官。二子：廣、稚。[13]

[1]南陽：郡名，治所在宛縣（今河南省南陽市）。　順陽：縣名，治所在今河南省淅川縣南。

[2]清河：即清河郡，治所在清河縣（今山東省臨清市東北）。

[3]五官掾：官名，省稱五官。郡國屬吏，地位僅次於功曹。無固定執掌，凡功曹及諸曹員吏出缺即代理其職務。晋朝中央政府諸卿、領軍、護軍、太子太傅、太子少傅及諸郡國皆置。

[4]河内：郡名，治所在野王縣（今河南省沁陽市）。　郡丞：官名，爲郡守副貳。輔佐郡守掌衆事。三國魏蜀吴皆置，亦稱府丞。八品。

[5]裴楷：字叔則，本書卷三五有傳。

[6]上谷：郡名，三國魏治所在居庸縣（今北京市延慶區），晋治所在沮陽縣（今河北省懷來縣東南）。

[7]司徒左長史：官名，司徒長史爲司徒府掾屬之長，佐司徒總管府内諸曹。分左、右，左高於右。六品。

[8]馮翊：郡名，三國魏以左馮翊改置，治所在臨晋縣（今陝西省大荔縣）。

[9]少府：官名，掌管宫廷手工業。三品。

[10]涼州：東漢治所在隴縣（今甘肅省張家川回族自治縣），三國魏移治姑臧縣（今甘肅省武威市）。

[11]蹈籍：踐踏。籍，宋本、殿本作“藉”。

[12]左將軍：官名，漢代爲重號將軍，與前、後、右將軍並爲上卿。魏晋時爲常設官職，權位較兩漢漸低，僅爲武官名號，略高於一般雜號將軍，不典禁兵。三品。

[13]稚：殿本作“雅”。本卷下文此人名同。

廣，字仲將。舉孝廉，除靈壽令，[1]不之官。姊適孫氏，早亡，有孫名邁，廣負以南奔，[2]雖盗賊艱急，終不棄之。元帝承制，[3]以爲堂邑令。[4]丞劉榮坐事當死，郡劾以付縣。[5]榮即縣人，家有老母，至節，廣輒聽暫還，榮亦如期而反。縣堂爲野火所及，榮脱械救火，事畢，還自著械。後大旱，米貴，廣散私穀振饑人，至數千斛，遠近流寓歸投之，户口十倍。卒於官。

[1]靈壽：縣名，治所在今河北省靈壽縣西北。
[2]負以南奔：宋本無“以”字。
[3]承制：秉承皇帝旨意便宜行事。
[4]堂邑：縣名，治所在今江蘇省南京市六合區東。
[5]郡劾：劾，宋本作“中”。

稚少知名，辟大將軍掾，[1]早卒。子汪，[2]别有傳。

[1]大將軍掾：官名，大將軍府屬吏。
[2]汪：范汪，字玄平，本書卷七五有傳。

丁紹

丁紹，[1]字叔倫，譙國人也。少開朗公正，早歷清官。爲廣平太守，政平訟理，道化大行。于時河北騷擾，靡有完邑，而廣平一郡四境乂安，是以皆悦其法而從其令。及臨漳被圍，[2]南陽王模窘急，[3]紹率郡兵赴之，模賴以獲全。模感紹恩，生爲立碑。遷徐州刺史，士庶戀慕，攀附如歸。未之官，復轉荆州刺史。從車千乘，南渡河至許。時南陽王模爲都督，留紹，啓轉爲冀州刺史。[4]到鎮，率州兵討破汲桑有功，[5]加寧北將軍、假節、監冀州諸軍事。[6]時境内羯賊爲患，紹捕而誅之，號爲嚴肅，河北人畏而愛之。

[1]丁紹：中華本校勘記："《考證》：'紹'，《南陽王模傳》作'邵'。《校文》：《東海王越傳》作'劭'。"

[2]臨漳：縣名，西晉建興初改鄴縣置，治所在今河北省臨漳縣西南鄴鎮。

[3]南陽王模：司馬模，字元表，本書卷三七有傳。

[4]冀州：三國魏治所在信都縣（今河北省衡水市冀州區），西晉移治房子縣（今河北省高邑縣西南）。

[5]汲桑：西晉魏郡（今河北省臨漳縣西南）人，一説平陽（今山西省臨汾市西南）人。與石勒從成都王司馬穎故將公師藩，後自稱大將軍，爲石勒前驅，被乞活田甄攻殺。

[6]寧北將軍：官名，西晉置，多兼并、青等州刺史，或都督并、冀二州諸軍事，位在東中郎將之上。四品。　假節：假以節杖。指大臣臨時持節出巡，爲權臣掌軍、秉政的地位象徵和政治待遇。　監冀州諸軍事：冀州軍事行政長官，位低於都督。

紹自以爲才足爲物雄，[1]當官莅政，每事克舉，視天下之事若運於掌握，遂慨然有董正四海之志矣。[2]是時王浚盛於幽州，[3]苟晞盛於青州，[4]然紹視二人蔑如也。永嘉三年，暴疾而卒，臨終嘆曰："此乃天亡冀州，豈吾命哉！"懷帝策贈車騎將軍。

[1]物雄：人中之雄。

[2]董正：監督整頓。

[3]王浚：字彭祖，本書卷三九有傳。　幽州：治所在薊縣（今北京市西南）。

[4]苟晞：字道將，本書卷六一有傳。

喬智明

喬智明，字元達，鮮卑前部人也。[1]少喪二親，哀毁過禮，長而以德行著稱。成都王穎辟爲輔國將軍。[2]穎之敗趙王倫也，[3]表智明爲殄寇將軍，[4]隆慮、共二縣令。[5]二縣愛之，號爲“神君”。部人張兑爲父報仇，母老單身，有妻無子，智明愍之，停其獄。歲餘，令兑將妻入獄，兼陰縱之。人有勸兑逃者，兑曰：“有君如此，吾何忍累之！縱吾得免，作何面目視息世間！”於獄産一男。會赦，得免。其仁感如是。

[1]鮮卑：我國古代北方少數民族名，有拓拔、宇文、慕容、秃髮、乞伏、段諸部。　前部：部，宋本作“郡”。

[2]輔國將軍：官名，屬將軍名號，三國兩晋皆置。三品。

[3]趙王倫：司馬倫，字子彝，本書卷五九有傳。

[4]殄寇將軍：官名，東漢末興平年間置，晋、南朝宋沿置，爲雜號將軍中地位較低者。

[5]隆慮：縣名，治所在今河南省林州市。　共：縣名，治所在今河南省輝縣市。

惠帝之伐鄴也，穎以智明爲折衝將軍、參丞相前鋒軍事。[1]智明勸穎奉迎乘輿，[2]穎大怒曰：“卿名曉事，投身事孤。主上爲群小所逼，將加非罪於孤，卿奈何欲使孤束手就刑邪！共事之義，正若此乎？”智明乃止。尋屬永嘉之亂，仕於劉曜。[3]

[1]折衝將軍：官名，屬將軍名號，爲雜號將軍中地位較高者。五品。　參丞相前鋒軍事：丞相府前鋒參軍。前，殿本作“先”。

[2]乘輿：指皇帝。

[3]劉曜：字永明，劉淵族子，本書卷一〇三有載記。

鄧攸

鄧攸，字伯道，平陽襄陵人也。[1]祖殷，亮直强正。鍾會伐蜀，[2]奇其才，自黽池令召爲主簿。[3]賈充伐吴，[4]請殷爲長史。[5]後授皇太子《詩》，爲淮南太守。夢行水邊，見一女子，猛獸自後斷其盤囊。[6]占者以爲水邊有女，汝字也，斷盤囊者，新獸頭代故獸頭也，不作汝陰，當汝南也。[7]果遷汝陰太守。後爲中庶子。[8]

[1]平陽：郡名，治所在平陽縣（今山西省臨汾市西南）。襄陵：縣名，治所在今山西省臨汾市東南古城莊。

[2]鍾會：三國時潁川長社（今河南省長葛市東）人，字士季。鍾繇之子。歷任秘書郎、尚書郎、中書侍郎、黄門侍郎、司隸校尉等職。破蜀後因與姜維謀叛，失敗被殺。

[3]黽池：縣名，治所在今河南省澠池縣西。

[4]賈充：字公閭，本書卷四〇有傳。

[5]長史：官名，掌顧問參謀，爲所在官署掾屬之長。魏晋南北朝時王府、公府、軍府、邊郡均置。八至六品。

[6]盤囊：中華本校勘記："《斠注》：《書鈔》七六引王隱《晋書》作'鞶囊'。按：《御覽》六九一引亦作'鞶囊'。鞶囊見班固《與竇將軍箋》及《東觀漢記》，詳桂馥《札樸》。"

[7]汝南：郡名，西晋治所在新息縣（今河南省息縣西南），東晋移治懸瓠城（今河南省汝南縣）。

[8]中庶子：官名，即太子中庶子。太子侍從，掌侍從、奏事、諫議等。五品。

攸七歲喪父，尋喪母及祖母，居喪九年，以孝致稱。清和平簡，貞正寡欲。少孤，與弟同居。初，祖父殷有賜官，敕攸受之。後太守勸攸去王官，欲舉爲孝廉，攸曰："先人所賜，不可改也。"嘗詣鎮軍賈混，[1]混以人訟事示攸，使决之。攸不視，曰："孔子稱聽訟吾猶人也，必也使無訟乎！"混奇之，以女妻焉。舉灼然二品，[2]爲吴王文學，歷太子洗馬、東海王越參軍。[3]越欽其爲人，轉爲世子文學、吏部郎。[4]越弟騰爲東中郎將，[5]請攸爲長史。出爲河東太守。[6]

[1]鎮軍：官名，鎮軍將軍。三國始置，西晋罷又復置。位在鎮軍大將軍下，與中軍將軍、撫軍將軍並爲三名號將軍，位比四鎮將軍。三品。

[2]灼然：兩晋取士科目名稱。

[3]太子洗馬：官名，東宫屬官。掌太子圖籍、經書，太子出行則前導威儀。七品。　東海王越：司馬越，字元超，本書卷五九有傳。

[4]吏部郎：官名，尚書省吏部曹長官通稱。亦稱郎中，資深者可轉侍郎。屬吏部尚書，主管官吏選任、銓叙、調動事務，對五品以下官吏之任免有建議權。六品。

[5]騰：司馬騰，字元邁，本書卷三七有傳。　東中郎將：官名，東、西、南、北四中郎將之一，統兵征伐，多有固定的轄區和治所。四品。

[6]河東：郡名，治所在安邑縣（今山西省夏縣西北禹王城）。

永嘉末，没于石勒。[1]然勒宿忌諸官長二千石，聞攸在營，馳召，將殺之。攸至門，門幹乃攸爲郎時幹，[2]識攸，攸求紙筆作辭。幹候勒和悦，致之。勒重其辭，乃命勿殺。勒長史張賓先與攸比舍，[3]重攸名操，因稱攸於勒。勒召至幕下，與語，悦之，以爲參軍，給車馬。勒每東西，置攸車營中。勒夜禁火，犯之者死。攸與胡鄰轂，胡夜失火燒車。吏按問，胡乃誣攸。攸度不可與争，遂對以弟婦散發温酒爲辭。勒赦之。既而胡人深感，自縛詣勒以明攸，而陰遺攸馬驢，諸胡莫不嘆息宗敬之。石勒過泗水，[4]攸乃斫壞車，以牛馬負妻子而逃。又遇賊，掠其牛馬，步走，擔其兒及其弟子綏。度不能兩全，乃謂其妻曰："吾弟早亡，唯有一息，理不可絶，止應自棄我兒耳。幸而得存，我後當有子。"妻泣而從之，乃棄之。其子朝棄而暮及。明日，攸繫之於樹而去。

[1]石勒：字世龍，本書卷一〇四有載記。

[2]門幹：官名，守門的吏役。

[3]張賓：字孟孫，本書卷一〇五有載記。

[4]泗水：又名清水，一作清泗。源自今山東省泗水縣東蒙山南麓，經山東省曲阜市、江蘇省徐州市等地至江蘇省淮安市淮陰區西南入黄河。

至新鄭，[1]投李矩。[2]三年，將去，而矩不聽。荀組以爲陳郡、汝南太守，[3]愍帝徵爲尚書左丞、長水校尉，[4]皆不果就。後密捨矩去，投荀組於許昌，矩深恨焉，久之，乃送家屬還攸。攸與刁協、周顗素厚，[5]遂至江東。[6]元帝以攸爲太子中庶子。時吴郡闕守，[7]人多欲之，帝以授攸。攸載米之郡，俸禄無所受，唯飲吴水而已。時郡中大饑，攸表振貸，未報，乃輒開倉救之。臺遣散騎常侍桓彝、虞騤慰勞饑人，[8]觀聽善不，乃劾攸以擅出穀。俄而有詔原之。攸在郡刑政清明，百姓歡悦，爲中興良守。後稱疾去職。郡常有送迎錢數百萬，攸去郡，不受一錢。百姓數千人留牽攸船，不得進，攸乃小停，夜中發去。吴人歌之曰："紞如打五鼓，[9]鷄鳴天欲曙。鄧侯挽不留，[10]謝令推不去。"百姓詣臺乞留一歲，不聽。拜侍中。歲餘，轉吏部尚書。蔬食弊衣，周急振乏。性謙和，善與人交，賓無貴賤，待之若一，而頗敬媚權貴。

[1]新鄭：縣名，治所在今河南省新鄭市。

[2]李矩：字世迴，本書卷六三有傳。

[3]荀組：字大章，本書卷三九有傳。　陳郡：治所在陳縣（今河南省周口市淮陽區）。

[4]尚書左丞：官名，尚書省佐官，位次尚書，居尚書右丞上。與右丞共掌尚書都省庶務，率諸都令史監督稽核諸尚書曹、郎曹政務。左丞又掌督録近道文書章奏，監察糾彈尚書令、僕射、尚書等文武百官，號稱"監司"，權勢甚重。六品。　長水校尉：官名，五校尉之一，統宿衛兵，魏晋時隸屬中領軍。四品。

[5]刁協：字玄亮，本書卷六九有傳。　周顗：字伯仁，本書卷六九有傳。

[6]江東：亦稱江左，因自北方視之，江東在左，江西在右，故稱。

[7]吴郡：治所在吴縣（今江蘇省蘇州市）。

[8]桓彝：字茂倫，本書卷七四有傳。　虞騤：字思行，本書

卷七六有傳。　慰勞：慰，宋本作“尉”。

［9］紞（dǎn）如：擊鼓的聲音。

［10］挽不留：挽，宋本作“拖”。

永昌中，代周顗爲護軍將軍。[1]太寧二年，王敦反，明帝密謀起兵，乃遷攸爲會稽太守。[2]初，王敦伐都之後，中外兵數每月言之於敦。攸已出在家，[3]不復知護軍事，有惡攸者，誣攸尚白敦兵數。帝聞而未之信，轉攸爲太常。時帝南郊，[4]攸病不能從。車駕過攸問疾，攸力病出拜。有司奏攸不堪行郊而拜道左，坐免。攸每有進退，無喜愠之色。久之，遷尚書右僕射。[5]咸和元年卒，贈光禄大夫，加金章紫綬，[6]祠以少牢。[7]

［1］護軍將軍：官名，東漢建安十二年（207）曹操改丞相府護軍爲中護軍，資重者可遷護軍將軍，典武官選舉，與中領軍同掌禁軍。曹魏時四品，西晋時三品。

［2］會稽：郡名，治所在山陰縣（今浙江省紹興市）。

［3］出在家：宋本無“在”字。

［4］南郊：祭天儀式。

［5］尚書右僕射：官名，尚書令副手，掌拆閱封緘奏章文書、參議政事、諫諍駁議、監察百官。位在左僕射之下。三品。

［6］金章紫綬：黄金印章紫色綬帶。

［7］少牢：祇用羊、豕二牲的祭品。

攸棄子之後，妻不復孕。過江，納妾，甚寵之，訊其家屬，説是北人遭亂，憶父母姓名，乃攸之甥。攸素有德行，聞之感恨，遂不復畜妾，卒以無嗣。時人義而哀之，爲之語曰：“天道無知，使鄧伯道無兒。”弟子綬服攸喪三年。

吴隱之

吴隱之，字處默，濮陽鄄城人，[1]魏侍中質六世孫也。[2]隱之美姿容，善談論，博涉文史，以儒雅標名。[3]弱冠而介立，有清操，[4]雖日晏歠菽，[5]不饗非其粟，儋石無儲，不取非其道。年十餘，丁父憂，每號泣，行人爲之流涕。事母孝謹，及其執喪，哀毁過禮。家貧，無人鳴鼓，每至哭臨之時，恒有雙鶴警叫，及祥練之夕，[6]復有群雁俱集，時人咸以爲孝感所至。[7]嘗食鹹菹，[8]以其味旨，掇而棄之。

[1]濮陽：郡名，治所在濮陽縣（今河南省濮陽市西南）。鄄城：縣名，治所在今山東省鄄城縣北。

[2]質：吴質，三國濟陰（今山東省菏澤市定陶區西北）人，字季重，出身寒門，年少游於貴戚間。有才學，魏文帝曹丕親信。歷任曹魏北中郎將、振威將軍、都督河北諸軍事。明帝時入爲侍中。

[3]標名：標，宋本作“摽”。

[4]清操：操，殿本作“標”。

[5]日晏歠菽：每天飲食都是豆粥。喻生活清苦。宋本無“日”。

[6]祥：古代居父母、親人之喪，滿一年或二年而祭的統稱。祥分大祥和小祥，父母、親人死後兩年舉行大祥之祭；死後一年舉行小祥之祭。　練：即大小祥之祭。大小祥時孝子可以穿練過的布帛，故大小祥之祭也稱“練”。

[7]所至：至，殿本作“致”。

[8]鹹菹：咸菜。

與太常韓康伯鄰居，[1]康伯母，殷浩之姊，[2]賢明婦人也，每聞隱之哭聲，輟餐投箸，爲之悲泣。既而謂康伯曰：“汝若居銓衡，[3]當舉如此輩人。”及康伯爲吏部尚書，隱之遂階清級，解褐輔國功曹，[4]轉參征虜軍事。[5]兄坦之爲袁真功曹，[6]真敗，將及禍，隱之詣桓温，[7]乞代兄命，温矜而釋之。遂爲温所知賞，拜奉朝請、尚書郎，[8]累遷晋陵太守。[9]在郡清儉，妻自負薪。入爲中書侍郎、國子博士、太子右衛率，[10]轉散騎常侍，領著作郎。[11]孝武帝欲用爲黄門郎，[12]以隱之貌類簡文帝，乃止。尋守廷尉、秘書監、御史中丞，[13]領著作如故，遷左衛將軍。[14]雖居清顯，禄賜皆班親族，冬月無被，嘗澣衣，乃披絮，勤苦同於貧庶。廣州包帶山海，珍異所出，一篋之寶，可資數世，然多瘴疫，人情憚焉。唯貧寠不能自立者，求補長史，[15]故前後刺史皆多黷貨。[16]朝廷欲革嶺南之弊，隆安中，以隱之爲龍驤將軍、廣州刺史、假節，[17]領平越中郎將。[18]未至州二十里，地名石門，有水曰貪泉，飲者懷無厭之欲。隱之既至，語其親人曰：“不見可欲，使心不亂。越嶺喪清，吾知之矣。”乃至泉所，酌而飲之，因賦詩曰：“古人云此水，一歃懷千金。[19]試使夷齊飲，[20]終當不易心。”及在州，清操愈厲，[21]常食不過菜及乾魚而已，帷帳器服皆付外庫，時人頗謂其矯，然亦終始不易。[22]帳下人進魚，每剔去骨存肉，隱之覺其用意，罰而黜焉。元興初，詔曰：“夫孝行篤於閨門，[23]清節厲乎風霜，實立人之所難，而君子之美致也。龍驤將軍、廣州刺史吴隱之孝友過人，禄均九族，菲己潔素，[24]儉愈魚飧。[25]夫處可欲之地，而能不改其操，饗惟錯之富，[26]而家人不易其服，革奢務嗇，南域改觀，朕有嘉焉。可進號前將軍，賜錢五十萬、穀千斛。”

[1]韓康伯：韓伯，字康伯，本書卷七五有傳。

[2]殷浩：字深源，本書卷七七有傳。

[3]居銓衡：居執掌選拔官吏的職位。

[4]解褐：指出仕任官。　輔國功曹：官名，輔國將軍府屬吏。功曹，即功曹史。兩晋時，不開府將軍、太子二傅、特進、郡縣皆置，執掌人事，參與政務。

[5]參征虜軍事：官名，征虜將軍府參軍事。參軍事，亦作參軍，謂參謀軍事。兩晋公府、軍府皆置。

[6]兄坦之：宋本無“坦之”二字。　袁真：東晋人。歷任廬江太守、龍驤將軍、西中郎將、豫州刺史等職。桓温北伐失利，歸罪袁真，將其廢黜。因懷恨叛降前燕。

[7]桓温：字元子，本書卷九八有傳。

[8]奉朝請：原爲兩漢朝廷給與退休大臣、列侯、宗室、外戚等的一種政治優待。西晋時成爲加官名號。晋武帝以宗室、外戚爲奉車都尉、駙馬都尉、騎都尉，並授此號。

[9]晋陵：郡名，治所在京口（今江蘇省鎮江市）。

[10]國子博士：學官，教授儒學。六品。　太子右衛率：官名，西晋武帝泰始五年（269）分太子衛率而置太子左、右衛率，領精兵萬人，宿衛東宫，亦任征伐。五品。

[11]著作郎：官名，三國時爲著作局長官，隸屬中書省。西晋時著作局别自置省，長官仍爲著作郎，改隸屬秘書省。西晋後亦稱

大著作郎、大著作、著作，掌國史及起居注的修撰。兩晋南北朝時爲清要之官，多由有名望的文學之士擔任，也用司空、侍中、尚書等官典領。職閑位重，南朝時多爲貴族起家官。六品。

[12]黄門郎：官名，黄門侍郎或給事黄門侍郎的省稱。五品。

[13]守：暫時署理職務。多指官階低而署理較高的官職。　廷尉：官名，中央最高司法審判機構長官，負責會審朝中有罪文武大臣，覆核審決郡國疑獄等。三品。　秘書監：官名，秘書省長官，掌管藝文圖籍、課試署吏，統著作局，掌國史修撰並管理中外三閣圖書。三品。　御史中丞：官名，御史大夫副手，掌監察、執法，爲京師顯官，職權甚重。四品。

[14]左衛將軍：官名，三國魏咸熙二年（265），司馬炎即晋王位，分中衛將軍爲左、右衛將軍。掌佽飛虎賁及前驅、由基、强弩三部司馬，屬下還有虎賁、羽林、上騎、異力、命中共五部督，負責宫禁侍衛。西晋屬中軍將軍，後屬領軍將軍。爲禁衛軍主要統帥之一，權任很重。四品。

[15]求補長史：中華本校勘記："'長史'，李校：當作'長吏'。"

[16]黷貨：貪污受賄。

[17]龍驤將軍：官名，高級軍事將領。三品。　廣州：治所在番禺縣（今廣東省廣州市）。

[18]平越中郎將：官名，主管南越事務，設府置僚佐，治廣州，多兼任廣州刺史。

[19]一歃懷千金：一飲便懷千金之欲。

[20]夷齊：伯夷和叔齊，殷商人，商滅後隱居首陽山，不食周粟而死。

[21]愈厲：愈，宋本、殿本作"踰"。

[22]終始：宋本、殿本乙作"始終"。

[23]孝行：孝，宋本作"家"。　閨門：指家庭。

[24]潔素：潔，宋本、殿本作"絜"，本卷下文此字同。

[25]魚飧：《春秋公羊傳·宣公六年》：晉靈公荒淫，對常進行勸諫的趙盾懷恨在心，於是使勇士往殺之。勇士入其大門，則無門人；入其内室，則内室無人；上其堂，則無人焉。扒窗户一看，見趙盾方食魚飧。勇士曰："子爲晉國重卿而食魚飧，是子之儉也。君將使我殺子，吾不忍殺子也，雖然，吾亦不可復見吾君矣。"遂刎頸而死。

[26]饗惟錯之富：享受不義之富。

及盧循寇南海，[1]隱之率厲將士，固守彌時，長子曠之戰没。循攻擊百有餘日，逾城放火，焚燒三千餘家，死者萬餘人，城遂陷。隱之携家累出，欲奔還都，爲循所得。循表朝廷，以隱之黨附桓玄，[2]宜加裁戮，詔不許。劉裕與循書，[3]令遣隱之還，久方得反。歸舟之日，裝無餘資。及至，數畝小宅，籬垣仄陋，内外茅屋六間，不容妻子。劉裕賜車牛，更爲起宅，固辭。尋拜度支尚書、太常，[4]以竹篷爲屏風，坐無氈席。後遷中領軍，[5]清儉不革，每月初得禄，裁留身糧，其餘悉分振親族，家人績紡以供朝夕。時有困絶，或并日而食，身恒布衣不完，妻子不霑寸禄。

[1]盧循：字于先，小名元龍，本書卷一〇〇有傳。　南海：郡名，治所在番禺縣（今廣東省廣州市）。

[2]桓玄：字敬道，本書卷九九有傳。

[3]劉裕：字德輿，小名寄奴，彭城（今江蘇省徐州市）人，南朝宋開國皇帝。世居京口，初爲東晉冠軍司馬，後被劉牢之任爲參軍。歷任鎮軍將軍、都督十六州諸軍事，官至相國，受封宋王。元熙二年（420）代晉稱帝。卒謚武皇帝，廟號高祖。

[4]度支尚書：官名，尚書省度支曹長官，掌全國財富的收支會計及事役、漕運、物價、屯田之政令。三品。

[5]中領軍：官名，東漢建安中曹操改領軍置。與中護軍皆典禁兵，屬丞相府。三品。

義熙八年，請老致事，優詔許之，授光禄大夫，加金章紫綬，賜錢十萬、米三百斛。九年，卒，追贈左光禄大夫，加散騎常侍。隱之清操不渝，屢被褒飾，致事及於身没，常蒙優錫顯贈，廉士以爲榮。

初，隱之爲奉朝請，謝石請爲衛將軍主簿。[1]隱之將嫁女，石知其貧素，遣女必當率薄，乃令移厨帳助其經營。使者至，方見婢牽犬賣之，此外蕭然無辦。[2]後至自番禺，[3]其妻劉氏賫沉香一斤，隱之見之，遂投於湖亭之水。

[1]謝石：字石奴，本書卷七九有傳。

[2]辦：原本作"辨"，宋本、殿本作"辦"，據宋本、殿本改。

[3]番禺：縣名，治所在今廣東省廣州市。

子延之復厲清操，爲鄱陽太守。[1]延之弟及子爲郡縣者，常以廉慎爲門法，[2]雖才學不逮隱之，而孝悌潔敬猶爲不替。

[1]鄱陽：郡名，治所在廣晋縣（今江西省鄱陽縣東北）。太守：守，宋本作"子"。

[2]門法：法，宋本作"先"。

史臣曰：魯芝等建旟剖竹，布政宣條，存樹威恩，没留遺愛，咸見知明主，流譽當年。若伯武之潔己克勤，顏遠之申冤緩獄，鄧攸贏糧以述職，吴隱酌水以厲清，[1]晋代良能，此焉爲最。而攸棄子存侄，以義斷恩，若力所不能，自可割情忍痛，何至預加徽纆，[2]絶其奔走者乎！斯豈慈父仁人之所用心也？卒以絶嗣，宜哉！勿謂天道無知，此乃有知矣。世英盡節曹氏，犯門斬關，宣帝收雷霆之威，獎忠貞之烈，豈非既已在我，欲其駡人者歟！

[1]厲清：清，宋本、殿本作“精”。

[2]徽纆：捆綁。

贊曰：猗歟良宰，嗣美前賢。威同御黠，[1]静若烹鮮。[2]唯嘗吴水，但挹貪泉。[3]人風既偃，俗化斯遷。

[1]御黠：治國以法之威。典出《漢書》卷七六《張敞傳》：“初，敞爲京兆尹，而敞弟武拜爲梁相。是時梁王驕貴，民多豪强，號爲難治。敞問武：‘欲何以治梁？’武敬憚兄，謙不肯言。敞使吏送至關，戒吏自問武。武應曰：‘馭黠馬者利其銜策，梁國大都，吏民凋敝，且當以柱後惠文彈治之耳。’”顔師古注引應劭曰：“柱後，以鐵爲柱，今法冠是也，一名惠文冠。”

[2]烹鮮：語出《道德經·第六十章》：“治大國若烹小鮮。”

[3]但挹貪泉：但，宋本作“俎”。

晉書　卷九一

列傳第六十一

儒林

昔周德既衰，諸侯力政，禮經廢缺，《雅》《頌》陵夷。夫子將聖多能，[1]固天攸縱，[2]嘆鳳鳥之不至，[3]傷麟出之非時，[4]於是乃删《詩》《書》，定《禮》《樂》，贊《易》道，修《春秋》，載籍逸而復存，風雅變而還正。其後卜商、衛賜、田、吴、孫、孟之儔，[5]或親稟微言，或傳聞大義，猶能强晋存魯，藩魏却秦，既抗禮於邦君，亦馳聲於海内。及嬴氏慘虐，棄德任刑，煬墳籍於埃塵，填儒林於坑阱，嚴是古之法，抵挾書之罪，[6]先王徽烈，靡有孑遺。漢祖勃興，救焚拯溺，粗修禮律，未遑俎豆，逮于孝武，崇尚文儒。爰及東京，[7]斯風不墜。於是傍求蠹簡，[8]博訪遺書，創甲乙之科，[9]擢賢良之舉，莫不紆青拖紫，服冕乘軒，或徒步而取公卿，或累旬以膺臺鼎，[10]故搢紳之士靡然嚮風，[11]餘芳遺烈，焕乎可紀者也。洎當塗草創，[12]深務兵權，而主好斯文，朝多君子，鴻儒碩學，無乏於時。

［1］將聖多能：具有聖人品質和多種才能。

［2］固天攸縱：天生固有的深遠思想。

［3］嘆鳳鳥之不至：《論語·子罕》："子曰：'鳳鳥不至，河不出圖，吾已矣夫！'"

［4］傷麟出之非時：《春秋公羊傳·哀公十四年》："十有四年，春，西狩獲麟。"公羊壽傳："何以書？記異也。何異爾？非中國之獸也。然則孰狩之？薪采者也。薪采者則微者也，曷爲以狩言之？大之也。曷爲大之？爲獲麟大之也。曷爲爲獲麟大之？麟者仁獸也，有王者則至，無王者則不至。有以告者曰：'有麕而角者。'孔子曰：'孰爲來哉？孰爲來哉？'反袂拭面，涕沾袍。顔淵死，子曰：'噫！天喪予！'子路死，子曰：'噫！天祝予！'西狩獲麟，孔子曰：'吾道窮矣！'"

［5］卜商：子夏，春秋末晋國温（今河南省温縣西南）人，卜氏，名商，字子夏，孔子學生。孔子死後，到魏國西河講學，李悝、商鞅、吴起皆其門人。其後學成爲儒家分派之一，稱子夏之儒。　衛賜：子貢，春秋時衛國人，姓端木，名賜，字子貢，孔子弟子，善辭令。經商於曹魯間，富累千金。孔子死後，獨自廬墓六年。　田：田子方，戰國時魏國人，名無擇。《吕氏春秋·當染》稱其學於子貢。與段干木、子夏同爲魏文侯所優禮。　吴：吴起，戰國時衛國左氏（今山東省菏澤市定陶區西）人，初事魯，後入魏，終入楚，幫助楚悼王改革，使楚國强盛。　孫：孫卿，即荀況，戰國末趙國人，名況，字卿。漢人避宣帝諱，稱孫卿。三次任

齊國稷下學宫祭酒。先後到過秦國、趙國、楚國。有《荀子》一書傳世。　孟：孟子，戰國鄒人，名軻，字子輿。思孟學派創始人。儒家著名代表人物，有《孟子》一書傳世。

[6]抵挾書之罪：因私藏書籍罪而受懲罰。

[7]東京：指東漢，因其定都的洛陽在長安之東，故稱。

[8]蠹簡：指古籍。

[9]甲乙之科：漢代選拔人才的辦法。如蕭望之以射策甲科爲郎，房鳳以射策乙科爲太史掌故。東漢徐防上疏："漢承亂秦，經典廢絶，本文略存，或無章句。收拾缺遺，建立明經，博徵儒術，開置太學。孔聖既遠，微旨將絶，故立博士十有四家，設甲乙之科，以勉勸學者，所以示人好惡，改敝就善者也。"語見《後漢書》卷四四《徐防傳》。

[10]臺鼎：三公。

[11]搢紳：搢，殿本作"縉"。

[12]洎（jì）：自從。　當塗：當塗高，指曹魏。《後漢書》卷七五《袁術傳》："代漢者當塗高。"李賢注："當塗高者，'魏'也。"

武帝受終，憂勞軍國，時既初并庸蜀，方事江湖，訓卒厲兵，務農積穀，猶復修立學校，臨幸辟雍。[1]而荀顗以制度贊惟新，[2]鄭冲以儒宗登保傅，[3]茂先以博物參朝政，[4]子真以好禮居秩宗，[5]雖愧明揚，[6]亦非遐棄。既而荆揚底定，區宇乂安，群公草封禪之儀，天子發謙冲之詔，未足比隆三代，固亦擅美一時。[7]惠帝纘戎，朝昏政弛，釁起宫掖，禍成藩翰。惟懷逮愍，喪亂弘多，衣冠禮樂，掃地俱盡。元帝運鍾百六，[8]光啓中興，賀、荀、刁、杜諸賢並稽古博文，[9]財成禮度。雖尊儒勸學亟降於綸言，東序西膠未聞於弦誦。[10]明皇聰睿，雅愛流略，簡文玄嘿，[11]敦悦丘墳，乃招集學徒，弘獎風烈，並時艱祚促，未能詳備。有晋始自中朝，迄于江左，[12]莫不崇飾華競，祖述虚玄，擯闕里之典經，[13]習正始之餘論，[14]指禮法爲流俗，目縱誕以清高，遂使憲章弛廢，名教頹毁，五胡乘間而競逐，二京繼踵以淪胥，運極道消，可爲長嘆息者矣。鄭冲等名位既隆，自有列傳，其餘編之于左，以續前史《儒林》云。

[1]辟雍：西周天子所設大學。東漢以後，爲行鄉飲酒、大射或祭祀之禮的地方。漢班固《白虎通·辟雍》："天子立辟雍何？辟雍，所以行禮、樂宣德化也。辟者，璧也，象璧圓，以法天也。雍者，壅之以水，象教化流行也。辟之言積也，積天下之道德；雍之爲言壅也，天下之儀則。故謂之辟雍也。"

[2]荀顗：字景倩，本書卷三九有傳。

[3]鄭冲：字文和，本書卷三三有傳。　保傅：太保和太傅。太保，官名，史上屢次廢置，三國魏末年復置。晋爲八公之一，位上公，在太宰、太傅之下。一品。太傅，官名，晋爲八公之一。位上公，太宰之下、太保之上。一品。

[4]茂先：張華，字茂先，本書卷三六有傳。

[5]子真：劉寔，字子真，本書卷四一有傳。

[6]雖愧明揚：雖然稱不上選拔人才的典範。愧，慚愧。明揚，選拔人才。

[7]擅美一時：宋本無"擅"字。

[8]運鍾百六：遭遇厄運。古代道家稱天厄爲"陽九"，地厄爲"百六"。《文選·袁宏〈三國名臣序贊〉》："百六道喪，干戈迭用。"吕延濟注："四千六百一十七歲爲一元，一百六歲曰陽九之

厄。”因以“陽九百六”指灾難或厄運。

[9]賀：賀循，字彦先，本書卷六八有傳。　荀：荀崧，字景猷，本書卷七五有傳。　刁：刁協，字玄亮，本書卷六九有傳。杜：杜乂，字弘理，本書卷九三有傳。

[10]東序西膠：泛指興教化、養耆老的場所。《禮記·王制》：“有虞氏養國老於上庠，養庶老於下庠；夏后氏養國老於東序，養庶老於西序；殷人養國老於右學，養庶老於左學；周人養國老於東膠，養庶老於虞庠。虞庠在國之西郊。”

[11]玄嘿：寂静無爲。

[12]江左：江東。因自北方視之，江東在左，江西在右，故稱。

[13]闕里：孔子故里。在今山東省曲阜市内闕里街。因有兩石闕，故名。此處指儒學。

[14]正始之餘論：指玄學。正始，三國曹魏齊王曹芳的年號。當時玄風漸興，士大夫唯老莊是宗，競尚清談，世稱“正始之風”。

范平

范平，字子安，吴郡錢塘人也。[1]其先銍侯馥，[2]避王莽之亂適吴，因家焉。平研覽墳素，遍該百氏，[3]姚信、賀邵之徒皆從受業。[4]吴時舉茂才，[5]累遷臨海太守，[6]政有異能。孫皓初，[7]謝病還家，敦悦儒學。吴平，太康中，頻徵不起，年六十九卒。有詔追加謚號曰文貞先生，賀循勒碑紀其德行。

三子：奭、咸、泉，並以儒學至大官。泉子蔚，關内侯。家世好學，有書七千餘卷。遠近來讀者恒有百餘人，蔚爲辦衣食。蔚子文才，亦幼知名。

[1]吴郡：治所在吴縣（今江蘇省蘇州市）。　錢塘：縣名，治所在今浙江省杭州市。塘，宋本作“唐”。

[2]銍侯：銍縣侯。銍縣，治所在今安徽省濉溪縣南境。

[3]遍該百氏：閲遍百家之書。

[4]姚信：三國時吴國武康（今浙江省德清縣西）人，字元直，一字德佑。曾任太常卿。研治天文易數之學，著有《昕天論》。　賀邵：三國時會稽山陰（今浙江省紹興市）人，字興伯。孫休時任散騎常侍、吴郡太守。孫皓時任左典軍、中書令、太子太傅。因上書諫孫皓，爲孫皓所恨，被誣毁謗政事，拷問致死。

[5]茂才：即秀才，西漢時開始與孝廉並爲舉士的科名，東漢時避光武帝諱改稱“茂才”。

[6]臨海：郡名，三國吴置，治所在臨海縣（今浙江省臨海市），尋移置章安縣（今浙江省臨海市東南）。

[7]孫皓：三國孫吴末代皇帝，字元宗，一名彭祖，字皓宗。天紀四年（280）吴滅降晋，賜號歸命侯。

文立

文立，字廣休，巴郡臨江人也。[1]蜀時游太學，專《毛詩》《三禮》，師事譙周，[2]門人以立爲顔回，[3]陳壽、李虔爲游夏，[4]羅憲爲子貢。[5]仕至尚書。[6]蜀平，舉秀才，[7]除郎中。[8]泰始初，拜濟陰太守，[9]入爲太子中庶子。[10]上表請以諸葛亮、蔣琬、費禕等子孫流徙中畿，[11]宜見叙用，一以慰巴蜀之心，其次傾吴人之望，事皆施行。詔曰：“太子中庶子文立忠貞清實，有思理器幹。前在濟陰，政事修明。後事東宫，盡輔導之節。昔光武平隴蜀，皆收其賢才以叙之，蓋所以拔幽滯而濟殊方也。其以立爲散騎常侍。”[12]

［1］巴郡：治所在江州縣（今重慶市）。　臨江：縣名，治所在今重慶市忠縣。

［2］譙周：三國蜀漢巴西西充（今四川省閬中市西南）人，字允南。蜀中儒學大師，歷任蜀漢勸學從事、典學從事、太子家令、光禄大夫等職。後勸後主降魏。西晋時任騎都尉、散騎常侍。

［3］顔回：名回，字子淵，亦稱顔淵。孔子弟子，早卒。

［4］陳壽：字承祚，本書卷八二有傳。　游：子游，春秋末吴國人，言氏，名偃，字子游，孔子得意門生。其後學成爲儒家分派之一，稱“子游之儒”。　夏：子夏，春秋末晋國温（今河南省温縣西南）人，卜氏，名商，字子夏。孔子學生，其後學成爲儒家分派之一，稱“子夏之儒”。

［5］羅憲：字令則，本書卷五七有傳。　子貢：春秋時衛國人，姓端木，名賜，字子貢，孔子弟子，善辭令。經商於曹魯間，富累千金。孔子死後，獨自廬墓六年。

［6］尚書：官名，東漢尚書臺六曹各置尚書，秩六百石。魏晋出爲朝官，分掌尚書省諸曹，品秩提高。三品。

［7］秀才：察舉科目，州舉秀才，郡舉孝廉。

［8］郎中：官名，尚書省郎曹長官。位次尚書、左右丞，分曹執行政務。與“尚書郎”互稱。六品。

［9］濟陰：郡名，治所在定陶縣（今山東省菏澤市定陶區）。

［10］太子中庶子：官名，太子侍從，掌侍從、奏事、諫議等。五品。

［11］諸葛亮：三國時琅邪陽都（今山東省沂南縣南）人，字孔明。東漢末隨叔父諸葛玄依附荆州劉表，隱居躬耕於隆中。後加入劉備集團，協助劉備占領荆州、益州，實現三分之勢。劉備死後輔佐劉禪，南征南中，北伐曹魏，最終病逝於北伐前綫。　蔣琬：三國時零陵湘鄉（今湖南省湘鄉市）人，字公琰。初以州書佐隨劉備入蜀，任廣都長、什邡令、尚書郎。後任諸葛亮相府參軍、長史、撫軍將軍。諸葛亮的繼承人，諸葛亮去世後，歷任尚書令、領

益州刺史、大將軍、録尚書事等職。　費禕：三國時江夏鄳縣（今河南省信陽市東北）人，游學入蜀。劉備定蜀，遂居益州。受諸葛亮器重，歷任侍中、丞相參軍、中護軍、司馬等職。諸葛亮去世後任軍師，後任尚書令，繼蔣琬執政。後被魏郭修刺殺。

[12]散騎常侍：官名，三國魏文帝黄初年間置，侍從皇帝左右，諫諍得失，顧問應對，與侍中等共平尚書奏事。也用作宰相、諸公等加官，入宫議政。三品。

蜀故尚書犍爲程瓊雅有德業，[1]與立深交。武帝聞其名，以問立，對曰："臣至知其人，但年垂八十，[2]禀性謙退，無復當時之望，不以上聞耳。"瓊聞之曰："廣休可謂不黨矣，故吾善夫人也。"時西域獻馬，[3]帝問立："馬何如?"對曰："乞問太僕。"[4]帝善之。遷衛尉。[5]咸寧末，卒。所著章奏詩賦數十篇行於世。

[1]犍爲：郡名，治所在武陽縣（今四川省眉山市彭山區東）。

[2]但年垂八十：但，宋本作"伹"。

[3]西域：古代對玉門關以西地區的總稱。狹義西域指玉門關以西、葱嶺以東地區，廣義則指通過狹義西域所能到達的地區。

[4]太僕：官名，掌皇帝車馬、田獵、兵器及全國牧業。三品。

[5]衛尉：官名，掌宫廷禁衛，兼管武庫、冶鑄，領江北冶令三十九員、南北東西諸督冶掾。三品。

陳邵

陳邵，字節良，東海襄賁人也。[1]郡察孝廉，不就。以儒學徵爲陳留内史，[2]累遷燕王師。[3]撰《周禮評》，甚有條貫，行於世。泰始中，詔曰："燕王師陳邵清貞潔静,[4]行著邦族，篤志好古，博通六籍，耽悦典誥，老而不倦，宜在左右以篤儒教。可爲給事中。”[5]卒於官。

[1]東海：郡名，治所在郯縣（今山東省郯城縣北）。　襄賁：縣名，治所在今山東省蘭陵縣東南。

[2]陳留：郡國名，治所在小黄縣（今河南省開封市東）。　内史：官名，西晋武帝太康十年（289）改諸王國相爲内史，掌管民政。五品。周家禄《晋書校勘記》認爲：“晋制，以郡爲國，内史治民事，若郡太守。國除爲郡，復稱太守。然二名往往混淆，史家亦互稱之。”

[3]燕王：司馬機，司馬昭之子，本書卷三八有傳。

[4]清貞潔静：潔，宋本、殿本作“絜”。本卷下文“潔静其操”同。

[5]給事中：官名，爲加官，所加爲三公、將軍、中書監令、博士、郎等。常侍從皇帝左右，諫諍糾彈，爲中朝要職。五品。

虞喜

虞喜，字仲寧，會稽餘姚人，[1]光禄潭之族也。[2]父察，吴征虜將軍。[3]喜少立操行，博學好古。諸葛恢臨郡，[4]屈爲功曹。[5]察孝廉，州舉秀才，司徒辟，[6]皆不就。元帝初鎮江左，上疏薦喜。懷帝即位，公車徵拜博士，[7]不就。喜邑人賀循爲司空，[8]先達貴顯，每詣喜，信宿忘歸，[9]自云不能測也。

[1]會稽：郡名，治所在山陰縣（今浙江省紹興市）。　餘姚：縣名，治所在今浙江省餘姚市。

[2]光禄：官名，即光禄大夫。三公等大臣告老回家即拜此職，或作爲在朝顯職的加官。三品。　潭：虞潭，字思奥，本書卷七六有傳。

[3]征虜將軍：既是武官名，也作爲高級文職官員的加官。三品。

[4]諸葛恢：字道明，本書卷七七有傳。

[5]功曹：官名，即功曹史。郡縣屬官，執掌人事，參與郡縣政務。兩晋時，不開府將軍、太子二傅、特進、郡縣皆置。

[6]司徒：官名，西漢哀帝元壽二年（前1）改丞相爲大司徒，東漢光武帝時改名爲司徒，東漢末又改爲丞相。三國魏恢復三公制，改丞相爲司徒，管理民政。兩晋沿制，爲八公之一，在太尉之下、司空之上。與丞相通職，一般不並置，爲名譽宰相。一品。

[7]博士：學官，國子博士、太學博士或太常博士泛稱，教授儒學。六品。

[8]司空：官名，魏晋南北朝爲名譽宰相，多爲大臣加官。晋八公之一，位在三公之末。一品。

[9]信宿：連宿兩夜。《詩·豳風·九罭》："公歸不復，於女信宿。"毛亨傳："再宿曰信；宿，猶處也。"

太寧中，與臨海任旭俱以博士徵，不就。復下詔曰："夫興化致政，莫尚乎崇道教、明退素也。喪亂以來，儒雅陵夷，[1]每覽子衿之詩，[2]未嘗不慨然。臨海任旭、會稽虞喜並潔静其操，歲寒不移，研精墳典，居今行古，志操足以勵俗，博學足以明道，[3]前雖不至，其更以博士徵之。"喜辭疾不赴。咸和末，詔公卿舉賢良方正直言之士，太常華恒舉喜爲賢良。[4]會國有軍事，不行。咸康初，内史何充上疏曰：[5]"臣聞二八舉而四門穆，[6]十亂用而天下安，[7]徽猷克闡，[8]有自來矣。方今聖德欽明，思恢遐烈，旌輿整駕，俟賢而動。伏見前賢良虞喜天挺貞素，高尚邈世，束修立德，[9]皓首不倦，加以傍綜廣深，博聞强識，鑽堅研微有弗及之勤，處静味道無風塵之志，[10]高枕柴門，怡然自足。宜使蒲輪紆衡，[11]以旌殊操，一則翼贊大化，二則敦勵薄俗。”疏奏，詔曰：“尋陽翟湯、會稽虞喜並守道清貞，[12]不營世務，耽學高尚，操擬古人。往雖徵命而不降屈，豈素絲難染而搜引禮簡乎！[13]政道須賢，宜納諸廊廟，其並以散騎常侍徵之。”又不起。

[1]陵夷：衰落，衰敗。

[2]子衿之詩：《詩·鄭風·子衿序》：“子衿，刺學校廢也。亂世則學校不修焉。”

[3]博學足以明道：宋本無“博”字。

[4]太常：官名，漢代稱奉常，本掌禮樂宗廟、社稷祭祀，魏晋時此職掌歸尚書裁定，太常成爲閑職。三品。　華恒：字敬則，本書卷四四有傳。

[5]何充：字次道，本書卷七七有傳。

[6]二八：即八元、八愷。八元，上古傳説中的八个才子。《左傳·文公十八年》：“高辛氏有才子八人：伯奮、仲堪、叔獻、季仲、伯虎、仲熊、叔豹、季貍，忠肅共懿，宣慈惠和，天下之民謂之‘八元’。”八愷，《左傳·文公十八年》：“昔高陽氏有才子八人：蒼舒、隤敳、檮戭、大臨、尨降、庭堅、仲容、叔達，齊聖廣淵，明允篤誠，天下之民謂之‘八愷’。”

[7]十亂：十個治世能臣。《尚書·泰誓》：“予有亂臣十人，同心同德。”亂臣即能臣。

[8]徽猷克闡：美善之道得到弘揚。闡，宋本作“門”。

[9]束修：束帶修飾。指初入學或初爲宦之時。

[10]味道：體味大道。

[11]蒲輪紆衡：用蒲草包裹車輪，用絹帛纏繞車轅。此爲延請人才的待遇。

[12]尋陽：郡名，治所在尋陽縣（今湖北省黄梅縣西南）。　翟湯：字道深，本書卷九四有傳。

[13]素絲難染：清正廉潔拒絶遭到污染。素絲，比喻清正廉潔。難，拒斥。

永和初，有司奏稱十月殷祭，[1]京兆府君當遷祧室，[2]征西、豫章、潁川三府君初毁主，[3]内外博議不能决。時喜在會稽，朝廷遣就喜諮訪焉。其見重如此。

[1]殷祭：盛大的祭祀典禮。

[2]京兆府君：即司馬懿父司馬防，字建公。　祧室：祧廟，存放遠祖靈位的廟室。

[3]征西：征西將軍，即司馬懿高祖司馬均，字叔平。　豫章：豫章府君，即司馬懿曾祖司馬量，字公度。　潁川：潁川府君，即司馬懿祖父司馬儁，字元異。潁，原本、宋本、殿本作“穎”，據中華本改。　初毁：毁廢之廟，移出七廟的遠祖靈位。

喜專心經傳，兼覽讖緯，[1]乃著《安天論》以難渾、蓋，[2]又釋《毛詩略》，注《孝經》，爲《志林》三十篇。凡所注述數十萬言，行於世。年七十六卒，無子。弟豫自有傳。[3]

[1]讖緯：漢代流行的神學。“讖”是巫師或方士製作的一種隱語或預言，作爲吉凶的符驗或徵兆。“緯”指方士化的儒生編集的附會儒家經典的各種著作。

[2]渾：渾天説，我國古代關於天体的一种學説。認爲天地的形狀渾圓如鳥卵，天包地外，就像殼裹卵黄一樣。天半在地上，半在地下，其南北兩極固定在天的兩端，日月星辰每天繞南北兩極的極軸旋轉。　蓋：蓋天説，我國古代的一种天体學説。認爲天像一个斗笠，地像覆着的盤子。天在上，地在下，日月星辰隨天蓋而運動，其東升西没是由于近遠所致，不是没入地下。

[3]弟豫自有傳：中華本校勘記：“‘豫’當從本傳作‘預’。”

劉兆

劉兆，字延世，濟南東平人，[1]漢廣川惠王之後也。[2]兆博學洽聞，[3]温篤善誘，從受業者數千人。武帝時五辟公府，三徵博士，皆不就。安貧樂道，潛心著述，不出門庭數十年。以《春秋》一經而三家殊塗，諸儒是非之議紛然，互爲仇敵，乃思三家之異，合而通之。《周禮》有調人之官，作《春秋調人》七萬餘言，皆論其首尾，使大義無乖，時有不合者，舉其長短以通之。又爲《春秋左氏》解，名曰《全綜》，《公羊》《穀梁》解詁皆納經傳中，朱書以别之。又撰《周易訓注》，以正動二體互通其文。凡所讚述百餘萬言。

[1]濟南：郡名，治所在歷城縣（今山東省濟南市）。　東平：即東平國，治所在須昌縣（今山東省東平縣西北）。

[2]漢廣川惠王：劉越，西漢景帝第十一子，封廣川王，謚號惠。

[3]博學洽聞：博學多識。

嘗有人著鞾騎驢至兆門外，[1]曰："吾欲見劉延世。"兆儒德道素，青州無稱其字者，[2]門人大怒。兆曰："聽前。"既進，踞床問兆曰："聞君大學，比何所作？"兆答如上事，末云："多有所疑。"客問之。兆説疑畢，客曰："此易解耳。"因爲辯釋疑者是非耳。[3]兆别更立意，客一難，兆不能對。客去，已出門，兆欲留之，使人重呼還。客曰："親親在此營葬，宜赴之，後當更來也。"既去，兆令人視葬家，[4]不見此客，竟不知姓名。兆年六十六卒。有五子：卓、炤、燿、育、膺。

[1]鞾：靴子。

[2]青州：治所在臨淄縣（今山東省淄博市東北）。

[3]因爲辯釋疑者是非耳：中華本校勘記："周校：'耳'衍文。"

[4]兆令人視葬家：視，宋本作"親"。

氾毓

氾毓，字稚春，濟北盧人也。[1]奕世儒素，[2]敦睦九族，客居青州，逮毓七世，時人號其家"兒無常父，[3]衣無常主"。毓少履高操，安貧有志業。父終，居于墓所三十餘載，至晦朔，躬掃墳壟，循行封樹，還家則不出門庭。或薦之武帝，召補南陽王文學、秘書郎、太傅參軍，[4]並不就。

［1］濟北：郡國名，治所在盧子城（今山東省平陰縣舊東阿東北）。　盧：縣名，治所在今山東省濟南市長清區西南。

［2］奕世：奕，宋本、殿本作“弈”。

［3］兒無常父：中華本校勘記：“《斠注》：《文選·奏彈劉整》注引王隱《晋書》‘父’作‘母’。”

［4］南陽王：司馬模，字元表，本書卷三七有傳。　文學：官名，魏晋太子、諸王及世子均置，掌各級教育文事。　秘書郎：官名，秘書令屬官，掌管文書機要，亦掌整理典籍、考核舊文。六品。　參軍：官名，亦作參軍事，謂參謀軍事。兩晋公府、軍府皆置。

于時青土隱逸之士劉兆、徐苗等皆務教授，惟毓不蓄門人，清静自守。時有好古慕德者諮詢，亦傾懷開誘，以一隅示之。[1]合《三傳》爲之解注，撰《春秋釋疑》《肉刑論》，[2]凡所述造七萬餘言。年七十一卒。

［1］以一隅示之：一，原本、宋本、殿本作“三”，據中華本改。

［2］撰《春秋釋疑》：宋本無“撰”字。

徐苗

徐苗，字叔胄，高密淳于人也。[1]累世相承，皆以博士爲郡守。曾祖華，有至行。嘗宿亭舍，夜有神人告之“亭欲崩”，遽出，得免。祖邵，爲魏尚書郎，[2]以廉直見稱。

［1］高密：郡國名，治所在高密縣（今山東省高密市西南）。

淳于：縣名，治所在今山東省安丘市東北杞城。

［2］尚書郎：官名。東漢之制，取孝廉中之有才能者入尚書臺，在皇帝左右處理政務，初入臺稱守尚書郎中，滿一年稱尚書郎，滿三年稱侍郎。魏晋以後尚書各曹有侍郎、郎中等官，綜理職務，通稱爲尚書郎。六品。

苗少家貧，晝執鉏耒，夜則吟誦。弱冠，[1]與弟賈就博士濟南宋鈞受業，遂爲儒宗。作《五經同異評》，又依道家著《玄微論》，前後所造數萬言，皆有義味。

［1］弱冠：指男子二十歲時。《禮記・曲禮上》："二十曰弱，冠。"年少爲弱，待至二十，即爲成年，舉行冠禮。

性抗烈，輕財貴義，兼有知人之鑒。弟患口痈，膿潰，苗爲吮之。其兄弟皆早亡，撫養孤遺，慈愛聞于州里，田宅奴婢盡推與之。鄉鄰有死者，便輟耕助營棺椁，門生亡於家，即斂於講堂。其行己純至，類皆如此。遠近咸歸其義，師其行焉。

郡察孝廉，州辟從事、治中、别駕，[1]舉異行，公府五辟博士，再徵，並不就。武惠時計吏至臺，[2]帝輒訪其安不。永寧二年卒，遺命濯巾澣衣，榆棺雜甎，露車載尸，葦席瓦器而已。

［1］從事：官名，州部屬吏。東漢稱從事史，由州部長官自己選拔任命。　治中：官名，治中從事史、治中從事的省稱。州之佐吏，掌選署及文書案卷。魏晋之世，身份雖低，職權極重。　别駕：官名，别駕從事、别駕從事史省稱。州部佐官，因從刺史行

部，别乘傳車，故稱。位居州吏之右。

［2］計吏：即上計吏，地方政府派赴中央呈遞計簿的官員。

崔遊

崔遊，字子相，上黨人也。[1]少好學，儒術甄明，恬静謙退，[2]自少及長，口未嘗語及財利。魏末，察孝廉，除相府舍人，[3]出爲氐池長，[4]甚有惠政。以病免，遂爲廢疾。泰始初，武帝録叙文帝故府僚屬，就家拜郎中。年七十餘，猶敦學不倦，撰《喪服圖》，行於世。及劉元海僭位，[5]命爲御史大夫，[6]固辭不就。卒於家，時年九十三。

［1］上黨：郡名，治所在潞縣（今山西省黎城縣南）。

［2］恬静：静，宋本、殿本作“靖”。

［3］相府舍人：官名，魏晋時太子府、王國、公府、將軍府、王妃及公主府皆設舍人，掌文檄之事。此爲相府舍人。

［4］氐池：縣名，治所在今甘肅省民樂縣。

［5］劉元海：劉淵，本書卷一〇一有載記。

［6］御史大夫：官名，協助丞相處理天下政務，以監察執法爲主要執掌。東漢稱司空。建安年間曹操罷三公，復置此官。三品。

范隆

范隆，字玄嵩，雁門人。[1]父方，魏雁門太守。隆在孕十五月，生而父亡。年四歲，又喪母，哀號之聲，感慟行路。單孤無緦功之親，[2]疏族范廣愍而養之，迎歸教書，爲立祠堂。隆好學修謹，奉廣如父。博通經籍，無所不覽，著《春秋三傳》，撰《三禮吉凶宗紀》，甚有條義。

[1]雁門：郡名，治所在廣武縣（今山西省代縣西南）。

[2]緦功：緦麻與小功。舊時五种喪服中最輕的兩种，由親緣較疏者服之。

惠帝時，天下將亂，隆隱迹不應州辟之命，晝勤耕稼，夜誦書典。頗習秘曆陰陽之學，知并州將有氛祲之祥，[1]故彌不復出仕。與上黨朱紀友善，嘗共紀游山，見一父老於窮澗之濱。[2]父老曰："二公何爲在此？"隆等拜之，仰視則不見。後與紀依于劉元海，元海以隆爲大鴻臚，[3]紀爲太常，並封公。隆死于劉聰之世，[4]聰贈太師。

[1]氛祲（jìn）之祥：戰亂的預兆。

[2]見一父老：父老，宋本乙作"老父"。

[3]大鴻臚：官名，九卿之一，掌賓客迎送接待、贊襄引導朝會百官等。三品。

[4]劉聰：字玄明，一名載，本書卷一〇二有載記。

杜夷

杜夷，字行齊，廬江灊人也。[1]世以儒學稱，爲郡著姓。夷少而恬泊，操尚貞素，居甚貧窘，不營産業，博覽經籍百家之書，算曆圖緯靡不畢究。寓居汝潁之間，[2]十載足不出門。年四十餘，始還鄉里，閉門教授，生徒千人。

[1]廬江：郡名，三國魏、吴於境内各置廬江郡，魏治所在六安縣（今安徽省六安市北），吴治所在皖縣（今安徽省潛山市）。西晋合爲一，治所在舒縣（今安徽省廬江縣西南）。　灊：縣名，治所在今安徽省霍山縣東北。

[2]汝潁：指汝南、潁川地區。

惠帝時三察孝廉，州命别駕，永嘉初，公車徵拜博士，太傅、東海王越辟，[1]並不就。懷帝詔王公舉賢良方正，刺史王敦以賀循爲賢良，[2]夷爲方正，乃上疏曰："臣聞有唐疇咨，[3]元凱時登；[4]漢武欽賢，俊彦響應，故能允協時雍，敷崇盛化。伏見太孫舍人會稽賀循、處士廬江杜夷履道彌高，清操絶俗，思學融通，才經王務。循宰二縣，皆有名績，備僚東宫，忠恪允著。夷清虚冲淡，與俗異軌，考盤空谷，[5]肥遁匿迹。[6]蓋經國之良寶，聘命之所急。若得待詔公車，承對册問，必有忠讜良謨，弘益政道矣。"敦於是逼夷赴洛。夷遁於壽陽。[7]鎮東將軍周馥傾心禮接，[8]引爲參軍，夷辭之以疾。馥知不可屈，乃自詣夷，爲起宅宇，供其醫藥。馥敗，夷歸舊居，道遇兵寇，刺史劉陶告廬江郡曰：[9]"昔魏文侯軾干木之閭，[10]齊相曹參尊崇蓋公，[11]皆所以優賢表德，敦勵末俗。徵士杜君德懋行潔，[12]高尚其志，頃流離道路，聞其頓躓，刺史忝任，不能崇飾有道，而使高操之士有此艱屯。今遣吏宣慰，郡可遣一吏，縣五吏，恒營恤之，常以市租供給家人糧廩，勿令闕乏。"尋以胡寇，又移渡江，王導遣吏周贍之。[13]元帝爲丞相，教曰：[14]"今大義頹替，禮典無宗，朝廷滯義莫能攸正，宜特立儒林祭酒官，[15]以弘其事。處士杜夷栖情遺遠，確然絶俗，才學精博，道行優備，其以夷爲祭酒。”夷辭疾，未嘗朝會。[16]帝常欲詣夷，夷陳萬乘之主不宜往庶人之家。帝乃與夷書曰：“吾與足下雖情在忘言，然虚心歷載。正以足下羸疾，故欲相省，寧論常儀也！”又除國子祭酒。[17]建武中，令曰：“國子祭酒杜夷安貧樂道，静志衡門，[18]日不暇給，雖原憲無以加也。[19]其賜穀二百斛。”皇太子三至夷第，執經問義。夷雖逼時命，亦未嘗朝謁，國有大政，恒就夷諮訪焉。明帝即位，夷自表請退。詔曰：“先王之道將墜於地，君下帷研思，[20]今之劉、楊。[21]搢紳之徒景仰軌訓，[22]豈得高退，而朕靡所取則焉！”

[1]東海王越：司馬越，字元超，本書卷五九有傳。

[2]王敦：字處仲，本書卷九八有傳。

[3]有唐疇咨：唐堯訪求賢者。

[4]元凱：八元和八愷。泛指賢臣、才士。

[5]考盤空谷：在空谷中修道修德。考盤，成德樂道。《詩·衛風·考槃》：“考槃在澗，碩人之寬。”毛亨傳：“考，成；槃，樂。”陳奂傳疏：“成樂者，謂成德樂道也。”

[6]肥遁匿迹：指隱逸隱居。

[7]壽陽：即壽春縣，秦置。治所在今安徽省壽縣東南。

[8]鎮東將軍：官名，東漢建安年間置，與鎮西、鎮南、鎮北將軍合稱四鎮將軍，多爲持節都督，出鎮方面。曹魏二品。晋三品，加持節都督者二品。　周馥：字祖宣，本書卷六一有傳。

[9]劉陶：西晋人，歷任揚州刺史、南中郎將等職。

[10]魏文侯軾干木之閭：事見《吕氏春秋·察賢》：“魏文侯過

段干木之閭而軾之，其僕曰：‘君胡爲軾？’曰：‘此非段干木之閭歟？段干木蓋賢者也，吾安敢不軾？且吾聞段干木未嘗肯以己易寡人也，吾安敢驕之？段干木光乎德，寡人光乎地。段干木富乎義，寡人富乎財。’”

[11]齊相曹參尊崇蓋公：事見《史記》卷五四《曹相國世家》：“孝惠帝元年，除諸侯相國法，更以曹參爲齊丞相。”曹參聞膠西有蓋公，“善治黄老言，使人厚幣請之。既見蓋公，蓋公爲言治道貴清静而民自定，推此類具言之”。曹參於是避正堂，讓蓋公居住。“其治要用黄老術，故相齊九年，齊國安集，大稱賢相。”

[12]德懋行潔：潔，宋本、殿本作“絜”。

[13]王導：字茂弘，本書卷六五有傳。

[14]教曰：教，殿本作“敦”。

[15]儒林祭酒：官名，此爲新置學官，前無此職。掌講授儒家經典。

[16]未嘗朝會：朝，宋本作“期”。

[17]國子祭酒：官名，國子學的長官，主管國子學，掌教授儒學，參議禮制。五品。

[18]衡門：隱居的地方。

[19]原憲：春秋末魯國人，名憲，字子思，孔子學生，以安貧樂道著稱。

[20]下帷：《史記》卷一二一《儒林列傳》：“董仲舒，廣川人也。以治《春秋》，孝景時爲博士。下帷講誦，弟子傳以久次相受業，或莫見其面，蓋三年董仲舒不觀於舍園，其精如此。”

[21]劉：劉向，字子政，西漢沛郡豐（今江蘇省豐縣）人，楚元王四世孫。曾任諫大夫、散騎宗正給事、光禄大夫等職。撰有《五經通義》《洪範五行傳》等，均已佚。另撰有《列女傳》《説苑》《新序》等存世。　楊：楊雄，即揚雄，西漢蜀郡成都（今四川省成都市）人，字子雲。成帝時任侍郎、給事黄門。古代文學家，善辭賦。楊，殿本作“揚”。

[22]搢紳：搢，殿本作“縉”。

太寧元年卒，年六十六。贈大鴻臚，謚曰貞子。夷臨終，遺命子晏曰：“吾少不出身，頃雖見羈録，冠舄之飾，未嘗加體，其角巾素衣，斂以時服，殯葬之事，務從簡儉，亦不須苟取矯異也。”[1]夷所著《幽求子》二十篇行於世。[2]

[1]不須：須，宋本作“湏”。

[2]夷所著：殿本無“所”字。

晏仕至蒼梧太守。[1]夷兄弟三人。兄崧，[2]字行高，亦有志節。惠帝時，俗多浮僞，著《任子春秋》以刺之。[3]弟援，高平相。[4]援子潛，右衛將軍。[5]

[1]蒼梧：郡名，西漢武帝置，治所在廣信縣（今廣西壯族自治區梧州市）。

[2]兄崧：中華本校勘記：“《斠注》：《惠紀》作‘嵩’。”

[3]《任子春秋》：《隋書·經籍志四》著録：“《任子春秋》一卷，杜嵩撰。”

[4]高平：郡名，治所在昌邑縣（今山東省巨野縣南）。　相：官名，郡國相，也稱内史。五品。

[5]右衛將軍：官名，三國魏咸熙二年（265），司馬炎即晉王位，分中衛將軍爲左、右衛將軍。掌佽飛虎賁及前驅、由基、强弩三部司馬，屬下還有虎賁、羽林、上騎、異力、命中共五部督，負責宫禁侍衛。西晋屬中軍將軍，後屬領軍將軍。爲禁衛軍主要統帥之一，權任很重。四品。

董景道

董景道，字文博，弘農人也。[1]少而好學，千里追師，所在惟晝夜讀誦，略不與人交通。明《春秋三傳》《京氏易》《馬氏尚書》《韓詩》皆精究大義。《三禮》之義，專遵鄭氏，[2]著《禮通論》非駁諸儒，演廣鄭旨。

[1]弘農：郡名，治所在弘農縣（今河南省靈寶市）。

[2]鄭氏：鄭玄，東漢北海高密（今山東省高密市西南）人，字康成，著名經學家。師事古文經學家馬融，兼通今古經文，破兩家門户，遍注群經，自成一家之言。

永平中，知天下將亂，隱於商洛山，[1]衣木葉，食樹果，彈琴歌笑以自娛，毒蟲猛獸皆繞其傍，是以劉元海及聰屢徵，皆礙而不達。至劉曜時出山，[2]廬于渭汭。[3]曜徵爲太子少傅、散騎常侍，[4]並固辭，竟以壽終。

[1]商洛山：一名商坂、商山，又名地肺山、楚山。位於今陝西省商洛市商州區東南。

[2]劉曜：字永明，本書卷一〇三有載記。

[3]渭汭：位於今陝西省華陰市東北，即渭河入黄河處。

[4]太子少傅：官名，與太子太傅並稱二傅，三國時並攝東宫事務，與尚書、東曹並掌太子、諸侯官署選舉。西晋時下設丞、功曹、主簿等屬官。三品。

續咸

續咸，字孝宗，上黨人也。性孝謹敦重，履道貞素。好學，師事京兆杜預，[1]專《春秋》《鄭氏易》，教授常數十人，博覽群言，高才善文論。又修陳、杜律，[2]明達刑書。

[1]京兆：郡名，治所在長安縣（今陝西省西安市西北）。 杜預：字元凱，本書卷三四有傳。

[2]陳、杜律：魏晋法律。曹魏時，司空陳群，散騎常侍劉邵，給事黄門侍郎韓遜，議郎庾嶷，中郎黄休、荀詵等，删約舊科，傍采漢律，定爲魏法，制《新律》十八篇，《州郡令》四十五篇，《尚書官令》《軍中令》合百八十餘篇。司馬昭爲晋王，又讓賈充、杜預等人制定晋律。

永嘉中，歷廷尉平、東安太守。[1]劉琨承制于并州，[2]以爲從事中郎。[3]後遂没石勒，[4]勒以爲理曹參軍。[5]持法平詳，當時稱其清裕，比之于公。著《遠游志》《異物志》《汲冢古文釋》，皆十卷，行於世。年九十七，死于石季龍之世，[6]季龍贈儀同三司。[7]

[1]廷尉平：官名，廷尉屬官，亦稱廷評、廷尉評。參議案例律條覆核平决疑獄，可駁回廷尉所奏罪案。公牘須正、監、平三官聯署，以互相監督。六品。 東安：郡名，治所在蓋縣（今山東省沂源縣東南）。

[2]劉琨：字越石，本書卷六二有傳。 承制：秉承皇帝旨意便宜行事。 并州：治所在晋陽縣（今山西省太原市西南）。

[3]從事中郎：官名，東漢時爲大將軍屬官，地位較高。魏晋時爲將軍府或公府屬官。六品。

[4]石勒：字世龍，本書卷一〇四有載記。

［5］理曹參軍：官名，西晉末司馬睿丞相府及十六國後趙皆置，典刑獄。

［6］石季龍：即石虎，石勒從子，本書卷一〇六有載記。

［7］儀同三司：官名，即開府儀同三司，三國魏始置。爲大臣加號，意謂與太尉、司徒、司空三司待遇相同，許開設府署，任命僚屬。

徐邈

徐邈，東莞姑幕人也。[1]祖澄之，爲州治中，屬永嘉之亂，遂與鄉人臧琨等率子弟并閭里士庶千餘家南渡江，家于京口。[2]父藻，都水使者。[3]

［1］東莞：郡名，西晉置，治所在莒縣（今山東省莒縣）。姑幕：縣名，治所在今山東省諸城市西北。

［2］京口：地名，即今江蘇省鎮江市。

［3］都水使者：官名，都水臺長官，掌管水利工程及設施。四品。

邈姿性端雅，勤行勵學，博涉多聞，以慎密自居。少與鄉人臧燾齊名，下帷讀書，不游城邑。

及孝武帝始覽典籍，招延儒學之士，邈既東州儒素，太傅謝安舉以應選。[1]年四十四，始補中書舍人，[2]在西省侍帝。[3]雖不口傳章句，然開釋文義，標明指趣，[4]撰正《五經》音訓，學者宗之。遷散騎常侍，猶處西省，前後十年，每被顧問，輒有獻替，[5]多所匡益，甚見寵待。帝宴集酣樂之後，好爲手詔詩章以賜侍臣，或文詞率爾，所言穢雜，邈每應時收斂，還省刊削，皆使可觀，經帝重覽，然後出之。是時侍臣被詔者，或宣揚之，故時議以此多邈。及謝安薨，論者或有異同，邈固勸中書令王獻之奏加殊禮，[6]仍崇進謝石爲尚書令，[7]玄爲徐州。[8]邈轉祠部郎，[9]上南北郊、宗廟迭毀禮，[10]皆有證據。

[1]謝安：字安石，本書卷七九有傳。

[2]中書舍人：官名，中書省屬官，三國魏、西晋中書省置。魏置通事，西晋增設舍人，與通事共掌收納、轉呈文書章奏。東晋合爲一官，後省"通事"二字。多由名流擔任。

[3]西省：中書省的别稱。

[4]標明指趣：標，宋本作"摽"。

[5]獻替：即獻可替否，進獻可行者，廢去不可行者。

[6]中書令：官名，掌收納尚書奏事、傳達皇帝詔旨。三國魏文帝初年分秘書置中書省，設中書監和中書令，職權甚重。三品。　王獻之：字子敬，本書卷八〇有傳。

[7]謝石：字石奴，本書卷七九有傳。　尚書令：官名，秦漢時爲尚書署長官。秩位雖低，權力甚重。魏晋時沿置，爲尚書省長官，綜理全國政務，參議大政，爲高級政務長官。三品。

[8]徐州：治所在彭城縣（今江蘇省徐州市）。

[9]祠部郎：官名，亦稱祠部郎中。尚書祠部曹長官，多以明禮通儒擔任，掌宗廟祭祀禮樂制度。六品。

[10]南北郊：祭天和祭地禮儀。　宗廟迭毀禮：即親盡迭毀之禮。皇帝宗廟制度，除太祖之外，祖宗與在位皇帝的血親關係超出了五代，則移出宗廟，進入祧廟。

豫章太守范寧欲遣十五議曹下屬城采求風政，[1]并吏假還，訊問官長得失。邈與寧書曰：

知足下遣十五議曹各之一縣，又史假歸，白所聞見，誠是足下留意百姓，故廣其視聽。吾謂勸導以實不以文，十五議曹欲何所敷宣邪？庶事辭訟，足下聽斷允塞，[2]則物理足矣。上有理務之心，則下之求理者至矣。日昃省覽，[3]庶事無滯，則吏憒其負而人聽不惑，[4]豈須邑至里詣、飾其游聲哉！非徒不足致益，乃是蠶漁之所資，[5]又不可縱小吏爲耳目也。豈有善人君子而干非其事，多所告白者乎！君子之心，誰毁誰譽？如有所譽，必由歷試；如有所毁，必以著明。託社之鼠，[6]政之甚害。自古以來，欲爲左右耳目者，無非小人，皆先因小忠而成其大不忠，先藉小信而成其大不信，遂使君子道消，善人輿尸，前史所書，可爲深鑒。

[1]豫章：郡名，治所在南昌縣（今江西省南昌市）。　范寧：字武子，本書卷七五有傳。

[2]聽斷允塞：聽取陳述做出决斷使上下滿意。

[3]日昃：太陽偏西。昃，宋本作“昊”。

[4]憒其負：憒，宋本、殿本作“慎”。

[5]蠶漁：蠶食，魚肉。

[6]託社之鼠：社壇里的老鼠。指有所依恃的小人。

足下選綱紀必得國士，[1]足以攝諸曹；諸曹皆是良吏，則足以掌文按；又擇公方之人以爲司監，[2]則清濁能否，與事而明。足下但平心居宗，[3]何取於耳目哉！昔明德馬后未嘗顧與左右言，[4]可謂遠識，况大丈夫而不能免此乎！

[1]綱紀：公府及州郡主簿。

[2]司監：宋本、殿本乙作“監司”。

[3]但：宋本作“伹”。　平心居宗：平心静氣地居於首領地位。

[4]明德馬后：即東漢明帝馬皇后，扶風茂陵（今陝西省興平市東北）人，馬援小女。十三歲入太子劉莊宫。劉莊即位，封爲貴人，後立爲皇后。因無子，撫養皇子劉炟。每與明帝言及政事，多所補益。曾勸明帝寬宥，使楚王之獄免多冤濫。性恭敬節儉，章帝即位後，爲皇太后，勸誡章帝封爵諸舅。

遷中書侍郎，[1]專掌綸詔，帝甚親昵之。

[1]中書侍郎：官名，三國魏文帝黄初初年設中書省，在長官中書監、中書令以下有通事郎，後增設中書郎，亦稱中書侍郎。掌草擬詔書，外出執行重要使命等。五品。

初，范寧與邈皆爲帝所任使，[1]共補朝廷之闕。寧才素高而措心正直，遂爲王國寶所讒，[2]出遠郡。[3]邈孤宦易危，而無敢排强族，乃爲自安之計。會帝頗疏會稽王道子，[4]邈欲和協之，因從容言於帝曰：“昔淮南、齊王，[5]漢晋成戒。會稽王雖有酣媟之累，[6]而奉上純一，宜加弘貸，消散紛議，外爲國家之計，内慰太后之心。”[7]帝納焉。邈嘗詣東府，[8]遇衆賓沉湎，引滿喧嘩。道子曰：“君時有暢否？”[9]邈對曰：“邈陋巷書生，惟以節儉清修爲暢耳。”道子以邈業尚道素，笑而不以爲忤也。道子將用爲吏部郎,[10]邈以波競成俗，非己所能節制，苦辭乃止。

[1]范寧與邈皆爲帝所任使：與邈，宋本作“才素”。

[2]王國寶：王坦之第三子，本書卷七五有傳。

[3]出遠郡：宋本“遠”下有“出”字。

[4]會稽王道子：司馬道子，字道子，本書卷六四有傳。

[5]淮南：即西漢淮南王劉長，漢高祖劉邦少子。文帝即位後，劉長自以爲最親，遂驕奢僭越，自作法令，甚至稱制。後計議謀反，事泄被廢，絶食而死。　齊王：齊王司馬攸，字大猷，本書卷三八有傳。

[6]酣媟之累：縱酒放蕩的劣行。

[7]内慰太后之心：慰，宋本作“尉”。

[8]嘗：原本、宋本、殿本作“常”，通“嘗”，據中華本改。　東府：東晉、南朝丞相兼領揚州刺史的治所。位於今江蘇省南京市内。《文選·謝惠連〈祭古塚文〉》：“東府掘城北壍，入丈餘，得古塚。”李善注引《丹陽記》：“東府城，西則簡文會稽王時第，東則孝文王道子府。道子領揚州，仍住先舍，故俗稱東府。”

[9]君時有暢否：否，宋本、殿本作“不”。

[10]吏部郎：官名，尚書省吏部曹長官通稱。亦稱郎中，資深者可轉侍郎。屬吏部尚書，主管官吏選任、銓叙、調動事務，對五品以下官吏之任免有建議權。六品。

時皇太子尚幼，帝甚鍾心，文武之選皆一時之俊。以邈爲前衛率,[1]領本郡大中正,[2]授太子經。帝謂邈曰：“雖未敕以師禮相待，然不以博士相遇也。”古之帝王，受經必敬，自魏晋以來，多使微人教授，號爲博士，不復尊以爲師，故帝有云。邈雖在東宫，猶朝夕入見，參綜朝政，修飾文詔，拾遺補闕，劬勞左右。帝嘉其謹密，方之於金霍，[3]有託重之意，將進顯位，未及行而帝暴崩。

[1]前衛率：即太子前衛率，亦簡稱太子前率。西晋惠帝置，與左、右、後衛率各率一軍，宿衛東宫，亦任征伐，地位頗重。五品。

[2]大中正：州一級評定士人品第的官員。大，殿本作“太”。

[3]金：金日磾，字翁叔，本匈奴休屠王太子。漢武帝元狩中，昆邪王、休屠王謀降漢，旋休屠王後悔，昆邪王殺之，並將其衆降漢。日磾以父不降見殺，與母閼氏、弟倫俱没入官，輸黄門養馬。後被武帝信任寵愛。班固評金日磾“以篤敬寤主，忠信自著，勒功上將，傳國後嗣，世名忠孝，七世内侍”。　霍：霍光，西漢河東平陽（今山西省臨汾市西南）人，字子孟，霍去病異母弟。爲武帝所親信，武帝臨終，任其爲大司馬大將軍，封博陸侯，與金日磾等人輔佐少主。昭帝繼位後，誅除上官桀，先立後廢昌邑王劉賀，專擅朝政前後長達二十年。期間輕徭薄賦，與民休息，社會較安定。

安帝即位，拜驍騎將軍。[1]隆安元年，遭父憂。邈先疾患，因哀毁增篤，不逾年而卒，年五十四，州里傷悼，識者悲之。

[1]驍騎將軍：官名，三國魏爲内軍將領，統營兵。兩晋與領軍、護軍、左右衛、游擊諸將軍合稱六軍，擔當宿衛之任，是護衛宫廷的主要將領。四品。

邈莅官簡惠，達於從政，論議精密，[1]當時多諮稟之，觸類辯釋，問則有對。舊疑歲辰在卯，[2]此宅之左則彼宅之右，何得俱忌於東。邈以爲太歲之屬，自是游神，譬如日出之時，向東皆逆，非爲藏體地中也。所注《穀梁傳》，見重於時。

[1]論議精密：殿本作“論精議密”。

[2]歲辰在卯：歲星出現在卯時。

邈長子豁，有父風，以孝聞，爲太常博士、秘書郎。[1]豁弟浩，散騎侍郎。[2]鎮南將軍何無忌請爲功曹，[3]出補西陽太守，[4]與無忌俱爲盧循所害。[5]邈弟廣，[6]别有傳。

[1]太常博士：官名，秦漢時博士名義上屬太常，備諮詢顧問。魏晋時由於國子博士、太學博士專掌經學傳授、參議禮儀制度，遂别置太常博士，掌引導乘輿、擬議王公以下謚號、參議朝廷禮儀典章。六品。

[2]散騎侍郎：官名，三國魏置。隸屬散騎省，侍從皇帝左右，顧問應對，諫諍拾遺，與散騎常侍、侍中等共平尚書奏事。五品。

[3]鎮南將軍：官名，與鎮東、鎮西、鎮北將軍合稱四鎮將軍。多爲持節都督，出鎮方面。曹魏二品。晋改三品，加持節都督者二品。　何無忌：東晋東海郯（今山東省郯城縣西北）人，在京口常參議舅父劉牢之大事。隨劉裕討桓玄，歷任江州刺史、都督荆江豫三州八郡諸軍事等職。後戰死。

[4]西陽：郡名，治所在西陽縣（今湖北省黄岡市黄州區東）。

[5]盧循：字于先，小名元龍，本書卷一〇〇有傳。

[6]廣：徐廣，字野民，本書卷八二有傳。

孔衍

孔衍，字舒元，[1]魯國人，[2]孔子二十二世孫也。祖文，[3]魏大鴻臚。父毓，征南軍司。[4]衍少好學，年十二，能通《詩》《書》。弱冠，公府辟，本州舉異行直言，皆不就。避地江東，[5]元帝引爲安東參軍，[6]專掌記室。書令殷積，[7]而衍每以稱職見知。中興初，與庾亮俱補中書郎。[8]明帝之在東宫，領太子中庶子。于時庶事草創，衍經學深博，又練識舊典，朝儀軌制多取正焉。由是元明二帝並親愛之。

[1]孔衍，字舒元：中華本校勘記："《斠注》：《書鈔》五七、七四引《晋中興書》均作'孔演'，《御覽》二二〇引《晋中興書》作'孔演，字元舒'。按：《隋書·經籍志》《唐書·藝文志》俱作'孔衍'。"

[2]魯國：治所在魯縣（今山東省曲阜市東）。

[3]祖文：中華本校勘記："《斠注》：《魏志·三少帝紀》有散騎常侍諫議大夫孔乂奏；《倉慈傳》稱沛國孔乂，注引《孔氏譜》，孔乂字元儁，是'文'爲'乂'之訛。"

[4]征南軍司：官名，征南將軍府軍師。軍司，官名，即軍師，因避司馬師諱，故改。佐主帥統軍隊，負有匡正監察主帥之責，地位很高，常繼任主帥。

[5]江東：亦稱江左，因自北方視之，江東在左，江西在右，故稱。

[6]安東參軍：官名，安東將軍府屬官。參軍，亦作參軍事，謂參謀軍事。兩晋公府、軍府皆置。

[7]書令殷積：文書堆積得很多。

[8]庾亮：字元規，本書卷七三有傳。　中書郎：官名，隸屬

中書令。掌草擬詔書、外出執行重要使命等。亦作爲中書通事郎、中書侍郎的省稱。五品。

王敦專權，衍私於太子曰："殿下宜博延朝彦，搜揚才俊，詢謀時政，以廣聖聰。"敦聞而惡之，乃啓出衍爲廣陵郡。[1]時人爲之寒心，而衍不形于色。雖郡鄰接西賊，猶教誘後進，不以戎務廢業。石勒嘗騎至山陽，[2]敕其黨以衍儒雅之士，不得妄入郡境。視職期月，以太興三年卒於官，[3]年五十三。衍雖不以文才著稱，而博覽過於賀循，凡所撰述，百餘萬言。子啓，廬陵太守。[4]

[1]廣陵郡：治所在廣陵縣（今江蘇省揚州市西北蜀岡上）。

[2]嘗：原本、宋本、殿本作"常"，通"嘗"，據中華本改。山陽：縣名，治所在今河南省焦作市東南。

[3]太興：太，宋本作"大"。

[4]廬陵：郡名，治所在石陽縣（今江西省吉水縣東北）。

宗人夷吾有美名，博學不及衍，涉世聲譽過之。元帝以爲主簿，[1]轉參軍，稍遷侍中，[2]徙太子左衛率，[3]卒，追贈太僕。

[1]主簿：官名，公府屬官，典領文書籍簿，省録衆事，職權甚重。

[2]侍中：官名，東漢建安中與給事黄門侍郎出入禁中，省尚書事。曹魏時爲門下之侍中省長官。常侍衛皇帝左右，掌顧問應對、諫諍糾察、平議奏事、駁奏異議等，權力甚重。三品。

[3]太子左衛率：官名，又稱太子左率，領精兵萬人，宿衛東宫，亦任征戰，地位頗重。五品。

范宣

范宣，字宣子，陳留人也。年十歲，能誦《詩》《書》。嘗以刀傷手，捧手改容。人問痛邪，答曰："不足爲痛，但受全之體而致毁傷，不可處耳。"家人以其年幼而異焉。少尚隱遁，加以好學，手不釋卷，以夜繼日，遂博綜衆書，尤善《三禮》。家至貧儉，躬耕供養。親没，負土成墳，廬于墓側。太尉郗鑒命爲主簿，[1]詔徵太學博士、散騎郎，[2]並不就。

[1]太尉：官名，曹操爲丞相後，太尉府屬官歸相府，晋時太尉雖爲八公之一、三公之首，實爲名譽宰相，多爲大臣加官。一品。　郗鑒：字道徽，本書卷六七有傳。郗，原本、殿本作"郄"，宋本作"郗"，據其本傳及宋本改。

[2]太學博士：學官，掌經學傳授、參議禮儀制度。六品。散騎郎：官名，即散騎侍郎，三國魏置。隸屬散騎省，侍從皇帝左右，顧問應對，諫諍拾遺，與散騎常侍、侍中等共平尚書奏事。五品。

家于豫章，太守殷羡見宣茅茨不完，[1]欲爲改宅，宣固辭之。庾爰之以宣素貧，[2]加年荒疾疫，厚餉給之，宣又不受。爰之問宣曰："君博學通綜，何以太儒？"宣曰："漢興，貴經術，至於石渠之論，[3]實以儒爲弊。正始以來，世尚《老》《莊》。逮晋之初，競以裸裎爲高。僕誠太儒，然'丘不與易'。"[4]宣言談未嘗及《老》

《莊》。客有問人生與憂俱生，不知此語何出。宣云："出《莊子·至樂》篇。"客曰："君言不讀《老》《莊》，何由識此?"宣笑曰："小時嘗一覽。"時人莫之測也。

[1]殷羨：東晉陳郡長平（今河南省西華縣東北）人。字洪喬，殷浩之父，任豫章太守、光禄勛等職。

[2]庾爰之：東晉人，庾翼第二子，任輔國將軍、荆州刺史等職。後被桓温所廢，遷於豫章郡。

[3]石渠之論：西漢宣帝甘露三年（前51），詔蕭望之、劉向等儒生，在長安未央宫北的石渠閣，論講儒家《五經》異同，由宣帝"稱制臨决"。會後彙編成《石渠奏議》，又名《石渠論》。

[4]丘不與易：語出《論語·微子》："天下有道，丘不與易也。"丘，原本、殿本作"立"，宋本作"丘"，據宋本改。

宣雖閑居屢空，常以講誦爲業，譙國戴逵等皆聞風宗仰，[1]自遠而至，諷誦之聲，有若齊魯。太元中，順陽范寧爲豫章太守，[2]寧亦儒博通綜，在郡立鄉校，教授恒數百人。由是江州人士並好經學，[3]化二范之風也。年五十四卒。著《禮易論難》皆行於世。

[1]譙國：郡國名，曹魏置，治所在譙縣（今安徽省亳州市）。戴逵：字安道，本書卷九四有傳。

[2]順陽：郡名，治所在南鄉縣（今河南省淅川縣）。

[3]江州：治所在南昌縣（今江西省南昌市）。

子輯，歷郡守、國子博士、大將軍從事中郎。[1]自免歸，[2]亦以講授爲事。義熙中，連徵不至。

[1]國子博士：學官，教授儒學。六品。

[2]自免：自請免職。

韋謏

韋謏，字憲道，京兆人也。雅好儒學，善著述，於群言秘要之義，無不綜覽。仕於劉曜，爲黄門郎。[1]後又入石季龍，署爲散騎常侍，歷守七郡，咸以清化著名。又徵爲廷尉，[2]識者擬之于張。[3]前後四登九列，[4]六在尚書，[5]三爲侍中，[6]再爲太子太傅，[7]封京兆公。好直諫，陳軍國之宜，多見允納。著《伏林》三千餘言，[8]遂演爲《典林》二十三篇。凡所述作及集記世事數十萬言，皆深博有才義。

[1]黄門郎：官名，黄門侍郎或給事黄門侍郎的省稱。五品。

[2]廷尉：官名，中央最高司法審判機構長官，負責會審朝中有罪文武大臣，覆核審决郡國疑獄等。三品。

[3]于：于定國，西漢東海郯（今山東省郯城縣西北）人，字曼倩。少從父習法律，初爲獄吏，郡决曹，補廷尉史。以才能舉侍御史，遷御史中丞，後任廷尉。决獄審慎，執法公正。　張：張釋之，西漢南陽堵陽（今河南省方城縣東）人，字季。文帝時以貲爲騎郎。後補謁者，任謁者僕射，遷公車令。因以事劾奏太子，受文帝重視，拜爲太中大夫，又任廷尉。以用法持平著稱。

[4]四登九列：四次進入九卿之列。

[5]六在尚書：六次在尚書省任職。

[6]三爲侍中：三，原本、宋本、殿本均作“三”，中華本作

“二”。

[7]太子太傅：官名，與太子少傅並稱二傅，三國時並攝東宫事務，與尚書、東曹並掌太子、諸侯官署選舉。西晋時下設丞、功曹、主簿等屬官。三品。

[8]三千餘言：三，宋本作“二”。

至冉閔，[1]又署爲光禄大夫。時閔拜其子胤爲大單于，而以降胡一千處之麾下。謏諫曰：“今降胡數千，接之如舊，誠是招誘之恩。然胡羯本爲仇敵，今之款附，苟全性命耳。或有刺客，變起須臾，[2]敗而悔之，[3]何所及也！古人有言，一夫不可狃，[4]而况千乎！願誅屏降胡，去單于之號，深思聖王苞桑之誡也。”[5]閔志在綏撫，鋭於澄定，聞其言，大怒，遂誅之，并殺其子伯陽。

[1]冉閔：字永曾，本書卷一〇七有載記。

[2]須臾：須，宋本作“湏”。

[3]敗而悔之：悔，宋本作“誨”。

[4]一夫不可狃：狃，原本、宋本作“忸”，殿本作“狃”，據殿本、中華本校勘記改。

[5]苞桑之誡：居安思危的警戒。語出《易·否》：“其亡其亡，繫于苞桑。”孔穎達疏：“若能其亡其亡，以自戒慎，則有繫于苞桑之固，無傾危也。”意爲能經常思危而不自安，國家就能鞏固。誡，殿本作“誠”。

謏性不嚴重，好徇己之功，論者亦以是小之。[1]嘗謂伯陽曰：“我高我曾重光累徽，我祖我考父父子子，汝爲我對，正值惡抵。”伯陽曰：“伯陽之不肖，誠如尊教，尊亦正值軟抵耳。”[2]謏慚無言。時人傳之以爲嗤笑。

[1]亦以是小之：小，殿本、宋本作“少”。

[2]軟抵：軟弱相當。

范弘之

范弘之，字長文，安北將軍汪之孫也。[1]襲爵武興侯。雅正好學，以儒術該明，爲太學博士。時衛將軍謝石薨，[2]請謚，下禮官議。弘之議曰：

石階藉門蔭，屢登崇顯，總司百揆，[3]翼贊三臺，[4]閑練庶事，勤勞匪懈，内外僉議，皆曰與能。當淮肥之捷，勛拯危墜，雖皇威遐震，狡寇天亡，因時立功，石亦與焉。又開建學校，[5]以延胄子，雖盛化未洽，亦愛禮存羊。[6]然古之賢輔，大則以道事君，侃侃終日；次則厲身奉國，夙夜無怠；下則愛人惜力，以濟時務。此數者，然後可以免惟塵之譏，塞素餐之責矣。[7]今石位居朝端，任則論道，唱言無忠國之謀，守職則容身而已，不可謂事君；貨黷京邑，聚斂無厭，不可謂厲身；坐擁大衆，侵食百姓，《大東》流於遠近，[8]怨毒結於衆心，不可謂愛人；工徒勞於土木，思慮殫於機巧，紈綺盡於婢妾，財用縻於絲桐，不可謂惜力。此人臣之大害，有國之所去也。

[1]安北將軍：官名，東漢建安年間置，與安東、安南、安西將軍合稱四安將軍，爲出鎮某一地區的軍事長官，或作爲刺史等兼理軍務的加官，權任頗重。三品，加持節都督者二品。　汪：范汪，字玄平，本書卷七五有傳。

[2]衛將軍：官名，魏晋時位在名號將軍之上，多爲軍府名號，加給大臣、重要州郡長官。二品，開府位從公者一品。

[3]總司百揆：總領百官。

[4]三臺：指尚書臺、御史臺、謁者臺。

[5]開建學校：開，宋本作"聞"。

[6]愛禮存羊：語出《論語·八佾》："子貢欲去告朔之餼羊，子曰：'賜也，爾愛其羊，我愛其禮。'"後以此比喻爲維護根本而保留有關儀節。

[7]素餐：無功受禄，不勞而食。語出《詩·魏風·伐檀》："彼君子兮，不素餐兮。"

[8]《大東》：《詩·小雅·大東序》："大東，刺亂也。東國困於役而傷於財，譚大夫作是詩以告病焉。"

先王所以正風俗，理人倫者，莫尚乎節儉，故夷吾受謗乎三歸，[1]平仲流美於約己。[2]自頃風軌陵遲，奢僭無度，廉耻不興，利競交馳，不可不深防原本，以絶其流。漢文襲弋綈之服，諸侯猶侈；武帝焚雉頭之裘，靡麗不息。良由儉德雖彰，而威禁不肅；道自我建，而刑不及物。若存罰其違，亡貶其惡，則四維必張，[3]禮義行矣。

[1]夷吾：管仲，春秋初潁上（今安徽省潁水之濱）人，名夷吾。齊桓公時任卿相，進行一系列改革，使齊國國力大增，齊桓公成爲春秋五霸之首。　三歸：娶三姓女子。形容生活奢華。《史記》

卷六二《管晏列傳》："管仲富擬於公室，有三歸、反坫，齊人不以爲侈。"

[2]平仲：晏嬰，亦稱晏子。春秋時夷濰（今山東省高密市）人，字平仲。齊國大夫，機智善辯，敢於諫諍，生活節儉。歷事齊靈公、莊公、景公三朝。

[3]四維：禮、義、廉、耻。

按謚法，因事有功曰"襄"，貪以敗官曰"墨"，宜謚曰襄墨公。

又論殷浩宜加贈謚，[1]不得因桓温之黜以爲國典，[2]仍多叙温移鼎之迹。

[1]殷浩：字深源，本書卷七七有傳。

[2]桓温：字元子，本書卷九八有傳。

時謝族方顯，桓宗猶盛，尚書僕射王珣，[1]温故吏也，素爲温所寵，三怨交集，乃出弘之爲餘杭令。[2]將行，與會稽王道子箋曰：

下官輕微寒士，謬得厠在俎豆，[3]實懼辱累清流，惟塵聖世。竊以人君居廟堂之上、智周四海之外者，[4]非徒聰明内照，亦賴群言之助也。是以舜之佐堯，以啓闢爲首；[5]咎繇謩禹，[6]以侃侃爲先。故下無隱情之責，[7]上收神明之功。敢緣斯義，志在輸盡。常以謝石黷累，應被清澄，殷浩忠貞，宜蒙褒顯，是以不量輕弱，先衆言之。而惡直醜正，其徒實繁，雖仰恃聖主欽明之度，俯賴明公愛物之隆，而交至之患，[8]實有無賴。下官與石本無怨忌，生不相識，事無相干，正以國體宜明，不應稍計强弱。與浩年時邈絶，世不相及，無復藉聞，故老語其遺事耳，於下官之身有何痛癢，而當爲之犯時干主邪！

[1]尚書僕射：官名，秦漢爲尚書令副貳，東漢建安四年（199）分置左、右，爲尚書省次官。三品。　王珣：字元琳，本書卷六五有傳。

[2]餘杭：縣名，治所在今浙江省杭州市餘杭區西南餘杭鎮南苕溪南岸。

[3]厠在俎豆：厠身於朝廷官員行列。俎豆，祭祀禮器。此指參加國家祭祀的官員。

[4]竊以人君居廟堂之上：竊，宋本作“切”；居，宋本無此字。

[5]以啓闢爲首：以開拓爲第一要務。

[6]咎繇：即皋陶，相傳爲堯舜時人，生於曲阜，偃姓。被命爲管理刑獄的士，佐禹治水有功。

[7]隱情之責：責，宋本作“貴”。

[8]交至之患：一起來到的禍患。

每觀載籍，志士仁人有發中心任直道而行者，有懷知陽愚負情曲從者，[1]所用雖異，而並傳後世。故比干處三仁之中，[2]箕子爲名賢之首。[3]後人用捨，參差不同，各信所見，率應而至，或榮名顯赫，或禍敗繼踵，[4]此皆不量時趣，以身嘗禍，雖有硜硜之稱，[5]而非大雅之致，此亦下官所不爲也。

世人乃云下官正直，能犯艱難，斯談實過。下官知主上聖明，明公虛己，思求格言，必不使盡忠之臣屈於邪枉之門也。是以敢獻愚誠，布之執事，[6]豈與昔人擬其輕重邪！亦以臣之事君，惟思盡忠而已，不應復計利鈍，事不允心則讜言悟主，義感於情則陳辭靡悔。若懷情藏意，蘊而不言，此乃古人所以得罪於明君，明君所以致法於群下者也。

［1］懷知陽愚：把聰明藏起來，假裝愚笨。　負情曲從：違背心願委屈順從。

［2］比干：商紂之諸父，又稱王子比干、干叔。因直言勸諫商紂被殺，並被剖心。

［3］箕子：又稱箕伯、箕仁，商紂王兄，名胥余。任太師，因屢諫紂王不被采納，乃披髮裝瘋。武王滅商後，曾對武王談天地之大法。

［4］繼踵：繼，宋本、殿本作“係”。

［5］雖有硜硜之稱：硜硜，原本、宋本作“踁踁”，殿本作“硜硜”，據殿本、中華本校勘記改。

［6］執事：尊稱對方。

桓温事迹，布在天朝，逆順之情，暴之四海。在三者臣子，情豈或異！凡厥黔首，誰獨無心！舉朝嘿嘿，未有唱言者，是以頓筆按氣，不敢多云。桓温於亡祖，雖其意難測，求之於事，止免黜耳，[1]非有至怨也。亡父昔爲温吏，推之情禮，義兼他人。所以每懷憤發，[2]痛若身首者，明公有以尋之。王珣以下官議殷浩謚，不宜暴揚桓温之惡。

珣感其提拔之恩，懷其入幙之遇，[3]託以廢黜昏暗，建立聖明，自謂此事足以明其忠貞之節。明公試復以一事觀之。昔周公居攝，道致升平，禮樂刑政皆自己出。以德言之，周公大聖，以年言之，成王幼弱，猶復遽避君位，復子明辟。[4]漢之霍光，大勛赫然，孝宣年未二十，亦反萬機。[5]故能君臣俱隆，道邁千歲。若温忠爲社稷，誠存本朝，便當仰遵二公，式是令矩，何不奉還萬機，退守藩屏？方提勒公王，[6]匡總朝廷，豈爲先帝幼弱，未可親政邪？將德桓温，不能聽政邪？又逼脅袁宏，[7]使作九錫，[8]備物光赫，其文具存，朝廷畏怖，莫不景從，惟謝安、王坦之以死守之，[9]故得稽留耳。會上天降怒，奸惡自亡，社稷危而復安，靈命墜而復構。

[1]止免黜耳：止，宋本作“正”。

[2]憤發：宋本乙作“發憤”。

[3]懷：宋本作“悔”。　入幙之遇：被任爲幕僚的知遇之恩。

[4]復子明辟：歸還朝政。《尚書·洛誥》：“周公拜手稽首曰：‘朕復子明辟。’”孔安國傳：“言我復還明君之政於子，子成王，年二十成人，故必歸政而退老。”

[5]萬機：機，殿本作“幾”。本卷下文“萬機”同。

[6]公王：王，宋本作“主”。

[7]袁宏：字彦伯，本書卷九二有傳。

[8]九錫：《漢書》卷六《武帝紀》顏師古注引應劭曰：“一曰車馬，二曰衣服，三曰樂器，四曰朱户，五曰納陛，六曰虎賁百人，七曰鈇鉞，八曰弓矢，九曰秬鬯。此皆天子制度，尊之，故事事錫與，但數少耳。”

[9]王坦之：字文度，本書卷七五有傳。坦，宋本作“坥”。

晉自中興以來，號令威權多出强臣，中宗、肅祖斂衽於王敦，先皇受屈於桓氏。今主上親覽萬機，明公光讚百揆，政出王室，人無異望，復不於今大明國典，作制百代，不審復欲待誰？先王統物，必明其典誥，貽厥孫謀，故令問休嘉，[1]千歲承風。願明公遠覽殷周，近察漢魏，慮其所以危，求其所以安，如此而已。

[1]令問休嘉：美好的名聲，吉祥的人生。

又與王珣書曰：

見足下答仲堪書，[1]深具義發之懷。夫人道所重，莫過君親，君親所係，忠孝而已。孝以揚親爲主，忠以節義爲先。[2]殷侯忠貞居正，心貫人神，加與先帝隆布衣之好，著莫逆之契，契闊艱難，夷嶮以之，[3]雖受屈奸雄，志達千載，[4]此忠貞之徒所以義干其心不獲以已者也。既當時貞烈之徒所究見，亦後生所備聞，吾亦何敢苟避狂狡，以欺聖明。足下不推居正之大致，而懷知己之小惠，欲以幙府之小節奪名教之重義，[5]於君臣之際既以虧矣。[6]尊大君以殷侯協契忠規，[7]同戴王室，志厲秋霜，誠貫一時，殷侯所以得宣其義聲，實尊大君協贊之力也。足下不能光大君此之直志，乃感温小顧，懷其曲澤，[8]公在聖世，[9]欺罔天下，使丞相之德不及三葉，領軍之基一構而傾，[10]此忠臣所以解心，孝子所以喪氣，父子之道固若是乎？足下言臣則非忠，語子則非孝。二者既亡，吾誰畏哉！

[1]仲堪：殷仲堪，本書卷八四有傳。
[2]節義：宋本、殿本乙作“義節”。
[3]夷嶮以之：夷險任之。
[4]志達千載：達，殿本作“遠”。
[5]小節：小，宋本作“輕”。
[6]既以虧矣：以，宋本作“已”。
[7]尊大君：尊稱對方的父親。此指王洽。
[8]懷其曲澤：感懷他的小恩惠。
[9]公在聖世：聖，宋本作“以”。
[10]領軍：王洽曾做過中領軍，故言。

吾少嘗過庭，[1]備聞祖考之言，未嘗不發憤衝冠，情見乎辭。當爾之時，惟覆亡是懼，豈暇謀及國家。不圖今日得操筆斯事，是以上憤國朝無正義之臣，次惟祖考有没身之恨，豈得與足下同其肝膽邪！先君往亦嘗爲其吏，于時危懼，恒不自保，仰首聖朝，心口憤嘆，豈復得計策名昔日，自同在三邪！昔子政以五世純臣，[2]子駿以下委質王莽，[3]先典既已正其逆順，後人亦已鑒其成敗。每讀其事，未嘗不臨文痛嘆，憤慨交懷。以今況古，乃知一揆耳。[4]

[1]過庭：承受父訓。典出《論語·季氏》：“鯉趨而過庭，曰：

‘學《詩》乎?’對曰:‘未也。’‘不學《詩》,無以言。’鯉退而學《詩》。他日又獨立,鯉趨而過庭,曰:‘學《禮》乎?’對曰:‘未也。’‘不學《禮》,無以立。’鯉退而學《禮》。”

[2]子政以五世純臣:子政是劉向的字。劉向爲楚元王四世孫,故言五世純臣。

[3]子駿:劉歆,字子駿,後改名秀,字穎叔,沛郡豐(今江蘇省豐縣)人,劉向之子。漢成帝至平帝時歷任黄門郎、中壘校尉、侍中太中大夫、騎都尉、五原太守、涿郡太守、右曹太中大夫、京兆尹等職。新莽朝被拜爲國師。因謀殺王莽失敗自殺。

[4]一揆:一理。

弘之辭雖亮直,[1]終以桓、謝之故不調,卒於餘杭令,年四十七。

[1]弘之辭:辭,宋本、殿本作“詞”。

王歡

王歡,字君厚,樂陵人也。[1]安貧樂道,專精耽學,不營産業,常丐食誦《詩》,雖家無斗儲,意怡如也。其妻患之,或焚毁其書而求改嫁,歡笑而謂之曰:“卿不聞朱買臣妻邪?”[2]時聞者多哂之。歡守志彌固,遂爲通儒。至慕容暐襲僞號,[3]署爲國子博士,親就受經。遷祭酒。[4]及暐爲苻堅所滅,[5]歡死於長安。[6]

[1]樂陵:郡國名,治所在厭次縣(今山東省惠民縣東),西晋末改爲郡。

[2]朱買臣妻:朱買臣,西漢會稽吴縣(今江蘇省蘇州市)

人，字翁子。家貧，好讀書，不治産業，常艾薪樵，賣以給食，擔束薪，行且誦書。其妻亦負載相隨，數止買臣毋歌嘔道中。買臣愈益疾歌，妻羞之，求去。買臣笑曰："我年五十當富貴，今已四十餘矣。女苦日久，待我富貴報女功。"妻恚怒曰："如公等，終餓死溝中耳，何能富貴？"買臣不能留，即聽去。語見《漢書》卷六四上《朱買臣傳》。

[3]慕容皝：字景茂，本書卷一一一有載記。

[4]祭酒：官名，此爲國子祭酒。

[5]苻堅：字永固，本書卷一一三有載記。苻，原本、宋本作"符"，殿本作"苻"，據其載記及殿本改。

[6]長安：縣名，治所在今陝西省西安市西北。

史臣曰：范平等學府儒宗，譽隆望重，或質疑是屬，或師範攸歸，雖爲未及古人，故亦一時之俊。若仲寧之清貞守道，抗志柴門；行齊之居室屢空，栖心陋巷；文博之漱流枕石，[1]鏟迹銷聲；宣子之樂道安貧，弘風闡教：斯並通儒之高尚者也。而邈協和主相，刊削繁辭，可謂將順其美，匡救其惡。舒元入參機務，明主賞其博聞；出莅邊隅，獷狄欽其明德。弘之抗言立論，不避朝權，貶石抵温，斯爲當矣，遂乃厄於三怨，以至陵遲，悲夫！

[1]漱流枕石：形容隱居生活。《三國志》卷四〇《蜀書·彭羕傳》："伏見處士綿竹秦宓，膺山甫之德，履雋生之直，枕石漱流，吟咏緼袍，偃息於仁義之途，恬惔於浩然之域。"

贊曰：郁郁周文，洋洋漢典。炙輠流譽，[1]解頤飛辯。[2]雅誥弗淪，微言復顯。爰及晋代，斯風逾闡。

[1]炙輠（guǒ）：言語流暢風趣。典出《史記·孟子荀卿列傳》："談天衍，雕龍奭，炙轂過髡。"司馬貞索隱引劉向《别録》："'過'字作'輠'。輠者，車之盛膏器也。炙之雖盡，猶有餘流者，言淳于髡智不盡如炙輠也。"

[2]解頤：謂開顔歡笑。語見《漢書》卷八一《匡衡傳》："無説《詩》，匡鼎來；匡説《詩》，解人頤。"